KB244693

나를 만나는

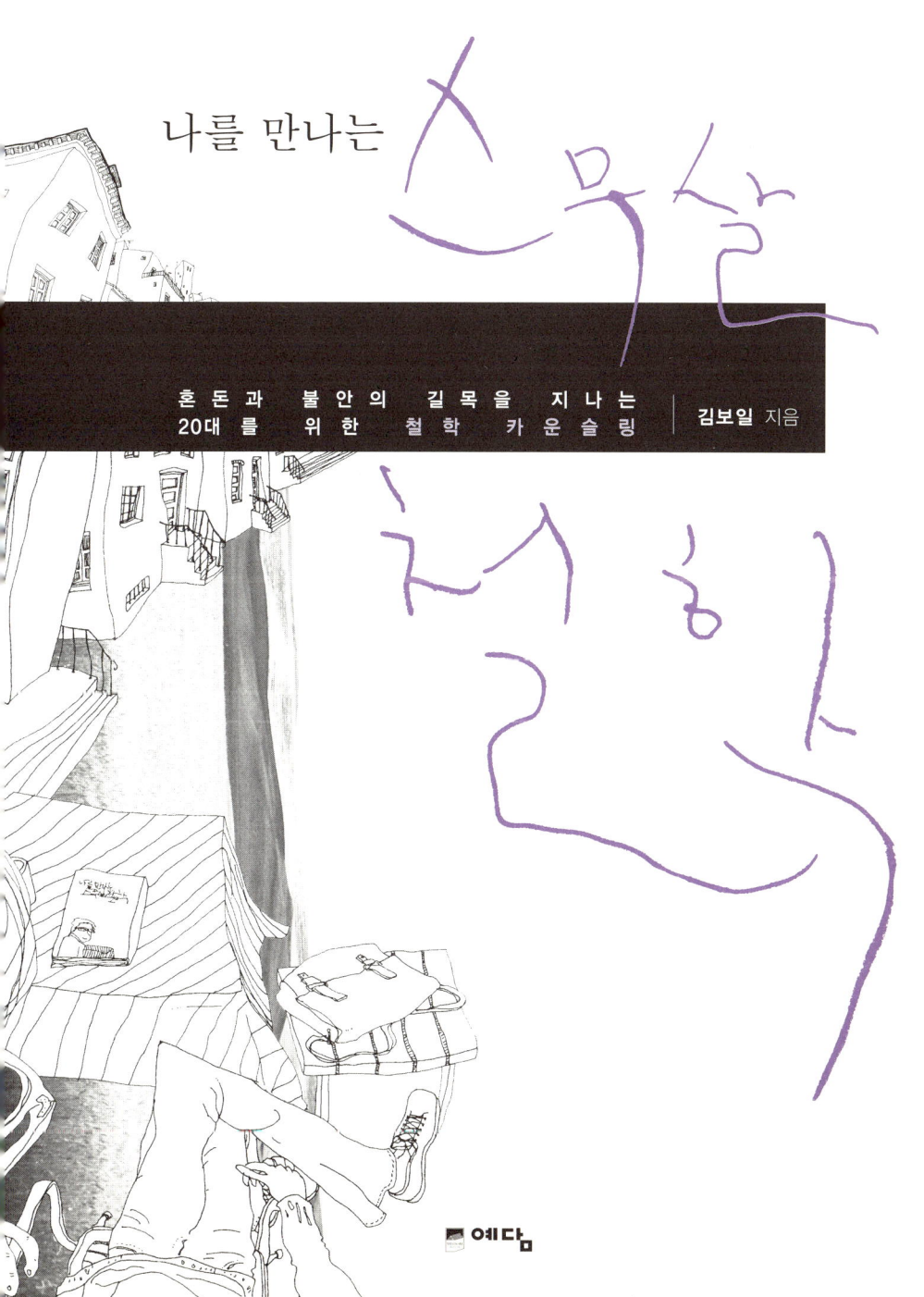

나를 만나는 스무살 철학

혼돈과 불안의 길목을 지나는
20대를 위한 철학 카운슬링 | 김보일 지음

예담

불안한 청춘에 보내는 응원의 메시지

시인 황지우는 그의 시집 『나는 너다』 중 '301'이라는 시에서 "나는 청춘이 싫다 / 터지지 않은 화농이 화끈화끈 애린다 / 어서 늙고 병나야지"라고 노래한다. 청춘은 선이요, 늙음은 악이라는 통념을 황지우는 뒤엎어 버린다. 시인은 차라리 늙고 병들고 싶다고 노래한다.

　시인이자 소설가인 윤후명 또한 '희망'이라는 시에서 "내게 황새기젓 같은 꽃을 다오 / 곤쟁이젓 같은, 꼴뚜기젓 같은 / 사랑을 다오 / 젊음은 필요 없으니 / 어둠 속의 늙은이 뼈다귀빛 / 꿈을 다오 / 그해 그대 찾아 헤맸던 산 밑 기운 마을 / 뻐꾸기 울음 같은 길 / 다시는 마음 찢으며 가지 않으리 / 내게 다만 한 마리 황폐한 / 시간이 흘린 눈물을 다오"라고 노래한다.

　소설가 김훈은 아예 노골적으로 젊음을 비아냥거린다. "20대도 싫어. 젊은 놈들만 보면 그런 놈들의 나이를 다 졸업했다는 것이 참 다행스럽게 여겨져. 저런 무지몽매한 자식들하고는 이젠 상종할 일이 없으니까, 얼마나 다행이냐고?"

　이쯤 되면 아예 젊음에 대한 저주에 가깝다. 영화나 드라마는 열심히 청춘을 찬미하지만 대한민국의 내로라하는 일류 문학가들이 하나같이 젊음을 유쾌하지 않은 것으로 보고 있다. 문학가는 일반인과는 달리 약간은 '삐딱한' 정서의 소유자라고 한다지만, 시인과 소설가가 이렇게 노골적으로 젊음을 매도하는 것은 무슨 까닭일까?

　따지고 보면 젊음은 거추장스러운 것이다. 식을 줄 모르는 욕망, 아무리 충족시켜 주어도 끊임없이 일어나는 욕망, 이 잡듯 꾹꾹 눌러 죽일 수도 없는 욕망, 이것은 차라리 골칫거리다. 이렇게 집요한 욕망에 이리저리 끌려다니는 것은 여간 피곤한 일이 아니다. 이 질곡에서 벗어나려면 욕망의 줄을 잘라 버리면 그만이다. 하지만 그게 어디 쉬운 일인가. 삶은 욕망이고 질곡은 운명이다. 해탈이나 죽음이 아니고서야 우리는 욕망의 줄을 뎅강 잘라 버릴 수가 없다. 게다가 젊음은 욕망의 에너지가 가장 강할 때다 보니 욕망에 시달림을 당하는 고통의 강도도 그 어느 때보다 클 수밖에 없다. 청춘은 아름답다느니 어쩌니 하지만 욕망이 제대로 출구를 찾지 못할 때, 청춘의 시간은 어쩌면 고문이다.

　따라서 스무 살에 '철학'이 필요하다면 그것은 반드시 욕망에 적절히 이성의 물꼬를 틔어 주고 혼돈을 걷어 내는 것이어야 한다고 나는 생각한다. 필요 이상의 위산분비가 결국은 위벽을 헐게 하듯, 스무 살의 욕망이 적절한 승화의 출구를 찾지 못할 때, 그 에너지는 자기 파괴의 에너지로 작용할 수도 있다. 그 파괴의 에너지가 만들어 내는 찰과상 때문에 젊음은 쓰라리고 아프다. 그 쓰라림과 아픔의 시간으로 다시 돌아가고 싶지 않기 때문에 시인들은 젊음은 필요 없다고 말하고 있는지도 모른다.

그룹 '킹 크림슨King Crimson'의 보컬이 찬란한 빛을 발하고 있는 '에피태프Epitaph'라는 노래를 들어 보았는가? 그들은 "Confusion will be my epitaph(혼돈은 나의 묘비명이 될지도 모른다)."라고 절규한다. 왜 아니겠는가. 젊음은 혼돈스럽다. 군대, 연애, 사랑, 취직, 결혼, 출산……. 도대체 정해진 것이라고는 없다. 모든 것이 불확실하고 모든 것이 애매하다. 때로는 답답하고 때로는 불안하기 짝이 없다. 게다가 '청춘'이라는 그 당연한 수식어가 무색할 만큼 오늘날의 20대는 많은 사회적 문제들을 떠안고서 불안과 무기력 혹은 패배감 속에 살아가고 있다. 이때 열정이 제대로 물꼬를 찾지 못하면 가래처럼 가슴 속에서는 어두운 에너지가 쌓인다.

더 이상 삭킬 수 없는 어두운 열정을 뱉어 내는 것이 록이다. "Confusion will be my epitaph." 록 음악이 왜 젊음의 음악인지를 생각해 보라. 젊음은 차분하고 고즈넉한 저녁의 이미지보다는 질풍노도의 성난 이미지에 가깝다. 그것은 차분한 이성의 음악이 아니라 끓어오르는 열정의 음악이다.

열정을 제어할 자원도 충분하지 않은 때가 젊음의 시기다. 읽은 것도 짧고, 배운 것도 얇고, 가진 것도 적고, 경험도 충분하지가 않기 때문이다. 투표도 하고, 술도 마실 수 있는 나이지만 성인이라고 힘주어 말하기에 스무 살은 어딘가 어설프다. 당당하게 자립하기에도 불안정하고, 그렇다고 누군가에게 의존하기에도 쑥스러운 나이다. 그러나 이런 불완전함과 혼돈을 고백하기에는 자의식이 지나치게 강한 때도 바로 스무 살 무렵이다.

그래, 젊음을 혼돈의 시기라고 치자. 하지만 모든 혼돈이 다 나쁘기만 한 것인가? 흙탕물이 가라앉아야 맑은 물이 되는 법이고, 고요하고 아늑한 가을의 풍광도 펄펄 끓는 땡볕의 무더위 뒤에 찾아오는 법이다. 자기 모색의 치열함을 혼돈이라고 말한다면 혼돈은 충분히 권장할 만하다. 젊어서 고생은 사서도 한다는 말에서 '사서 고생'이란 바로 이런 자기 모색의 치열함을 말하는 것이 아닐까?

내 열정에 물꼬를 터 주어 내 열정이 잘 흘러갈 수 있도록 길을 내주는 것, 나는 그것이 철학이라고 생각한다. 이성으로서 열정을 간섭하고 억압하는 것이 아니라, 열정을 더욱 열정답게 해 주는 아름다운 이성적 질서, 그것이 철학이라고 생각한다. 제대로 화를 내기 위해서도 공부와 내공은 필요하다. 분노를 분노답게 해 주고, 갈증을 더욱 갈증답게 해 주는 공부와 내공이야말로 철학의 힘이다. 굳이 칸트나 헤겔, 프로이트나 융의 난해한 구절을 들먹이지 않더라도 나를 설득할 수 있는 이성적 질서, 나는 그것을 철학이라고 생각한다.

지독한 회의주의 철학이라 할지라도 결국 철학은 삶을 사랑하게 만든다. 삶을 사랑한다는 것은 성공을 사랑하는 것과는 다르다. 나의 규칙으로

작 가 의
말

타인의 규칙을 압도하는 경쟁의 원칙이 만드는 삶이 아니라, 나와 타인의 다름을 겸허히 인정하고 공존의 원칙을 모색하는 삶에 눈뜨게 한다. 오늘날의 스무 살은 경쟁이 강요하는 삶 속에서 피곤하고 삭막하기 이를 데 없다. 그 곤고한 삶에 또 하나의 경쟁 이데올로기를 더하고 싶지는 않다.

사랑스러운 산문집 『보통의 존재』에서 록 밴드 '언니네이발관'의 보컬 이석원은 "청소년들이여, 꿈이 없다고 고민하지 마라. 그럼 관객이 되면 되니까. 그뿐이다."라고 응원해 준다. 이 구절 속의 '청소년'을 '청년'으로 바꾼다고 해도 무방할 듯싶다. 모두가 스포트라이트를 받는 주인공이 될 필요는 없다. 스포트라이트의 이면에는 얼마나 많은 스트레스와 희생이 숨어 있을 것인가. 거창한 가창력이 없어도, 삐까번쩍한 쇼맨십이 없어도 우리는 얼마든지 객석에서 요리조리 행복할 수가 있다. 나와 네가 이 세계 안에서 행복할 수 있는 희망의 원칙, 그것이 내가 이 책에서 말할 수 있는 텍스트였으면 한다. 정말 그랬으면 좋겠다. 행복하자. 한 번뿐인 삶이다.

김보일

차례

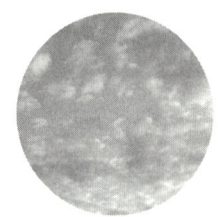

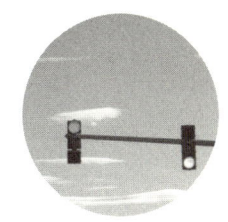

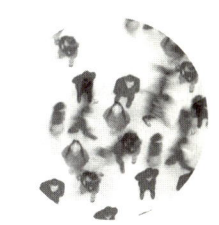

03 스무 살의 선택, 운명을 만들어 가다

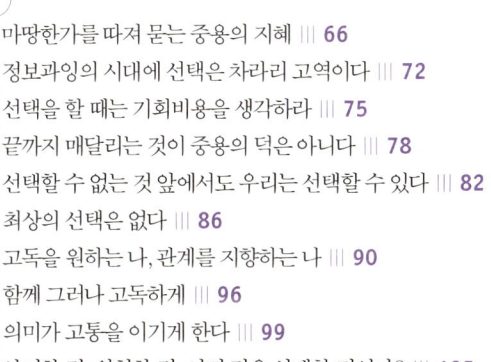

04 스무 살의 고독과 놀이 그리고 친구

07 스무 살의 사랑

01

스 무 살
나 는
누 구 인 가

내가 누구인지
말할 수 있는 자는 누구인가

내 속엔 내가 너무도 많아 당신의 쉴 곳 없네

내 속엔 헛된 바램들로 당신의 편할 곳 없네

내 속엔 내가 어쩔 수 없는 어둠 당신의 쉴 자리를 뺏고

내 속엔 내가 이길 수 없는 슬픔 무성한 가시나무숲 같네

듀엣 가수 '시인과 촌장'의 하덕규가 곡과 가사를 만든 〈가시나무〉라는 노래다. 노래 속에서 화자는 '내 속에 내가 너무 많다'고 노래하고 있다. 나라는 사람은 분명 한 사람인데, 노래에서는 역설적으로 나를 복수複數로 상정하고 있다. 엄밀하게 따지고 보면 어제의 나와 오늘의 나는 같지 않다. 하물며 10년 전의 나와 지금의 나는 키와 외모, 몸무게, 지식의 정도에서도 큰 차이가 난다. 그럼에도 불구하고 나는 10년 전의 나와 지금의 나를 동일한 사람으로 간주한다. 대체 이런 믿음은 어디서 생기는 것일까?

A라는 사람이 몇 달 전에 중대한 범죄를 저질렀고, 지금은 그 범죄를 심판받기 위해 법정에 서 있다고 가정해 보자. A를 처벌할 수 있는 근거는 적어도 지금 법정에 서 있는 A가 몇 달 전에 범죄를 저질렀던 A와 동일하다는 믿음이다. 비록 시간이 흘렀고 그의 외형적인 모습이 바뀌었다고 할지라도 과거의 A를 현재의 A와 동일한 인물이라고 전제할 수 있기 때문에 판사는 A에게 형벌을 부과할 수 있다.

그러나 현재의 A는 과거에 범죄를 저질렀던 A와는 물질적으로도 다르고 인격적으로도 다를 수 있다. A가 진심으로 자신의 죄를 회개하고 새로운 삶을 살 수도 있으니까 말이다. 그럼에도 불구하고 과거와 현재의 A가 동일하다고 주장한다면, 그것은 분명 논리적으로 모순이다. 가역성을 본질로 하는 시간 속에서 동일성은 하나의 환상에 불과하다.

과거의 A와 현재의 A가 다름에도 불구하고 그 둘을 같은 존재로 규정할 수 있는 근거는 무엇인가를 가장 심각하게 고민한 사람은 철학자 존 로크였다. 로크는 뚜렷한 육체적 변화가 있더라도 자기가 스스로 자기임을 의식하는 한 자기 자신을 확인할 수 있다고 믿었다. 과거의 '나'를 현재의 '나'와 동일하다고 믿는 의식의 주체가 곧 '나'라는 이야기다.

흄은 한 시간 전의 A와 현재의 A는 분명 다른 존재라고 못 박는다. 그럼에도 불구하고 우리가 일상생활에서 그 둘을 같은 존재로 보는 것은 그 둘이 단순히 '인접'해 있기 때문이라는 것이 흄의 설명이다. 흄은 내가 내 안에서 느끼는 것은 여러 가지 '지각들의 다발'이라고 생각했다. 이러한 마음 안의 지각들이 인과성, 유사성, 인접성의 관계로 함께 결합하여 상이한 대상들을 하나의 관념으로 느끼게 한다는 것이다.

어제 과로했기 때문에 오늘 내가 피로하다면 이는 어제의 과로를 오늘의 피로로 연결시키는 인과성의 논리가 작용한 셈이고, 5분 전의 나와 지금의 내가 동일하다고 판단했다면 5분 전과 지금이 인접해 있다는 인접성의 논리가 작용한 셈이며, 10년 전의 나와 지금의 내가 많이 닮았기 때문에 동일한 나로 생각했다면 이는 외모의 유사성을 동일성으로 간주하는 유사성의 논리가 작용한 셈이다. 그러나 이 같은 인과성, 유사성, 인접성의 논리가 두 대상이 100퍼센트 똑같은 존재라는 것을 보장할 수는 없다는 게 흄의 회의론의 핵심이다.

흄의 회의주의를 그대로 받아들인다면 내가 누구인지 말하기가 퍽 난감해진다. 자아라는 것이 한낱 지각들의 다발에 불과한 것이라면 동일한 '나'라는 것이 과연 존재하는지조차 의심스럽다. 존재하는 것은 그때그때 달라지는 지각일 뿐일 테니까 말이다.

사실 지상에 존재하는 사람들은 한 가지 모습으로만 존재하지 않는다. 가령, 직장에서는 부장님이고, 교회에 가서는 집사님이고, 동창회 가서는 총무님이고, 퇴근해서는 한 집안의 가장이 될 수 있다. 이밖에도 아파트 주민모임 대표라든가, 인터넷 와인동호회 시삽이라는 타이틀이 추가될 수도 있다. 사람에 따라서는 이런 사회적 타이틀이 십 수 개인 사람도 있고, 고작해야 한두 개에 그치는 사람도 있다.

사회적 타이틀이 많아지면 많아질수록 피곤해진다. 부하직원의 결혼식에도 가고, 향우회 회원의 부모님 장례식에도 가고, 회원 관리만도 휴일이 벅찰 지경이다. 20대의 젊음이 자유로운 것은 바로 이 사회적 타이틀이 적기 때문이다. 하지만 20대라고 해서 결코 홀가분한 나이는 아니다. 세상은 어수선하고, 미래는 불확실하고, 연애도 매끄럽지 못하고, 마음대로 되는 일도 없고, 감정 통제도 안 되어 기분은 꿀꿀하기 십상이다. 유행가 가사대로 '내가 웃는 게 웃는 게 아니야'라고 절규하고 싶을 때가 한두 번이 아닐 것이다.

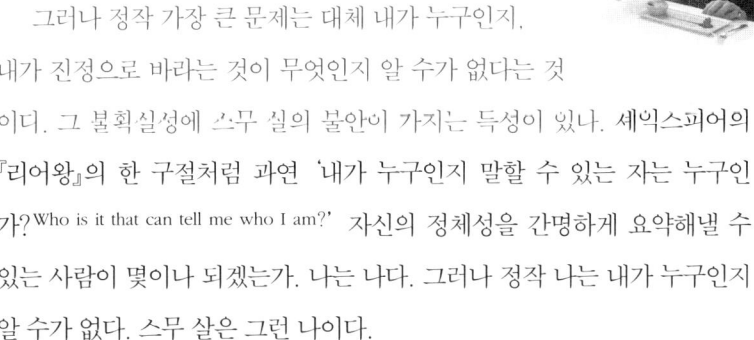

그러나 정작 가장 큰 문제는 대체 내가 누구인지, 내가 진정으로 바라는 것이 무엇인지 알 수가 없다는 것이다. 그 불확실성에 스무 살의 불안이 가지는 특성이 있다. 셰익스피어의 『리어왕』의 한 구절처럼 과연 '내가 누구인지 말할 수 있는 자는 누구인가?Who is it that can tell me who I am?' 자신의 정체성을 간명하게 요약해낼 수 있는 사람이 몇이나 되겠는가. 나는 나다. 그러나 정작 나는 내가 누구인지 알 수가 없다. 스무 살은 그런 나이다.

나는 인간이다, 학생이다, 강원도 사람이다, 요리사다, 마라토너다, 재즈음악 동호회 회원이다……. 나를 규정하기 위해서는 수많은 피정의항과 수식어가 필요하다. 그러나 아무리 많은 피정의항과 수식어를 동원한다 할지라도 나를 명쾌하게 규정한다는 것은 쉬운 일이 아니다. 변덕스러운 존재의 유동성 앞에서 누군가를 규정하겠다는 의지는 번번이 실패로 돌아간다. 내가 어떤 사람을 규정하려는 순간, 그는 자신에 대한 나의 규정이 얼마나 섣부른 것인가를 비웃으며 다른 모습으로 변해 있을 수 있다. 사람을 간단하게 규정할 수 없는 것은, 사람이란 이렇듯 변화의 존재, 가능성의 존재, 시간 속의 존재이기 때문이다.

젊음은
나를 바꿀 수 있는 파워

1925년 금강산 신계사에 한 엿장수가 찾아왔다. 중이 되기 위해서였다. 그는 평안도 양덕에서 태어나 평양고보를 거쳐 일본 와세다대학 법학부를 졸업하고 조선인 최초로 일제의 판사가 된 이찬형이었다. 판사로서 출세가도를 달리며 삼남매의 자식까지 둔 그였다. 그는 왜 갑자기 중이 되려고 했던 것일까? 사연은 이렇다.

1919년 3·1만세운동이 일어났다. 수많은 동포가 조국의 독립을 위해 몸을 던졌지만, 판사 이찬형은 독립투사에게 사형을 선고해야만 하는 처지였다. 이 사건으로 이찬형은 고뇌하고 방황했다. 그 고뇌와 방황은 깊고 치열했다. 결국 그는 양심의 가책을 이기지 못하여 출장을 간다고 둘러대고 집을 뛰쳐나갔다. 판사직을 던져 버렸고, 가족도 버렸다. 그러고는 엿판을 등에 메고 길을 헤맸다. 그렇게 헤매기를 3년, 자신의 과오를 뉘우치고 새사람이 되기 위해 신계사를 찾은 38살의 엿장수, 그가 바로 후대 조계종의 초대 종정이 된 효봉 스님이다. 38세라는 늦은 나이에 머리를 깎은 스님은 이후 무섭게 정진하였는데, 엉덩이의 살이 헐고 진물이 나서 방석과 들러붙을 정도였다고 한다. 처절한 수행의 결과였다.

판사에서 엿장수로, 엿장수에서 스님으로 이찬형의 삶은 다이내믹 그 자체였다. 이찬형처럼 자신의 삶을 바꿔 갈 수 있는 힘, 바로 그것이 젊음이 아닐까? 나이가 들면 근력이 달리고, 지력이 달려서 자신을 변화시키기가 쉽지 않다. 그러나 젊음은 가능성의 나이다. 의지와 뜻만 있다면 얼마든지 자신의 삶을 다시 디자인할 수 있는 나이다. 새로운 삶을 끌어안음으로써 얼마든지 과거와 작별할 수 있는 때가 청춘의 시절이다.

무성영화 시대에 은막의 스타였던 그레타 가르보는 말년에 자신의 늙은 모습을 보여 주기 싫어서 은둔 생활을 하며 카메라 앞에 서기를 거부했다. 아마도 그녀는 매끈했던 시절의 모습, 그것이 나이지, 주름이 자글자글한 늙은 모습은 내가 아니라고 생각했던 모양이다. 그러나 초등학교 시절의 나도 나이고, 중학교 시절의 나도 나이며, 대학생일 때의 나도 나이다. 그레타 가르보처럼 가장 좋았던 시절의 나만을 가려 뽑아서 나라고 할 수는 없는 것이다.

몸만 그런 게 아니다. 의식과 생각에서도 나는 변화하기 마련이다. 판사 시절의 이찬형과 도량(절)에서의 효봉은 유전자 차원에서는 같은 사람이라고 할 수 있지만, 인격적 차원에서는 전혀 다른 사람이다. 그렇다면 이런 변화를 가능하게 한 것은 무엇일까? 그것은 '내가 진짜로 바라는 것이 무엇인가'를 성찰할 수 있는 치열한 사유의 힘이 아니었을까.

이찬형은 아마도 판사로서 남부럽지 않게 사는 삶, 그것이 과연 내가 진짜로 바라는 삶인가를 고민했을 것이다. 그 고민의 깊이가 얕았다면 그는 구태의연한 삶을 살았을지도 모른다. 그러나 이찬형에게서 고민의 깊이는 충분히 깊고 치열했다. 그 고민의 깊이와 치열함이 판사 이찬형으로부터 효봉으로의 변신을 가능하게 한 힘이었을 것이다. 젊음은 바로 그 변신의 힘을 손에 쥐고 있는 시기다.

수많은 나 속에 진짜 나는 누구인가?

노래 〈가시나무〉의 가사 '내 속에는 내가 너무도 많다'로 다시 돌아가 보자. 곰곰 생각해 보면 내 속에는 내가 한둘이 아니다. 인간에게는 한곳에 정착하고자 하는 정착민의 욕망과 정처 없이 떠돌고자 하는 유목민의 욕망이 있다. 하나는 안정지향적이고 또 하나는 탈출지향적이다. 과연 어떤 욕망이 진정한 나의 욕망일까? 유감스럽지만 어떤 욕망 하나만을 꼬집어서 말하기가 힘들 것이다.

하늘은 날더러 구름이 되라 하고
땅은 날더러 바람이 되라 하네
청룡 흑룡 흩어져 비 개인 나루
잡초나 일깨우는 잔바람이 되라네
뱃길이라 서울 사흘 목계 나루에
아흐레 나흘 찾아 박가분 파는
가을볕도 서러운 방물장수 되라네
산은 날더러 들꽃이 되라 하고
강은 날더러 잔돌이 되라 하네
산서리 맵차거든 풀 속에 얼굴 묻고
물여울 모질거든 바위 뒤에 붙으라네
민물 새우 끓어 넘는 토방 툇마루
석삼년에 한 이레쯤 천치로 변해
짐 부리고 앉아 쉬는 떠돌이가 되라네
하늘은 날더러 바람이 되라 하고
산은 날더러 잔돌이 되라 하네

신경림의 〈목계장터〉라는 시다. 하늘은 날더러 여기저기 떠다니는 구름이 되라 하고, 땅 역시 나에게 자유롭게 흘러가는 구름이 되라 한다. 그러나 산은 한곳에 머물러 있으면서 꽃을 피우는 들꽃이 되라 하고, 강 역시 날더러 한곳에 정착해 있는 잔돌이 되라 한다. 방랑과 정착은 인간의 본성이 요구하는 상이한 욕망인데 어떤 욕망에 나를 던지느냐에 따라 우리의 정체성이 결정된다고도 할 수 있다. 가령, 방랑의 욕망에 자신을 던진다면 사냥꾼이 될 수 있을 것이고, 정착의 욕망에 자신을 던진다면 농사꾼이 될 수 있을 것이다.

그러나 내가 진짜 원하는 것이 무엇인지 알 수 없는 나이가 스무 살이다. 직장을 얻어 가정을 꾸리며 평범한 시민으로 살아갈 것인가, 아니면 자유를 만끽하는 탈주의 삶을 살 것인가, 결정하기가 쉽지 않은 때가 스물 무렵이다. 내 속에 수많은 내가 있어서 저마다의 욕망을 말할 때, 나는 과연 나의 어떤 욕망에 귀를 기울여 주어야 하는 걸까?

영화 〈그리스〉에서 대니 주코(존 트라볼타)와 샌디 올슨(올리비아 뉴튼 존)은 여름방학 때 피서지에서 우연히 알게 된다. 샌디는 대니가 낭만을 알고 멋을 아는 로맨티스트라고 생각한다. 그 둘은 휴가지 해변에서 사랑을 느끼지만 사랑의 시간은 덧없이 흘러가 바캉스 시즌이 끝나고, 그들은 기약 없이 작별한다. 그렇게 꿈같은 여름방학이 끝나고 학교로 돌아온 대니는 깜짝 놀라고 말았다. 샌디가 자신의 학교로 전학을 온 것이 아닌가. 이때부터 대니의 고민은 시작된다. '샌디는 나를 로맨티스트로 알고 있어. 그렇다고 내가 샌디 앞에서 로맨티스트로 행동한다면 나는 건달 친구들로부터 따돌림을 당할 게 뻔해. 내가 누구야. 나 또한 건달 아닌가. 그래, 샌디에겐 상처가 될지 모르겠지만 어쨌든 로맨티스트 대니보다는 건달 대니로 행동하는 게 낫겠어.' 이렇게 생각한 대니는 껄렁껄렁하게 행동한다.

그러나 막상 샌디가 불량스럽게 행동하는 자신의 모습에서 실망하는 기색을 보이자 대니는 갈등한다. 과연 불량배 역할을 계속할 것인가, 아니면 피서지에서처럼 로맨티스트로 돌아갈 것인가. 고민하던 대니는 결국 강한 터프가이로 보이고 싶다는 욕망에 충실하기로 결정한다. 하지만 그런 자신의 모습에 불편해 하는 샌디를 보자 대니의 시름은 또다시 깊어진다. '과연 내 안의 어떤 모습으로 살아가는 것이 진정으로 나 자신을 위하는 길인가……'

대니는 결정을 위해 진지하게 고민한다. 타인의 시선이 두려워서 내가 원하는 것을 하지 못한다면 나는 영원히 겁쟁이에 머물 수밖에 없다. 용기는 내가 진정으로 원하는 것을 할 수 있는 파워다. 남이 나를 어떻게 평가하든, 심지어 타인들로부터 겁쟁이라는 비난을 들을지언정 내 마음속이 깊은 곳에서 나에게 요구하는 목소리에 귀 기울이지 않으면 안 된다.

결국 대니는 터프가이의 탈을 벗고 샌디 앞에 선다. 예전의 나를 버리고 새로운 나로 거듭나는 대니! 한 명의 겁쟁이 사내가 자신이 사랑하는 사람 앞에 다시 태어나는 순간이다.

자연은 우리에게
멋진 스펙을 갖게 한다

영화 〈쇼생크 탈출〉의 한 장면! 모차르트 오페라 〈피가로의 결혼〉의 아리아가 감옥에서 울려 퍼지자 죄수들은 하던 동작을 멈춘다. 아니, 감옥 안에 모차르트라니, 이거 뭐가 잘못된 거 아닌가? 그러나 분명 모차르트의 선율이다. 음악의 힘이란 이런 것일까. 삭막한 교도소 안에 훈훈한 봄바람이 감돈다. 사람들은 음악을 자기 안에 온전히 모셔 두기 위해 하던 동작을 멈추고 음악에 귀를 연다. 감동에 겨워 눈물을 흘리는 이들도 있다. 모차르트의 음악은 비처럼 쏟아지고 죄수들은 음악의 선율에 마음을 적신다. 영화 속의 내레이터 레드는 이 순간을 이렇게 기억한다.

하늘 저 높은 곳에서
아름다운 새가 찬란한 날개를 떨치며 날아가는 듯했다
노래와 함께 쇼생크의 모든 벽이 녹아내렸고
그 순간만큼은 쇼생크의 모든 사람들이 자유를 느꼈다

일상의 일에 얽매여 있을 때 우리는 아름다움을 느끼기 어렵다. 아름다움은 세상과의 거리를 요구하기 때문이다. 아름다움에 대해서 깊이 생각한 철학자는 칸트였다. 칸트에 의하면 아름다움이란 대상에 대한 관조로부터 온다. 대상에 대한 관조는 이론적 관심이나 실천적 관심과는 다르다. 한 그루의 나무를 분석하는 자는 이론적 관심으로 사물을 바라보는 자다. 과학자나 기술자가 바로 이론적 관심으로 사물을 보는 자라 고 할 수 있을 것이다. 반면, 윤리적 관점으로 사태 를 바라보는 사람들도 있다. 수필가 이양하는 그의 수 필 〈나무〉에서 "나무는 덕德을 지녔다. 나무는 주어진 분수에 만족할 줄을 안다. 나무는 태어난 것을 탓하 지 아니하고, 왜 여기 놓이고 저기 놓이지 않았는 가를 말하지 아니한다. 등성이에 서면 햇살이 따 사로울까, 골짜기에 내려서면 물이 좋을까 하여, 새로운 자리를 엿보는 일이 없다. 물과 흙과 태양의 아들로, 물과 흙과 태양이 주는 대로 받고, 후박厚薄과 불 만족不滿足을 말하지 아니한다. 이웃 친구의 처지에 눈떠 보는 일도 없다. 소 나무는 소나무대로 스스로 족하고, 진달래는 진달래대로 스스로 족하다." 라고 나무의 덕을 찬양하고 있다. 이양하의 관심은 나무를 통해서 우리가 어떤 삶의 자세를 배울 것인가에 있다고 할 수 있다. 바로 이런 관점이 철학 적이고 윤리적인 관점, 곧 실천적 관점이라고 할 수 있다.

그러나 칸트는 아름다움이란 이러한 이론적 관심도, 실천적 관심도 아 닌 '무관심disinterestedness'으로 대상을 바라볼 때 얻어지는 것이라고 보았다.

세속적인 이익의 관점으로부터 어느 정도 떨어져 심리적 거리를 둘 때 아름다움은 생겨날 수 있다는 이야기다.

생각해 보라. 의사나 심리학자처럼 어떤 사람을 이론적 관점에서 바라본다면? 이럴 때 사람은 한낱 분석의 대상에 불과하다. 또, '이 사람을 통해서 나는 과연 어떤 점을 배울 수 있을까'를 생각하면서 사람을 바라보는 실천적 관점도 윤리학자의 관점일 뿐이다. 정말로 아름다움을 보기 위해서는 이론적 관점이나 실천적 관점을 떠나 마음을 비워 두어야 한다. 바로 이 마음의 비움이 칸트가 말하는 '무관심'이다. 아름다움을 보기 위해서는 이론적 관심이나 도덕적 책무로부터 어느 정도의 거리를 두라는 말이다.

아름다움을 느낄 수 있는 심리적 거리, 이를 미학에서는 '미적 거리'라고 한다. 세상일에 지나치게 얽매인 사람, 미적인 거리를 확보하지 못한 사람들은 멋진 황혼을 봐도 거기에서 아름다움을 발견하지 못한다. 이해타산에 얽매인 일상인으로서의 책무를 초월할 때 비로소 아름다움은 보이기 시작한다.

장엄한 노을 앞에서 '아!' 하는 짧은 탄성을 내지를 때, 그는 세상의 일을 초월해 있다. 롱기누스는 '진정한 숭고미'란 "내적인 힘이 작용함으로써 우리의 영혼이 위로 들어 올려져, 우리는 의기양양한 고양과 자랑스러운 기쁨의 의미로 충만하게 되고, 우리가 들었던 것들을 마치 우리 자신이 그들을 만들어 냈던 것과 같이 생각하게 만드는 데 있다."라고 말한다.

빛으로 찌든 도시를 벗어나 지리산 자락에서 홀로 밤을 새워 보았는가?

스무 살
나 / 는
누구인가

칠흑 같은 밤, 정적에 싸여 무심결에 고개를 들고 밤하늘을 올려다 본 적은 없는가? 밤하늘을 가르며 떨어지는 별똥을 짧은 탄성과 함께 바라본 적이 있는가? 이런 순간 파스칼의 "무한한 공간의 영원한 침묵이 나를 두렵게 한다. 그러한 형용키 어려운 감동 속에서 어느 누가 신적이고 절대적이며 무한한 것을 예감하지 않을 수 있겠는가?"라는 구절을 이해할 수도 있을 것 같다.

우주의 무한함에 비하면 인간은 얼마나 사소한가. 천하장사라도 시간 앞에서는 무릎을 꿇기 마련이다. 우리는 시간에 묶여 있다. 인간은 같은 강물에 두 번 발 담글 수 없다. 우리는 이미 흘러가 버린 시간을 되돌릴 수도 없고, 오지 않은 시간을 당겨 쓸 수도 없다. 부자유는 인간의 운명적 조건이다. 이렇게 사소한 존재인 인간이 자연의 거대함 앞에 서면 비로소 자신의 초라함을 실감한다. 대자연 앞에서 느끼는 인간의 초라함, 바로 이것이 숭고의 감정이다. 하늘을 찌를 듯한 산맥의 능선 앞에서, 마치 온 세상을 삼켜버릴 듯 거대하게 몰아치는 폭풍 앞에서 인간은 공포와 전율을 느끼기도 한다. 바로 그런 공포와 전율이 숭고의 감정이다. 시공을 초월할 수 있는 권능을 가진 그런 존재가 아니기에 우리는 광활한 몽골의 초원에서 무언가 가슴에 쩌르르 울리는 그 숭고의 감정에 빠져들고 만다.

그러나 세속에 얽매여 있는 사람은 숭고의 감정을 느끼기 어렵다. 일상의 무게에 짓눌려 있는 이는 밤하늘에 총총하게 빛나는 별의 아름다움을 바라볼 여유조차 없다. 가뜩이나 취업하기도 어려운 판국에 오늘의 20대들은 학점관리, 스펙관리에 스트레스가 이만저만이 아니다. 그런 그들에게 숭고의 감정을 느껴 보라는 것은 한가하고 느긋한 선배들의, 현실을 몰라도 한참 모르는 충고일 수도 있겠다. 그러나 숭고의 감정을 느껴 본 자만이 제 삶의 용량을 의연하게 넓혀 갈 수 있다고 말하면 어떨까?

옛사람들이 산에 오른 이유를 한번 생각해 보라. 오늘날처럼 건강을 위해 산에 올랐을까? 그들이 산에 오른 것은 바로 호연지기浩然之氣를 기르기 위해서였다. 호연지기란, 넓고 활달하고 늠름한 기상을 말한다. '밴댕이 소갈딱지'나 좀스러운 사람과는 격이 다른 사람이 호연지기의 인간이다. 쉽게 말하면 쩨쩨하지 않은 인간, 통이 큰 인간이다. 거대한 산의 정상에 올라 대자연 앞에서 왜소함을 느껴 보지 않은 인간이 어떻게 늠름한 기상을 얻어올 수 있겠는가.

인간에게는 대상과 하나가 되고자 하는 동화同化의 욕망이 있기 마련이다. 비록 불가능하다 할지라도 웅장함과 하나가 되고 싶은 욕망, 그것이 숭고의 감정이다. 거대한 풍경은 우리 마음으로 흘러들어와 나를 이루는 마음의 일부가 된다. 공자는 일찍이 동산에 올라 노나라를 작다 여기고 태산에 올라 천하가 작다고 여겼다지 않는가. 공자는 체력관리 차원에서 산을 오른 것이 아니었다. 웅장함과 마주하기 위해 산에 올랐다. 동산과 태산을 오름으로써 얻어지는 의연한 마음의 경지, 이것이 공자가 땀 흘려 얻어낸 스펙이다.

지나치게 현실에 급급해서는 공자가 대자연으로부터 받은 선물을 결코 얻을 수 없다. 한치 앞의 현실만을 바라볼 일이 아니다. 마음의 쇼생크로부터 과감히 탈출할 일이다. 몽골이나 러시아의 대초원이 아니어도 좋다. 히말라야의 산맥 앞이 아니어도 좋다. 땀 흘려 북한산의 정상에 서 보는 것도 좋다. 발밑에 굽어보이는 풍경 앞에서 나는 더 이상 산 밑의 인간이 아니다. 산 아래 있을 때의 나와 산 정상에 있는 나는 분명 다른 인간이다. 그렇지 않다면 왜 애써 산을 오르겠는가.

부자유를 인식하는 자만이 자유를 갈구한다

영화 〈쇼생크 탈출〉에서 죄수들은 모차르트의 음악에 감동한다. 서울에 있는 한 대학교의 점심시간에 모차르트를 틀어 주었다고 해서 학생들이 황홀한 감동에 젖을까? 천만에다. 모차르트보다 더 감미롭고 황홀한 음악을 틀어 준다고 해도 영화에서처럼 집단적으로 감동하는 사태는 발생하지 않을 것이다. 대체 왜 수감자들은 모차르트 음악에 그토록 황홀해 했던 것일까? 그것은 그들이 갇혀 있음, 즉 부자유를 철저히 인식하고 있었기 때문이다. 물론 그들의 부자유는 죄의 대가다. 죄를 지었으니 부자유스러워도 죄인은 할 말이 없다. 아름다운 음악을 들을 수 없는 것도 역시 죄의 대가다. 죄를 지었다면 일상적 삶으로부터도 격리되어야 마땅하지만 미적인 것으로부터도 단절되어야 마땅하다는 것이 형벌의 논리다.

그런데 느닷없이 그들의 귀에 모차르트가 들린다. 금지되었던 아름다움이 느닷없이 그들에게 흘러들어온 것이다. 모차르트의 음악은 그들에게 형언할 수 없는 자유의 달콤함을 상기시킨다. 그리고 자유에 대한 상기는 자신이 묶인 존재, 억압된 존재라는 사실을 새삼 부각시킨다.

음악이라는 위대한 예술 앞에서 자신들은 자유를 빼앗긴 수감자라는 사실을 깨달을 때 느끼는 왜소함, 바로 이것이 숭고의 감정이다. 숭고의 감정은 이렇게 자신의 보잘것없음을 겸허하게 깨닫게 하고, 사소함을 넘어 보다 강한 존재로 거듭나고 싶다는 욕망을 갖게 한다. 자기 자신을 초월해 보고 싶다는 욕망, 바로 그것이 탈옥의 욕망이다. 모차르트의 음악은 탈옥의 욕망, 감옥의 담장을 벗어나고픈 욕망을 자극한 것이다.

앤디는 누명을 쓰고 쇼생크에 갇힌 존재다. 그는 쇼생크가 자신이 있어야 할 자리가 아니라고 생각한다. 그가 있어야 할 공간은 자유의 공간이어야 한다는 것이 앤디의 한결같은 소망이요 꿈이었다. 그는 감옥에 있던 19년 동안 단 한 번도 자유를 포기하지 않았다. 모차르트는 그가 줄기차게 꿈꾸었던 자유의 한 상징이었다.

반면, 앤디의 동료인 노인 죄수 브룩스는 앤디보다 세 배 가까운 세월 동안 교도소에 있었으면서도 오히려 사회에 나가는 것을 두려워한다. 되레 그는 형무소에 남기 위해 동료를 칼로 위협하는 위험을 감행했고, 하지만 그것이 실패하여 출옥을 하게 된다. "옛날 형무소 가기 전에는 가끔 차를 구경할 수 있었지만, 나와 보니 세상 천지에 자동차 없는 곳이 없다."라고 말하는 그는 너무나 달라진 새로운 환경에 적응하지 못하고 결국 거주하던 집 대들보에 자신의 존재를 알리기 위해 "Brooks was here(브룩스 여기 머물다)."라는 문구를 주머니칼로 새기고 목매 자살한다. 그에게는 자유가 오히려 감옥이었던 셈이다.

어려서부터 줄에 묶여 자란 코끼리는 그 줄을 끊을 수 있을 만큼 힘이 세져도 자신은 줄을 끊지 못할 것이라는 고정관념에 묶여 결국 줄을 끊지 못한다고 한다. 영화 속의 브룩스도 마찬가지였다. 그에게 자유가 주어졌던들 이 코끼리와 다를 게 없었다.

인간의 절망은 학습된다

로버트라는 24세의 미 해병 특공대 병사가 있었다. 그는 절도 있는 군인이었다. 체격도 건장하고 다부졌다. 그런데 월맹군의 포로가 된 후 체중이 40kg이나 줄었다. 그는 말을 잘 들어야 빨리 풀려날 수 있을 거라는 기대로 월맹군의 명령과 지시를 꼬박꼬박 따랐다. 기다린 보람이 있었는지 수용소 사령부로부터 태도가 양호한 포로는 6개월 내에 석방될 것이라는 발표가 있었다. 그리고 로버트는 1개월 후에 석방될 것이라는 통고를 받았다. 그러나 한 달이 지나도 아무런 희소식이 없자 로버트의 기대는 점차 원망으로 바뀌었다. 그 후 로버트는 우울증에 걸려 침대에 웅크린 채 손가락만 빨았고, 끝내는 대소변조차 침대에서 보는 지경에 이르렀다. 결국 그는 뚜렷한 신체적 이상도 없이 세상을 뜨고 말았다.

그의 병명은 무엇이었을까? 절망. 바로 희망의 사라짐이었다. 그는 미래에 대한 꿈을 잃고 자포자기의 상태에 빠져 절망에 굴복하고 만 것이다. 이러한 현상을 단적으로 보여주는 것이 심리학자 셀리히만의 실험이었다.

셀리히만은 24마리의 개를 세 집단으로 나누어 왕복 상자^{shuttle box}에 넣고 전기충격을 가했다. 제1집단의 개에게는 코로 조작기를 누르면 개가 스스로 전기충격을 멈출 수 있도록 훈련시켰다. 제2집단은 코로 조작기를 눌러도 전기충격을 피할 수 없고, 몸이 묶여 있어 어떠한 대처도 할 수 없는 훈련을 받았다. 그리고 제3집단의 개에게는 상자 안에서 어떤 전기충격도 주지 않았다. 24시간 후, 이들 세 집단의 개들 모두를 다른 상자에 옮겨 놓고 전기충격을 주었다. 그러나 앞선 실험들과 달리 상자 중앙에 있는 담을 넘으면 전기충격을 피할 수 있도록 해 놓았다. 과연 이 실험에서 모든 조건의 개들이 전기충격을 피할 수 있었을까?

결과는 이랬다. 1집단과 3집단은 중앙의 담을 넘어 전기충격을 피했다. 그러나 2집단은 전기충격이 주어지자 피하려 하지 않고 구석에 웅크리고 앉아 낑낑대며 전기충격을 고스란히 받아들이고 있었다.

왜 통제 불가능 집단에서 훈련받은 개들은 충분히 피할 수 있는 상황에서도 달아나지 않았을까? 이미 훈련 과정에서 아무리 노력해도 전기충격을 피할 수 없음을 학습했기 때문에 도망칠 엄두를 내지 못했던 것이다. 결국 통제 불가능한 상황에서 무력감을 학습하고 통제력을 상실함으로써 절망에 빠져 버린 것이다.

개를 통한 실험에서 학습된 무기력을 발견한 이후 셀리히만은 이런 실험을 붕어, 침팬지, 인간에게도 실시했는데 결과는 모두 같았다. 그리하여 셀리히만은 인간의 절망도 학습된다는 결론에 이르렀다. 영화 속의 죄수 브룩스도 학습된 무력감에 빠져 있었던 셈이다.

두려움은 나를 죄수로 만들지만 희망은 나를 자유롭게 한다

상황을 통제할 수 없다는 무력감에 빠지면 인간은 어떤 시도도 감행하지 않게 된다. 우울증의 감옥 속에서 하루하루 목숨을 부지할 수밖에 없다. 에리히 프롬은 『자유로부터의 도피』라는 책에서 인간은 무엇인가를 자율적으로 해낼 수 있는 능력이 없을 때, 자유가 안겨다 주는 불안 때문에 결국 자유로부터 도피를 하게 된다고 말했다. 미국에서는 노예해방 이후 자신이 일하던 농장으로 다시 돌아간 사람들이 부지기수라고 한다. 자유를 적극적으로 행사할 수 없는 자에게 자유는 견딜 수 없는 불안일 뿐이다. 그 불안이 견딜 수 없다면 다시 노예의 속박으로 돌아갈 수밖에 없다.

자유로부터의 도피는 권위주의에로의 도피, 기계적 획일성으로의 도피 등의 유형으로 나타난다고 한다. 권위주의에로의 도피는 사회가 공황이나 전쟁과 같이 불완전한 상황으로 내몰릴 때, 강력한 지도자 내지는 통치자에게 귀의하려는 대중들의 속성이다. 기계적 획일성으로의 도피는, 획일화된 군중의식을 지니며 대중들과 함께 동화되어 나가는 현상이다. 그러니까 결국 자유로부터의 도피는 '자기됨'을 포기하는 태도를 말하는 것이다.

에리히 프롬은 『자유로부터의 도피』를 통해 제1차 세계대전 이후의 전쟁의 소용돌이 속에서 제국주의에 대한 반성을 꿈꾸던 서구 유럽 사회가 그토록 자유와 합리적 이론을 강조하면서도 어떻게 나치즘이나 파시즘 같은 전체주의적 제국주의에 물드는지를 설명하고 있다.

힘이 필요한 것은 자유를 자유답게 쓰기 위해서다. 영화 속의 인물 브룩스는 자유를 얻었으되 그에게는 자유를 쓰기 위한 능력이 없었다. 그는 명령과 순종에 이미 오랫동안 길들여져 있었기 때문이다. 세상은 그에게 또 하나의 감옥이었다. 감옥 안에서도 감옥 바깥에서도 자유로울 수 없었던 그가 택한 것은 결국 죽음이었다. 죽음은 모든 부자유의 줄을 끊어 준다. 어마어마한 부채에 묶여 있는 채무자가 자살을 택하는 것을 생각해 보라. 그러나 이런 죽음은 운명 앞에서 백기를 드는 행위일 뿐이다.

중고등학교에서 통제된 생활을 하다가 대학에 들어가든가 사회생활을 하게 되면 대다수의 젊은이들은 해방감을 만끽한다. 보충수업도 없고, 자율학습도 없다. 학생부장의 눈치를 볼 필요도 없고, 미성년자 출입금지 표시 간판에 주눅 들 일도 없다. 약간의 일탈도 부모님은 눈감아 준다. '고등학교 때 힘들었는데 좀 놔둬도 괜찮겠지' 하는 심정에서다. 그러나 부모님의 관용은 한 학기를 채 넘기지 못하고 슬슬 잔소리가 다시 시작된다. 취업대란이란 말도 못 들었니, 미래를 준비하려면 너처럼 놀아서야 되겠니, 부모님이 눈치를 주기 시작한다. 이때쯤 되면 해방감이란 것도 하나의 족쇄처럼 작용한다. '차라리 고등학교 때가 좋았어'라고 생각하는 친구들도 있다. 바로 이것이 에리히 프롬이 말하는 '자유로부터 도피'하고 싶은 심정이다. 이런 심정이 들 때 남자들은 군대를 선택한다. 나에게 주어진 자유가 부담스럽기 때문이다. 차라리 군대의 규율에 나를 꼭 붙들어 매는 것이 편할 것이라는 무의식적 기대가 입대를 부추긴다. "에잇, 군대나 가야지."할 때 이미 나는 나의 패배를 인정하는 것이 된다.

〈쇼생크 탈출〉에서 레드는 말한다. "Fear can hold you prisoner. Hope can set you free(두려움은 당신을 죄수로 만들지만 희망은 당신을 자유롭게 한다)." 나를 변화시키는 데 두려움을 느끼는가? 그렇다면 당신은 죄수다. 그러나 나의 변화가능성을 믿고, 실천할 수 있음을 믿는다면 당신은 자유롭다. 스무 살은 죄수가 되기에는 너무도 이른 나이가 아닌가!

02

스 무 살
불 안 의
두 얼 굴

사르트르,
내 운명은 내가 만든다

    사르트르, 키는 작달막했다. 160cm도 채 안 되었다. 외모도 볼품없었다. 게다가 사팔뜨기였다. 그러나 그의 철학은 세계의 지성계를 흔들었다.

    그는 제2차 세계대전 중 레지스탕스로서 나치에 대항했고, 종전 후에는 당시 대부분의 지식인들이 그러했듯 공산주의 운동에 가담했으나, 1956년 소련의 부다페스트 침공 이후 공산주의와 결별했다. 그는 1960년 프랑스 식민지인 알제리의 독립전쟁을 지지하는 투쟁에 나서기도 했다. 철학적 사유를 담은 소설 『구토』와 『자유의 길』 등으로 그는 1964년 노벨문학상 수상자로 지명됐지만, '부르주아의 상'이라는 이유로 수상을 거절했다. '저항'은 그의 철학을 이해하는 데 있어서 필수적인 키워드였다.

    아무런 반성도 없이 남들이 하니까 나도 한번 해 보겠다는 '부르주아적 결혼'에 대한 저항으로 그는 보부아르와 '계약 결혼'을 했다. 법적인 부부관계를 맺지 않고 오직 정신적 부부관계만을 선언했던 것이다. 그리고 그

둘은 평생 동반자적 관계를 유지했다.

　'실존은 본질에 앞선다'라는 유명한 명제는 그의 철학을 이해하는 데 중요한 키워드다. 이 명제를 이해하고도 가슴이 두근거리고 피가 뜨거워지지 않을 수 있을까. 이 말은 그 어떤 철학적 명제보다 청춘을 충동질한다.

　사르트르는 '실존이 본질보다 앞선다'라는 명제로 그의 실존철학을 정의했다. 우리의 눈앞에 물병이 하나 놓여 있다고 하자. 이 물병은 눈앞에 실제로 존재한다. 가상으로 혹은 관념으로 존재하지 않고 눈앞에 구체적으로 존재한다. 이렇게 실제로 존재하는 것, 그것이 실존^{existence}이다.

　그러나 이 물병은 존재하기 전에 제작자에 의해 고안되고 구상되었을 것이다. 제작자는 물병을 고안하고 구상할 때 아무렇게나 다짜고짜 만든 것이 아니라 어떤 일정한 목적의식을 가지고 만들었을 것이다. 그 물병의 쓰임새와 본질에 대해서 분명한 의식을 가지고서 말이다. 실존주의의 철학적 언어로 말한다면 사물은 존재하기 이전에 이미 본질을 가지고 있었다고 할 수 있다. '액체를 담을 수 있는 가운데가 오목한 형태의 비투과성 물질'이라는 관념이 그릇의 추상적인 본질이라면, 이 본질이 먼저 있었고, 이 본질을 충족시키는 결과물로서 물병이라는 사물이 추후로 제작되었던 것이다.

　사르트르는 이처럼 본질이 먼저 있고 존재가 그것에 맞추어서 만들어진 것을 즉자존재卽自存在라고 불렀다. 물병, 망치, 톱, 컴퓨터, 이런 도구들이 모두 즉자존재다. 즉자존재는 제작자들의 머릿속에서 착상된 본질에 따라 만들어지기 때문에 그들에게는 자기의 삶을 선택할 자유가 없다. 망치는 못을 박는 운명을 가질 뿐이고, 톱은 나무를 자르는 숙명 안에 놓일 뿐, 톱이 스스로 음악 연주의 기능을 선택할 수는 없다. 톱으로 음악 연주를 선택하는 자는 오직 인간일 뿐이다.

그러나 사람은 본질이 존재에 앞선다고 할 수 없다. 사람에게는 이래야 한다, 저래야 한다, 하는 본질이 없다. 미리 어떤 정해진 본질, 정해진 용도를 충족시키기 위해 사람이 설계되고 제작된 것은 아니란 말이다. 인간의 경우에는 실존이 본질에 앞선다. 중요한 것은 내가 여기에 존재한다는 사실이고, 나의 본질은 어디에도 없으니, 다시 말해서 나의 본질은 나의 선택으로 만들어 가는 것이다.

사물과 달리 인간은 제 스스로 자신을 선택하고 만들어 가는 존재다. 이렇게 선택할 수 있는 자유의 존재를 사르트르는 대자존재對自存在라고 불렀다. 인간은 의식을 가진 존재, 제 스스로 제 삶을 선택할 수 있는 대자존재다. 관습이 시키는 대로 따라가서도 안 된다. 권위가 시키는 대로 따라가서도 안 된다. 'Let It Be!' 나를 내버려다오. '나'라는 그릇을 채우는 주인은 오직 '나'일 뿐이다. 나를 책임질 수 있는 존재도 나일 뿐이다. 나는 나의 자유를 억압하는 모든 제도와 권위에 저항하겠다. 그것이 사르트르의 철학이었다.

실존주의 철학은 반역의 철학이었다. 제도와 권위에 고분고분한 철학이 아니었다. 사르트르는 수많은 철학자들과 논쟁을 하였고, 기성의 권위에 과감히 도전장을 내밀었다. 그는 인간에게는 신이 만들어 준 본질이 있다는 신학에 저항했고, 인간을 사물로 간주하는 과학자들과도 논쟁을 했다. 1960년대 세계적으로 불붙기 시작한 학생운동에 사르트르의 철학이 사상적 지주가 될 수 있었던 것도 사르트르 철학의 이러한 반역성 때문이었다.

신이 '너의 본질은 바로 이런 것이다', '너는 이런 본질에서 한 치라도 벗어나면 안 된다'고 한다면 신은 인간의 자유를 구속한 것이나 다름없다. 사르트르는 이런 구속을 달갑게 여기지 않았다. '나는 조물주 당신이 설계도를 가지고 만든 피조물이 아니라, 나는 나 스스로 만들어 갈 실존의 주인이요' 라는 것이 무신론자 사르트르의 항변이었다.

그러나 사르트르의 철학이 반역의 철학이라고 해서 그가 기존의 모든 권위와 텍스트를 거부했다고 생각하면 그것은 착각이다. 그가 거부하고자 했던 것은 불합리하고 비인간적인 권위와 텍스트였다. 인간을 인간이게끔 하는 원칙이 무엇인가. 그것은 사랑이며 우정이며 보살핌이며 환대다. 그런 휴머니즘의 원칙 위에 세워진 철학마저도 그가 거부한 것은 아니다. 그가 거부한 것은 인간을 소외시키고 사물화시키는 이념과 제도였다. 그렇다면 그가 말하는 사물과 인간의 다른 점은 무엇인가?

인간은 스스로 나아갈 바를 선택하는 존재다

'문학이란 무엇인가' 라는 글에서 사르트르는 시적인 언어와 산문의 언어를 사물과 도구의 개념을 빌어 설명한다. 사르트르는 도구는 투명하고 사물은 불투명하다고 한다. 이게 무슨 뚱딴지같은 말인가? 모를 때는 고개를 틀어박는 것이 최선이다.

우리가 무엇인가를 하기 위해 사용하는 도구는, 그것이 어떤 목표에 도달하기 위한 수단이므로 평상시에는 전혀 우리의 눈길을 끌지 못한다. 가령 진공청소기가 잘 작동할 때는 우리는 그것들에 전혀 관심을 갖지 않는다. 그러나 일단 고장이 나면 '대체 이것이 왜 이 모양일까?' 하고 생각하면서 우리의 시선이 진공청소기에 가서 머문다. 잘 작동되는 도구는 우리의 시선을 투명하게 통과시키지만 도구로서의 성질을 잃어버린 고장 난 진공청소기에는 나의 시선이 거기에 가 부딪친다. 고장이 난 진공청소기는 이제 나의 시선을 통과시키지 못하는 불투명성의 사물이 된 것이다.

모든 도구는 '무엇을 위하여' 라는 성질, 즉 용도성用度性을 갖고 있다. 옷은 사람의 피부를 보호하기 위한 용도가 있고, 망치는 못을 박는 용도가 있다. '무엇을 위하여' 라는 용도성의 유무有無에 따라 도구적 존재와 사물적 존재가 구별된다. 그런데 이처럼 용도성을 가지고 있는 도구적 존재가 도구성을 상실할 때, 그때 비로소 거기에 가려져 있던 사물적 존재성이 드러난다. 고장 난 도구는 비로소 우리의 눈에 띄고, 우리에게 특별한 조치를 취하도록 종용하며, 우리의 시선이나 관심을 통과시키는 게 아니라 우리의 시선에 부딪친다. 이것이 사물의 불투명성이다.

반대로 도구는 평소에는 인식되지도 않고 눈에 띄지도 않는다. 바로 그것이 사물의 투명성이다. 도구가 전혀 지장 없이 기능을 하고 있었을 때 그것은 자신의 존재를 두드러지게 나타내 보이지 않는다. 그러나 용도성을 가지고 존재하는 도구가 이상이 생겼을 때 우리는 비로소 그 대상을 그것 자체로서 바라본다. 형광등이 잘 작동할 때는 관심을 가지지 않다가도 그것이 고장 나면 비로소 형광등에 관심을 가지기 시작한다. 형광등의 입장에서 보자면 고장 났을 때가 비로소 인간이 그들의 존재를 인식해 주는 시간이 되는 것이다.

도구는 그냥 존재하는 것이 아니다. 도구는 반드시 어떤 용도, 어떤 목적을 위해 존재한다. 그러나 사람은 목적을 달성하기 위한 도구가 아니다. 나는 투명한 존재가 아니다. 누구의 시선도 내가 마치 이 세상에 없는 것처럼 나를 지나쳐 가서는 안 된다. 나는 나를 간과하는 모든 시선에 저항하는 존재다. 왜? 나는 여기, 분명하게, 하나의 의식으로 존재하기 때문이다.

영화 〈아일랜드〉에서 복제품인 클론들은 자신들이 복제인간이라는 사실도 알지 못한 채 통제와 규율 속에 살아간다. 그들은 행복의 땅 '아일랜드'를 꿈꾼다. 하지만 그들은 인간의 욕망을 실현시켜 줄 도구에 지나지 않는다. 자신들의 욕망을 말할 자격이 없고, 행복을 꿈꿀 주체가 되지 못하는 그런 도구. 인간의 필요를 위해 쓰여지고 나면 가차 없이 버려지는 존재가 도구다. 클론 역시 마찬가지다. 그들의 장기를 적출하여 인간에게 이식하고 나면 그것으로 클론의 생은 마감된다.

그러나 클론들은 울부짖는다. 왜 내가 죽어 가야 하는가? 왜 내 몸으로 낳은 아이를 빼앗겨야 하는가? 그러면 과학기술자들은 그들에게 말할 것이다. 너희는 애초에 그런 운명으로 설계되고 시스템화되었어. 시스템의 논리를 벗어날 수 없는 것이 도구의 운명이야. 인간의 필요에 따라 날아 주는 것이 비행기지. 저 혼자 날기를 꿈꾼다면 그것은 비행기가 아니야. 너희들은 기계로 설계되었지, 한 마리 새로 설계된 것은 아니니까 입을 다물고 있는 것이 좋아.

이미 17세기에 데카르트는 사람과 삶의 과정을 기계로 기술하려는 시도를 한 바 있다. 이른바 '동물기계론'이 그것이다. 18세기의 라메트리는 동물기계론에서 더 나아가 인간도 기계라고 선언한 바 있다. 그러나 클론이라는 게 기계적인 도구를 만드는 공학적 시스템의 산물일지라도 영화 속의 클론들은 단순한 기계가 아니었다. 그들의 심장에는 인간의 피가 흘렀고, 그들은 사랑을 느꼈다. 뿐만 아니라 더 나은 삶을 꿈꾸고, 유토피아를 꿈꿨다. 그리하여 그들은 마침내 기술의 속박을 끊고 유토피아를 향해 나아가며 영화는 끝이 났다. 그렇게 영화 〈아일랜드〉에서의 클론들은 끊임없이 현재를 초월해서 더 나은 곳으로 가고자 하는 인간으로서의 삶의 방향을 제시한다.

나라는 존재는
다른 것으로 대체될 수 없다

친구에게 만년필을 빌렸는데 그만 잃어버렸다. 미안한 마음에 그보다 좋은 만년필을 사서 주었더니 그 친구가 버럭 화를 낸다. "이 만년필 말고, 내가 빌려 줬던 그 만년필을 돌려줘!"

'아니, 잃어버린 만년필을 어쩌라고. 게다가 이 만년필은 내가 빌렸던 것보다 훨씬 비싼 고급 만년필인데 말이야.' 그러나 친구는 막무가내다. 자신이 빌려 주었던 만년필만을 내놓으라는 것이다.

친구에게 있어서 그 만년필은 '대체 불가능한 것'일지도 모른다. 한 자루에 수십만 원이나 한다는 몽블랑 만년필을 주어도 그 만년필과는 바꿀 수가 없는 것인지도 모른다. 그 만년필이 돌아가신 아버지의 소중한 유품이라면 그럴 수도 있지 않겠는가. 추억이 깃든 사물, 사연이 있는 사물은 더이상 도구가 아니다.

도구는 대체 가능한 것이다. 더 좋은 성능, 더 좋은 질의 컴퓨터를 갖는 것은 신나는 일이다. 지금 내가 가진 MP3보다 음질도 뛰어나고 메모리도 훨씬 크고, 게다가 디자인까지 끝내주는 MP3를 갖는다는 것은 기분 좋은 일이다. 사물은 대체 가능한 것일 수 있으니까.

그러나 존재는 대체 가능한 것이 아니다. 어머니가 교양이 없다고 해서 다른 어머니로 바꿀 수 없고, 아들이 말을 안 듣는다고 해서 다른 아들로 바꿀 수는 없다. 더 뛰어난 미모와 인간성을 가진 존재로 나의 애인을 바꾸고 싶다면 이미 그녀는 나의 애인이 아니다. 이 세상에 하나밖에 없는 유일무이한 존재로서 그녀를 받아들일 때 나는 그녀를 사랑한다고 할 수 있으리라.

물론 바꿀 수 있는 인간관계도 있다. 대통령이 나랏일을 잘 못하면 탄핵을 해서 대통령을 갈아 치울 수도 있다. 안 그러다간 나라가 결딴 날 수도 있으니까 말이다. 신문 배달부가 게을러터져 신문 배달을 게을리 하면 배달부를 바꿔 달라고 요구할 수 있다. 가사도우미가 성실하지 않으면 해고하면 그만이다. 이유는 간단하다. 그들이 그들의 기능을 다하지 못했기 때문이다. 이렇게 바꿀 수 있는 인관관계가 '도구적 관계'다.

그러나 세상에는 바꿀 수 없는 것들이 있기 마련이다. 더 괜찮은 친구로 옛 친구를 갈아 치운다는 것은 아무리 생각해도 속물 같은 짓이고, 더 근사한 애인으로 애인을 갈아 치운다는 것은 어쩐지 치사하다. 물론 성격이 맞지 않고 코드와 취향이 다른 사람과 울며 겨자 먹기로 친구나 애인 관계를 유지해야 한다는 것은 아니다. 단지 소켓을 갈아 끼우고 필터를 갈아 끼우

듯 자신의 이해관계에 따라 교체를 반복하는 인간관계는 반성의 여지가 있다고 하겠다.

불안을 벗기 위한 기술, 불안을 조장하는 기술

현대인의 물질적 삶은 200년 전과 비교할 수 없을 만큼 풍요로워졌다. 그뿐만이 아니다. 소아마비, 천연두, 홍역 등의 인간을 괴롭혔던 전염병도 거의 퇴치되었다. 항생제의 개발로 감염증은 놀라울 정도로 줄어들었다. 극소수를 제외하면 모든 사람들이 의료서비스를 받을 수 있게 되었다. 그 결과 20세기 초 한국인의 평균 수명은 31세였지만, 지금은 78세로 두 배 이상이 늘었다.

준향이와 이도령의 연애를 가로막던 반상의 구별도 사라졌다. 백정의 자식 임꺽정도 능력만 있다면 벼슬을 할 수 있다. 첩의 자식이었던 홍길동을 우울하게 만들었던 적서차별 제도도 사라졌다. "우리 조상 세대에서는 사치품이던 것이 우리 시대에는 필수품이 되었다."라는 간디의 말처럼 예전에는 상층계급의 전유물이었던 냉장고나 자동차가 이제는 필수품이 되어 버렸다. 휴가 시간은 늘었고, 전화 한 통이면 자정 무렵에도 피자가 배달되고, 홈쇼핑을 통해 집에서도 옷을 주문할 수 있다. 그러나 현대인들은 불안이라는 갑갑한 옷을 벗어 버리지 못한다.

영화 〈매트릭스〉에나 나올 법한 첨단의 인텔리전스 빌딩. 이 건물은 모든 것이 컴퓨터 브레인에 의해 작동된다. 자동으로 온도와 습도가 조절되고, 햇볕의 강도를 창에 부착된 센서가 감지해서 조명등의 조도를 조절한다. 냉장고에는 모니터가 부착되어 냉장고 안에 어떤 식품들이 있고, 그 양은 어느 정도인지를 냉장고 표면의 모니터를 통해 보여 준다. 식품이 떨어지면 자동으로 인터넷으로 주문이 완료된다.

이런 건물 안에서의 삶은 영화 〈동막골〉의 배경이었던 강원도 산골 같은 곳의 삶보다 안락할 것이 분명하다. 그러나 언제까지 그 안락한 삶이 보장될지는 아무도 모른다. 전자장치의 이상이나 전력공급장치의 이상으로 인텔리전스 빌딩에 이상이 생긴다면? 그때의 혼란은 불을 보듯 뻔하다. 엘리베이터의 고장으로 50층을 걸어 올라가는 사람들의 불편도 불편이지만 무엇보다 단수로 인해 변기의 악취는 상상 이상이다. 난방장치의 고장으로 공기는 텁텁하고, 난리도 이런 난리가 없다.

인텔리전스 빌딩은 온갖 첨단기술이 집약되어 있는 곳이다. 이러한 기술은 인간의 삶의 편의를 높여 준다. 인터넷으로 자동 주문도 되고, 온도와 습도도 자동으로 조절되니 인간으로서는 손 안 대고 코 푸는 격이다. 이 모든 편리함이 모두 첨단기술의 덕이다. 그러나 이런 편리함도 시스템에 이상이 생기면 오히려 커다란 재앙을 불러온다.

1986년 4월 옛 소련(현 우크라이나)의 체르노빌 원자력 발전소에서 사상

최대의 원전 사고가 일어났다. 4호기의 폭발로 약 10톤가량의 방사성 물질이 방출됐다. 히로시마에 투하된 원자폭탄의 400배에 달하는 수치였다. 이 사고로 수천 명이 사망했고, 43만 명이 암, 기형아 출산 등의 후유증에 시달려야 했다. 이렇게 끔찍한 사고를 목도한 독일의 사회학자 울리히 벡은 『위험사회』라는 책을 발표한다. 산업화와 근대화가 기술의 발달과 물질적 풍요를 가져왔지만 동시에 그 풍요에 내재된 위험성도 커진다는 것이 그의 '위험사회론'의 요체다. 한마디로 기술에 의존하면 의존할수록 그 사회의 위험도도 증가한다는 것이다.

그러나 동막골 같은 산골에서 장작을 때고, 호롱불을 켜고, 손수 농사를 짓는 사람에게는 적어도 현대적 기술에 따르는 위험은 적다. 차라리 그들에게는 사나운 멧돼지가 위험이고, 독을 품은 꽃뱀이 위험이다. 재수가 없으면 소똥에 미끄러져 뒤통수가 깨질 위험도 있다. 하지만 도시에서처럼 양변기가 막혀서 골머리를 앓을 이유가 없고, 보일러가 고장이 났다고 투덜거릴 이유도 없으며, 수분한 음식물 배달이 안 된다고 성화를 부릴 이유도 없다. 산골에서야 전기가 안 들어오면 호롱불을 켜도 좋다. 샤워시설도 되어 있지 않으니 물을 데워서 몸을 씻으면 그만이요, 장작불로 밥을 해 먹으면 그만이다.

기술이 고도로 집약되어 있는 도시에서는 기술에 의존적일 수밖에 없다. 그러나 사람이 만든 기술이 완벽할 리는 없다. 언제든 기술에는 결함이

드러날 가능성이 있다. 기술의 결함, 즉 사고의 가능성을 안고 있는 도시는 그만큼 위험에 대한 불안이 클 수밖에 없다. 산골짜기에서의 위험은 그 위험의 규모가 작지만 도시에서의 사고는 그 재앙의 규모가 결코 작지 않다.

물론 산골짜기의 농부라고 해서 불안이 없는 것은 아니다. 언제 가뭄이 들지, 홍수가 날지 아무도 모른다. 미래를 알 수 없다는 것, 이것이 인간이 끌어안아야 하는 운명이다. 이 불안의 운명으로부터 벗어나기 위해 인간은 기술을 개발한다. 가뭄의 침해로부터 피해를 최소화하기 위해 저수지를 쌓고, 홍수에 대비하기 위해 댐을 쌓고 수로를 정비한다. 그러나 울리히 벡이 지적했듯, 기술은 또 다른 위험을 불러온다. 결국 인간은 불안으로부터 벗어날 수가 없는 운명이다.

불안과 스트레스, 과연 인간에게 적일까?

맹수가 도사리고 있을지 모를 동굴 속을 한발 한발 내딛을 때 인간의 몸에서는 어떤 반응이 일어날까? 우선 심장이 방망이질을 친다. 동공이 확대되고 머리카락이 쭈뼛쭈뼛 선다. 손바닥에는 진땀이 난다. 신경은 잔뜩 곤두서고 뒷목은 화끈거린다. 극심한 불안으로 스트레스가 고조된다. 하지만 이때의 스트레스가 꼭 나쁜 것인가? 스트레스가 인간에게 친구 하자고 달려들 때 반갑게 맞아들일 사람이 어디 있겠는가만, 독일의 뇌생물학자 게랄트 휘터는『불안의 심리학』에서 이렇게 말했다. "스트레스는 더 나은 삶으로 등을 떠미는 엔진이다." 스트레스는 새로운 상황에 적응하기 위해 인간이 나름대로 발전시켜 온 훌륭한 방어 시스템이라는 이야기다.

원시인에게 멧돼지가 나타났다고 하자. 이때 야기되는 불안과 스트레스는 원시인의 몸속에 어떤 변화를 초래할까? 먼저 교감신경계는 에피네프린과 코르티솔 호르몬을 분비해 심장을 빨리 뛰게 하고 혈관을 수축시켜 근육에 산소를 공급한다. 노르에피네프린은 정신은 또렷하게, 시야는 좁게 만들어 멧돼지의 동작 하나하나를 자세히 볼 수 있도록 해 준다. 이쯤 되면 불안과 스트레스가 인간의 적이라고만 할 수는 없다. 오히려 불안과 스트레스에게 나를 구해 줘서 고맙다고 해야 할 것이다. 시험을 앞둔 수험생들이 잠이 오지 않고 눈이 말똥말똥한 것도 에피네프린과 코르티솔 호르몬 덕분이다. 이 호르몬은 뇌에 대량의 산소와 영양분을 공급하고, 노르에피네프린은 뇌를 깨어 있게 한다.

전쟁 상황에서 코르티솔 호르몬이 분비되면 근육이 긴장하고 감각기관이 예민해져 위험에 빨리 대처할 수 있게 된다. 자연히 생존확률도 높아진다. 또 노르에피네프린 호르몬이 분비되면 집중력이 높아져서 상황에 민첩하게 대응할 수 있게 된다.

밤에 잠을 쫓기 위해서나 마시는 커피의 카페인 성분도 스트레스 호르몬의 분비를 촉진한다. 이 카페인 성분은 뇌를 각성 상태로 만들고 근육에

글리코겐 같은 영양분을 비축하는데, 바로 이 카페인이 스트레스 호르몬인 노르에피네프린이나 코르티솔 호르몬과 비슷한 역할을 하는 것이다.

마음이 느긋하면 오히려 필요한 호르몬이 분비되지도 않을뿐더러 뇌를 각성시키지도 못한다. 이런 사람이야말로 세상이 무너져도 코를 곯을 수 있는 사람이다. 좋게 말하면 느긋하고 여유로운 사람이지만 이런 사람들이야말로 맹수들의 먹잇감이 될지도 모른다.

고양이가 나타날지도 모른다는 불안을 민감하게 느끼는 쥐들은 고양이에게 잡아먹힐 가능성이 적어진다. 오히려 고양이의 출현을 두려워하지 않는 쥐들이 고양이에게 잡아먹힐 가능성이 크다. 고양이 앞에서 불안과 스트레스를 전혀 느끼지 못하는 쥐는 스스로를 용감하다고 여길지 모르지만, 그런 쥐들일수록 쉽게 고양이의 밥이 되는 것이다.

사람도 마찬가지다. 불안은 병이 아니다. 말 못하는 인형이 아닌 바에야 사람은 모두 불안을 느끼게 마련이다. 스무 살의 불안 역시 병이 아니다. 스무 살의 불안은 대부분 희망의 다른 측면이다. 내게 무수한 미래가 남아 있는데, 나는 대체 그 창창한 미래를 위해 무엇을 투자하고 있을까, 대체 나에게는 투자할 미래의 목적이란 것이 있기나 할까, 하는 의구심이 불안 속에 담겨 있다. 변화해야 한다는 강박관념은 있지만 대체 어떤 변화를 감행해야 할지 모르는 데서 오는 막연한 상실감, 그것이 스무 살의 불안이다.

남을 좋아가지 않으면 불안한
타인지향형

　　웃음도 그렇지만 불안도 전염성을 띤다. 혼자서
아무리 마음의 평정을 유지하려고 해도 주위에서 불안
해 하면 덩달아 불안해지는 게 인지상정이다. 취업 걱정
을 하는 선배들의 불안도 후배들에게 옮겨지기 마련
이다. '나는 욕심이 없다', '나는 성공에 관심이 없
다', '나는 작은 삶에도 만족한다' 하는 무소유의
철학으로 무장한 사람도 마음공부가 부족하면 마
음속에서 불안의 그림자를 지워 낼 수가 없다. 한국
경제가 불안하다는 둥, 고용이 계속 악화될 것이라는 둥,
매스컴에서 들려오는 소식들도 마음의 느긋함을 끊임없이 해친다.

　　더구나 세상에는 대중들의 불안을 이용해 돈벌이를 하려는 사람들도
있다. 사교육 학원들은 학부모들의 불안을 이용한다. 강북에 있는 학교의
한 학부모는 "강북의 학교에서는 상위권에 속하지만 구별로 학력 차이가
많이 난다고 하니 불안하다"며 "강남 수준에 맞추기 위해서 그쪽 학원에 보
내야 할지 고민 중"이라고 말하기도 한다. 더구나 남들이 어떤 학원에 아들
을 보냈더니 시험 성적이 올랐다고 하면 우리 아이도 그곳에 보내야 하지
않을까 불안해진다.

대학생들이라고 해서 예외는 아니다. 남들이 해외로 어학연수를 간다고들 하면 자신도 가야지, 그렇지 않으면 자기만 뒤처질지 모른다는 불안에 사로잡힌다. 이 불안으로부터 벗어나려면 굳이 어학연수를 가지 않고도 어학력을 높일 수 있는 방법을 강구하면 되지만 사람 마음이 어디 그런가. 남들이 하는 대로 따라 하지 않으면 마음을 놓지 못하는 사람들이 대부분이다.

광고 마케터들도 대중의 불안 심리를 곧잘 이용한다. '귀족의 품위를 입으십시오'라고 하는 옷 광고는 따지고 보면 이 옷을 입지 않으면 귀족의 반열에 오를 수 없을지 모른다는 대중의 불안심리를 자극하는 데 초점이 맞춰져 있다. 당연히 이런 광고에는 귀족적 이미지를 가진 톱클래스의 배우들이 기용되기 마련이다. 명품 아파트 광고도 마찬가지고, 럭셔리한 가전제품 광고도 마찬가지다. 마치 이런 제품들을 사용하지 않으면 당신은 시대에 뒤떨어진 사람일 수밖에 없다는 대중의 불안심리를 이런 광고들은 교묘히 자극한다.

광고에 가장 허약한 세대는 10대다. 그들은 대한민국에서 출시된 가장 좋은 전자제품을 가장 먼저 구매하는 세대다. 소위 '얼리어답터'들이다. 그들은 셰익스피어를 읽지 않았다고 창피해 하지 않지만 5년도 넘은 MP3를 갖고 있는 것, 구형 휴대폰을 가지고 있는 것은 창피해 한다. 마치 그런 제품을 가지고 있으면 한참 뒤떨어진 사람으로 평가받을지도 모른다는 생각 때문이다. 또래들과 잘 어울리려면 적당히 신제품을 구매해 주어야 한다는 것이 그들의 생각이다. 물론 그들의 소비 패턴이 어른들이 보기에 못마땅해 보일지 모르지만 그들에게는 소비도 일종의 스타일이다.

20대라고 해서 크게 다르지는 않다. 남이 뭐라 하든 나는 내 식대로 산다는 당당함이 아직은 다소 부족하다. 늘 타인의 시선을 의식한다. '남이 나를 어떻게 볼까', '혹시 시대에 뒤떨어진 사람으로 보는 것은 아닐까' 하는 불안들로부터 벗어나기 위해서 열심히 유행을 좇아가고 타인을 따라간다. 자본주의 사회에서의 군중의 이러한 성향을 일찍이 미국의 사회학자 데이비드 리즈먼은 그의 역작 『고독한 군중』에서 '타인지향형'이라고 비판한 바 있다. 유행에 뒤처지지 않기 위해서 또래들의 소비 패턴을 좇아가는 오늘날 대한민국의 10대와 20대의 모습이 곧 '타인지향형'이다.

심리학적으로 보면 자아존중감이 낮고 체면에 민감한 정도가 높을 때 민감성 허세를 부리는 경향이 나타난다. 명품의 소비를 통해 자신을 업그레이드해 보겠다는 전략이 허세의 심리학이다. 허세를 부린다는 것은 사실 불안에 빠졌다는 것이나 다름없다. 그런 사람들은 뒤처지면 안 된다는 불안으로부터 벗어나기 위해서 열심히 상품과 문화를 소비한다. 좀 더 근사해 보이기 위해 재즈를 듣고, 좀 더 멋져 보이기 위해서 명품 시계를 찬다. 돈이 안 되면 짝퉁이라도 사야 직성이 풀린다.

이웃에게 지지 않으려고 허세를 부리는 '관계 불안reference anxiety' 또한 사람들이 자신을 불행하다고 여기는 또 다른 이유다. 소득이 증가함에 따라 사람들은 '이 집이 우리 가족에게 적당한가?' 하는 생각을 접고, '내 집이 이웃집보다 더 좋은가?'를 생각하게 된다는 것이다. '남과 비교하지 말고 네가 가진 것에 감사하라'는 문화가 형성되어 있는 아일랜드는 1인당 국민소득이 미국이나 스위스의 절반 이하이지만 행복에 대한 만족도는 매번 높은 순위를 기록한다는 사실은 행복의 본질에 대해서 우리에게 시사하는 바가 크다.

20대,
불안의 중심에 선 세대

10대와 단골로 짝지어 나오는 단어가 바로 '질풍노도의 시기'이다. 그만큼 감정의 동요가 심한 나이가 10대다. 그렇다면 20대는 어떨까? 군대도 가야 하고, 취직도 해야 하고, 결혼도 해야 하고, 결혼을 하자면 보금자리도 마련해야 하는데 뭐 하나 뾰족하게 해 놓은 것이 없다. 뭐든 확실한 것이 하나도 없다. 경제는 불안정하고, 취직자리는 하늘에서 별 따기다. 이런 상황에서 요즘의 대학생들이 느끼는 것이 '스펙강박증'이다. 이력서에 한 줄이라도 더 써넣기 위해 이런저런 자격증들을 따야 하고 더 많은 경력을 쌓아야만 한다고 느끼는 강박증세, 이것이 이른바 스펙강박증이다.

강박증세는 정상인 중에서도 얼마든지 나타날 수 있다. 그것이 일상생활에 지장을 줄 정도로 심각한 강박장애로 나타나는 것만 아니라면 누구도 예외일 수 없는 흔한 현상이다. 따지고 보면 자신의 미래를 생각하는 사람 치고 불안하지 않은 사람이 몇이나 되겠는가. 나는 어떤 삶을 살더라도 걱정 없다고 말하는 사람은 어쩌면 삶에 아무런 계획도, 꿈도 없는 자아존중 감이 낮은 사람일지도 모른다.

자아존중감이란 한 개인의 발전과 정신건강 측면에서 무척이나 중요한 요소로서, 한마디로 나 자신이 소중한 사람이라는 자각이다. 낮은 자아존 중감을 가진 사람이 높은 자아존중감을 가진 사람보다 정신질환의 심리적 징후가 8배나 높다고 하는 연구 결과도 있다. 나는 소중한 존재이며, 그 존재에 걸맞은 성취를 이루어 내야 한다는 강박관념은 일종의 불안을 야기하지만, 그런 종류의 불안은 나의 발전에 도움이 되지 결코 해가 되지 않는다.

불안이야말로 어쩌면 인간의 진정한 모습인지도 모른다. 말도 못하는 갓난아이가 열이 펄펄 날 때 느긋해 하는 부모가 있을까? 타인을 안심시키기 위해 겉으로는 태연을 가장해도 속으로는 안절부절못하는 것이 부모의 마음이다. 분만실 밖에서 불안하게 서성거리는 모습이야말로 새로운 생명의 탄생을 기다리는 아버지의 자연스러운 모습은 아닐까? 시험장 밖에서 불안한 표정으로 내 아이가 시험을 잘 보기를 기원하는 부모의 모습이 인간의 모습이 아닐까? 험난한 세상을 우리 자식이 어떻게 살아갈까 불안해하는 모습 앞에서 스펙강박증은 결코 병이 아니다.

보르빈 반델로브가 쓴 『불안, 그 두 얼굴의 심리학』이라는 책을 보면 찰스 다윈은 스물여덟 살에 원인을 알 수 없는 발작에 시달렸으며, 괴테, 브레히트, 베케트, 카프카도 자주 불안에 시달렸다고 한다. 가수 바브라 스트라이샌드는 노래의 가사를 잊어버려 크게 당황했던 경험 탓에 공황장애를 앓고 20년 동안 무대에 서지 못했다고도 한다. 심지어 정신분석의 창시자인 지그문트 프로이트도 공황장애를 앓으며 자신을 비관했다. 그럼에도 그들은 자신의 분야에서 탁월한 업적을 성취해냈다. 저자는 "유명한 운동선수나 독창적인 예술가나 야심 찬 학자나 성공한 사업가나 힘 있는 정치가가 되는 데에는 의식적이든 무의식적이든 불안이 큰 몫을 한 것이다."라고 말한다.

다시 울리히 벡이 근대사회를 '위험사회'라고 규정한 바의 이야기로 돌아가 보자. 근대 이전의 사회에서 인간을 위협했던 것이 가뭄, 홍수, 지진, 추위와 같은 자연재해였다면, 현대에 인간을 위협하는 것은 기술이다. 도구의 발명과 함께 시작된 인류의 오랜 문명의 역사에서 기술은 언제나 인간의 충실한 우군이었다. 돌도끼는 사냥감을 풍성하게 해 주었고, 수레는 인간의 힘을 배가시켜 주었으며, 풍차는 바람의 힘을 인간의 힘으로 전환시켜 주었다. 산업혁명 이후의 기술은 놀랄 만한 파워와 스피드로 우리 사회를 바꿔 주었다. 가뭄에 대한 불안, 굶주림에 대한 불안은 말끔히 사라지는 듯했다.

그러나 인류는 새로운 불안과 마주해야 했다. 기술이 야기할지도 모르는 위험 앞에서의 불안이 그것이다. 언제 핵폭탄이 터질지, 가스누출사고가 날지, 여객기가 추락할지, 꿀꺽 삼킨 찰떡이 기도를 막을지, 둘러보면 곳곳이 위험투성이다. 그러나 이 모든 위험들을 시시각각 감지하고 사는 사람은 없다. 너무 많은 것은 없는 것으로 인지하는 것이 우리의 뇌가 작동하는 방식이니까 말이다.

교통사고나 여객기 사고로부터 자유로울 수 있는 슈퍼맨은 없다. 누구나 사고로부터 자유롭지 못하다. 다시 말하면 우리는 사고 앞에 남녀노소, 빈부의 구분 없이 모두가 평등하다. 나만 유별나게 사고에 노출되어 있는 게 아니라는 거다. 울리히 벡은 이곳을 '위험사회'라고 명명하며 호들갑을 떨지만 모두에게 평등하게 배분되어 있는 위험을 사람들은 그다지 크게 받아들이지 않는다. 생각해 보라. 온갖 위험이 난무하는 도시이지만 우리는 대부분의 위험들을 망각하며 살아가지 않는가.

문제는 평등한 위험이 아니라 '특정한 개인에게만 과중하게 배분된' 위험이나. 특정한 개인에게만 과중하게 배분된 위험이라고? 쉽게 생각해 보자. 우주로부터 날아오는 별똥이 지구의 특정한 개인의 뒤통수를 정확하게 때릴 확률은 지구인 모두에게 평등하게 배분되어 있다. 특정한 개인에게 별똥이 달려들 확률은 없다는 뜻이다. 별똥의 위험처럼 평등하게 배분된 위험 앞에서 사람들은 전전긍긍하지 않는다.

그러나 질병과 같은 위험은 다르다. 가령, 한 끼 식사도 해결하기 어려운 사람에게 찾아온 질병은 재벌의 총수에게 찾아온 질병보다 훨씬 크게 보일 수밖에 없다. 과장해 말한다면 '없는 사람'에게 감기몸살은 '있는 사람'의 암에 버금갈 수 있다. 이렇게 과중하게 배분된 위험으로부터 벗어나는 길은 유비무환有備無患의 구호를 내걸고 열심히 돈을 벌어들이는 일이다. 다람쥐가 겨울을 앞두고 분주하게 도토리를 모으는 것도 유비무환의 이치요, 겨울잠을 자기 위해 곰이 열심히 피하에 지방을 비축해 두는 것도 이런 이치다. 인간이라고 해서 예외는 아니다. 아니 인간은 한술 더 뜬다. 곳간에 곡식이 썩어가더라도 미련스럽게 먹이에 집착한다. 소유하는 행위, 그 자체에 탐닉하는 인간의 탐욕과 미련스러움은 인간이 만물의 영장이라는 말을 무색하게 만든다.

그러나 나와 내 가족이 먹을 양식을 얻기 위해 일자리를 갖겠다는 인간의 욕망은 소박하고 정직하다. 그리고 눈물겹다. 폼 나는 직장을 원해서가 아니라, 나와 내 가족의 몸을 누일 보금자리와 나와 내 가족을 공양할 양식을 얻겠다는 욕망은 탐욕과는 달라도 한참 다르다. 누구는 그런 욕망을 소시민적 욕망에 불과하다고 가볍게 평가할 수도 있겠지만, 인류를 오늘에 있게 한 동력이 '밥에 대한 욕망'이라고 해도 과언은 아니다. 어쨌든 밥은 간단한 문제가 아니다. 일찍이 시인 고은은 두 줄의 짧은 시로 '밥에 대한 욕망'을 찬미했다.

절하고 싶다
저녁연기 자욱한 저 건너 마을

가히 촌철살인이다. 세상을 있게끔 하는 것은 예지자의 말씀도 아니요, 혁명가의 이론도 아니다. 오직 사람의 몸으로 들어오는 밥이다. 밥이 몸을 살리고 세상을 살린다. 그러니 저녁의 밥 짓는 연기가 어찌 성스럽지 아니하랴. 그 성스러움 앞에서 넙죽 절하고 싶은 것이 시인의 마음이다.

그러나 한 그릇의 밥을 얻기 위해 치사하고 아니꼬운 일들을 감내해야 하는 노동은 얼마나 슬픈 것인가. 시인 이성복은 밥벌이의 고단함을 이렇게 노래한다.

치욕이여
모락모락 김 나는
한 그릇 쌀밥이여
꿈꾸는 일이 목 조르는 일 같아
우리 떠난 후에 더욱 빛날 철길이여

그런데 그 치사하고 아니꼬운 밥벌이의 노동마저도 아무나 할 수 없는 것이 대한민국의 현실이다. 미증유의 취업난이 젊은이의 목을 옥죄고 있지 않은가. 불안은 서서히 젊은이들의 영혼을 잠식하고 있다.

3, 40대 가장들은 언제 회사에서 잘릴지도 모른다는 불안을 안고 살아간다. 그들은 구조조정과 명예퇴직의 시퍼런 서슬에 하루하루가 조마조마한 심정이다. 이른바 잘릴지도 모른다는 데서 오는 '거세불안증'은 단지 비정규직만의 것은 아니다. 대한불안의학회가 2006년에 20세 이상 성인 1천

명을 대상으로 면접 조사한 결과를 보면, 4명 중 1명꼴인 25%가 불안 관련 증상을 호소하고 있음을 알 수 있다.

이들이 느끼는 불안은 철학자 키에르 케고르가 말하는 우주에 내던져진 실존이 감당해야 하는 철학적인 불안 혹은 관념적인 불안이 아니다. 피가 말리는 그야말로 육체적인 불안이다. 대한민국의 20대가 서 있는 자리는 바로 그 불안의 중심지대다.

03

스 무 살 의 선 택
운   명   을
만 들 어   가 다

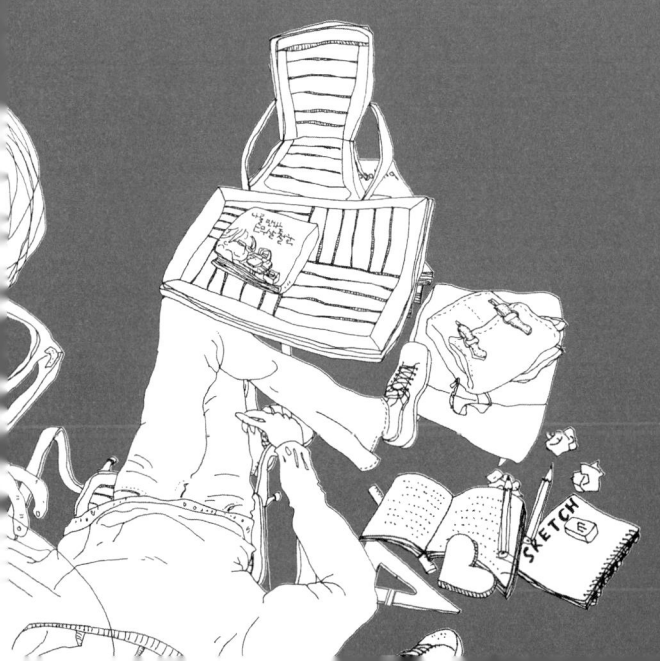

마땅한가를 따져 묻는 중용의 지혜

삶은 선택의 연속이다. 심지어는 나는 아무것도 선택하지 않겠다는 것조차 또 하나의 선택이다. 우리가 죽음을 선택할 수도 있는 것이라고 한다면 지금 살아 있다는 것 자체도 선택의 결과인 셈이다. 선택은 살아 있는 피조물들의 피할 수 없는 운명이다.

어떤 길을 선택하느냐에 따라 내 삶의 질이 달라지기도 한다. 그렇다고 죽느냐 사느냐를 결정해야 하는 햄릿의 선택처럼 무거운 선택만 있는 것은 아니다. 어떤 것을 입고, 어떤 것을 먹을까 하는 가벼운 선택도 있을 수 있다. 하지만 어떤 선택은 삶을 그르치게도 한다는 점을 감안한다면 선택은 신중할수록 좋겠다.

아리스토텔레스는 인간의 모든 행위는 선을 달성하는 데 있다고 하면서, 그 궁극의 목적을 '행복'이라고 했다. 결국 인간의 선택적 행위는 궁극적으로 행복을 클릭한다는 이야기다. 그러나 우리가 행복을 원한다고 해서 모두가 똑같이 행복에 도달하는 것은 아니다. 게다가 우리는 항상 우리가 좋아하는 것을 추구한다고 하지만 실제로도 정말 좋은 것을 추구하는 것인지도 확실히 알 수가 없다. 또, 어떤 사람이 술을 좋아해서 마신다고 하지만 술이 한 인간의 복지에 진정으로 필요한 것이라고만은 할 수가 없다. 이처럼 주관적으로 좋은 것이 반드시 객관적으로 좋은 것과 일치하는 것은 아니다. 우리는 우리에게 진짜로 좋은 것을 선택할 수도 있고, 반대로 당장에는 좋아 보일지 몰라도 궁극적으로는 나쁜 일을 선택할 수도 있다.

아리스토텔레스는 좋고 나쁜 것을 선택함에 있어서 나타나는 지속적인 경향성을 가리켜 '성품'이라고 부른다. 그리고 그 성품의 탁월함이 곧 윤리적 덕이라고 하였다. 아리스토텔레스의 논리대로라면 매사에 객관적인 것을 선택하는 사람을 덕 있는 사람이라고 부를 수가 있다. 하지만 우리의 선택이 매사에 객관적일 수가 있을까? 불가능한 일이다. 왜일까? 우리의 이성을 흐리게 하는 정념passion 때문이다. 욕망, 분노, 공포, 질투, 사랑, 증오, 경쟁심, 연민과 같이 쾌락이나 고통을 수반하는 감정들은 필연적으로 우리의 이성적 판단을 흐리게 한다.

그런데 우리가 어떤 성품을 갖느냐 하는 것은 우리가 이 정념에 대해 어떤 태도를 갖느냐에 달려 있다고 할 수 있다. 예를 들어 지나친 분노는 우리의 눈을 멀게 하여 건전한 판단력을 흐리게 하고, 지나친 공포심은 비겁함이라는 악덕에 빠지게 한다. 하지만 불의에 대한 정당한 분노는 곧 내 인격의 고결함을 말해 준다고도 할 수 있다. 따라서 우리는 이 정념에 휘둘리지 않기 위해서 적절하게 이를 관리하지 않으면 안 된다.

아리스토텔레스도 정념을 무조건 억누르라고만 하지는 않았다. 그는 남자가 여자를 보고 정욕을 느끼는 것은 자연스러운 행위라고 생각했다. 문제는 그 정념과 어떻게 관계를 맺느냐에 있는 것이지, 정념 그 자체가 잘 못된 것은 아니라고 본 것이다. 여기서 넘치지도 않고 모자라지도 않게 정 념을 조절할 수 있는 지혜의 덕이 바로 아리스토텔레스가 말하는 '중용'이 다. 중용이란 자칫 산술평균적인 중간을 의미하는 것으로 오해하기 쉬운 데, 그렇지 않다. "마땅한 때에, 마땅한 일에 대하여, 마땅한 사람들에 대하 여, 마땅한 동기로, 마땅한 태도로" 어떤 정념을 느끼는 것이 참된 정념이 라는 것이다. 쉽게 말해서 화내야 할 때 화를 내는 것이 덕이지, 당연히 화 를 내야 하는 순간에도 화를 내지 않는 것은 덕 있는 행동이 아니라는 것이 다. 불의를 보고 느끼는 분노는 올바름의 덕을 말해 주는 것이고, 고통받는 이를 보면서 느끼는 연민은 정의의 덕을 말해 주는 것이다.

아리스토텔레스는 정념에 대해서만이 아니라 우리의 모든 선택과 행위 에 있어서 모자람이나 지나침을 피하고 중용의 길을 걷는 것이 윤리적인 덕의 일반적 특징이라고 보았다. 그러나 언제가 마땅한 때인지, 무엇이 마 땅한 일인지, 어떤 이들이 마땅한 사람들인지를 판단하기가 쉽지는 않다. 정작 분노해야 할 때 분노하지 않고, 분노하지 않아도 될 곳에서 우리는 곧 잘 분노를 터뜨리면서 살아가니까 말이다. 김수영의 〈어느 날 고궁을 나오 면서〉라는 시는 이런 사정을 잘 이야기해 준다.

왜 나는 조그마한 일에만 분개하는가
저 왕궁 대신에 왕궁의 음탕 대신에
오십 원짜리 갈비가 기름덩어리만 나왔다고 분개하고
옹졸하게 분개하고 설렁탕집 돼지 같은 주인년한테 욕을 하고
옹졸하게 욕을 하고

한번 정정당당하게
붙잡혀간 소설가를 위해서
언론의 자유를 요구하고 월남파병에 반대하는
자유를 이행하지 못하고
이십 원을 받으러 세 번씩 네 번씩
찾아오는 야경꾼들만 증오하고 있는가

옹졸한 나의 전통은 유구하고 이제 내 앞에 정서로
가로놓여 있다
이를테면 이런 일이 있었다
부산에 포로수용소의 제14 야전병원에 있을 때
정보원이 너어스들과 스폰지를 만들고 거즈를
개키고 있는 나를 보고 포로경찰이 되지 않는다고
남자가 뭐 이런 일을 하고 있느냐고 놀린 일이 있었다
너어스들 옆에서

지금도 내가 반항하고 있는 것은 이 스폰지 만들기와

거즈 접고 있는 일과 조금도 다름없다

개의 울음소리를 듣고 그 비명을 지고

머리도 피도 안 마른 애놈의 투정에 진다

떨어지는 은행나무잎도 내가 밟고 가는 가시밭

아무래도 나는 비켜서 있다 절정 위에는 서 있지

않고 암만해도 조금쯤 옆으로 비켜서 있다

그리고 조금쯤 옆에 서 있는 것이 조금쯤

비겁한 것이라고 알고 있다!

그러니까 이렇게 옹졸하게 반항한다

이발쟁이에게

땅주인에게는 못하고 이발쟁이에게

구청직원에게는 못하고 동회직원에게도 못하고

야경꾼에게 이십 원 때문에 십 원 때문에 일 원 때문에

우습지 않으냐 일 원 때문에

모래야 나는 얼마큼 적으냐

바람아 먼지야 풀아 나는 얼마큼 적으냐

정말 얼마큼 적으냐......

시 속에서 화자는 기껏해야 눈앞의 작은 이익에 연연하여 이발장이나 야경꾼들처럼 가진 것 없고 힘없는 자에게는 단 돈 일 원 때문에 흥분하지만 언론의 자유를 요구하고 월남 파병에 반대하다 붙잡혀 간 소설가에 대해서는 두려움 때문에 아무 말도 못하는 옹졸한 소시민이다. 시 속의 화자는 종로에서 뺨 맞고 한강에서 화풀이한다는 속담처럼 분노를 '마땅한 때'에 '마땅한 곳'에 풀어놓지 못한다.

화자의 분노는 그 자체로 나쁜 것은 아니다. 다만 그 분노가 정당하려면 그를 소시민으로 만드는 억압적인 세력에게 향해져야 한다. 하지만 그 분노는 정당한 대상을 찾지 못한다. 바로 화자의 소시민적 비겁함 때문이다. 정작 분노해야 할 때 분노하지 못하고 그 에너지를 해소하지 못한 시인은 애먼 곳에 분노를 쏟아낸다.

일이 잘 안 풀리면 주위사람들에게 화를 내는 친구들을 본다. 그러나 정작 화를 내는 당사자는 문제의 본질이 자신에게 있음을 알지 못할 때가 많다. 자신의 뜻대로 일이 잘 되어 가지 않을 때, 일이 엉켜 어디서부터 손을 대야 할지 모를 때, 사람들은 곧잘 분노의 에너지를 타인에게 쏟는다.

사실 스무 살도 그런 분노의 에너지가 작지 않은 때다. '남들은 확실한 목표를 향해 쭉쭉 뻗어 가고 있는데, 왜 나는 꽃다운 나이를 무기력 속에 보낼까' 하는 자괴감 때문에 내면이 꼬인 실처럼 엉클어질 때, 타인에게 분노를 쏟아낼 가능성은 커진다. 물론 그 결과는 쓰디쓴 후회다. 스무 살은 차가운 이성보다는 뜨거운 정열이 강한 나이이기 때문에 타인에게 쉽게 상처를 주는 일도 잦을지 모른다. 그러나 타인에 대한 분노의 에너지를 자신의 내면과 미래를 깊이 응시하는 성찰의 에너지로 바꾸지 않으면 후회는 불가피한 것일지도 모른다.

정보과잉의 시대에
선택은 차라리 고역이다

무엇인가를 선택한다는 것은 그 나머지를 배제한다는 것, 그러니 선택은 어쩌면 고역이다. 하나를 손에 쥐는 순간, 나머지 가능성은 버릴 수밖에 없지 않은가. 선택해야 할 대상, 즉 선택지가 두 개일 경우, 선택지가 분명한 우열을 갖는다면 선택은 갈등상황을 야기하지 않는다. 그런데 문제는 선택의 대상이 우열을 논할 수 없을 정도로 엇비슷할 때다. 가령, 2류 대학에 다니는 A는 준수한 외모에 인간성도 좋다. 성실하기까지 하다. 더구나 유머감각도 있다. B는 일류대학에 다닌다. 외모는 그럭저럭이다. 유머감각도 없고 약간 고지식하지만 그렇다고 특별히 성격상으로 문제될 것은 없다. 한쪽이 일방적으로 기울 때 선택은 문제가 없지만 A는 A대로 좋고 B는

B대로 좋을 때, 선택은 고역이다.

20대는 아직 모든 것이 결정되지 않은 때이다. 애인도 선택해야 하고, 학과도 선택해야 하고, 남자라면 입대의 시기도 선택해야 하고, 대학 졸업을 하면 대학원에 갈지, 유학을 갈지, 아니면 취업을 해야 할지를 선택해야 한다. 또 취업하기로 마음먹었다면 어떤 직장을 선택해야 할지를 고민해야 한다.

잘못된 선택의 후유증은 후회다. '내가 왜 그때 그런 어리석은 결정을 했을까' 하고 후회해 봐야 시간은 재생이 불가능하다. 삶에 리플레이는 없다. 잘못 선택했다고 반품할 수도 없다. 후회하지 않기 위해서는 현명한 선택이 요구되지만 현명함은 거저 얻어지는 것이 아니다.

선택의 기회가 늘어나는 것, 입맛대로 골라 먹을 수 있도록 선택지가 늘어난다는 것은 좋은 일이다. 그러나 수많은 유혹 앞에서 인간은 어떤 것을 고를까 망설일 수밖에 없다. '과연 내가 선택한 것이 최선의 것일까?' 멋진 옷을 샀다고 생각하면서 모퉁이를 돌 때 다른 가게에 내가 산 것과 똑같은 옷이 더 싼 가격에 팔리고 있을 때, 선택은 쓰라림을 동반한다. 인간의 선택이란 늘 불완전할 수밖에 없다. 내가 선택하지 않은 어떤 것이 언제 삶의 모퉁이에서 불쑥 튀어나오며 나의 선택을 비웃을지 모른다.

최선의 선택은 최선의 정보를 요구한다. 그런 점에서 우리 선택의 일등 공신인 인터넷은 정보의 보고寶庫라고도 하지만, 동시에 그곳에는 쓰레기 정보도 넘쳐난다. 소위 '알바'라는 친구들이 제품에 대한 거짓 정보를 올려

놓기도 하고, 전문리뷰어들이 용돈(?)을 받고 특정 회사의 제품을 거짓으로 홍보하기도 한다. 전문가가 아니라면 어떤 정보가 진짜 정보이고, 어떤 정보가 거짓 정보인지 명확하게 분별하기가 어렵다. 이처럼 질을 담보할 수 없는 정보의 홍수 속에서 우리의 선택은 최선의 품질을 담보하기가 어려워진다.

선택은 과도하게 많은 정보를 걸러내는 일종의 필터링 작업이다. 우리의 감각에 들어오는 모든 것에 우리가 관심을 기울인다면 뇌는 폭발하고 말 것이다. 버릴 정보는 버리고 취할 정보는 취하는 것이 뇌의 우선적인 임무다. 그렇다면 무엇을 버리고 무엇을 취할 것인가? 버리고 취함의 기준은 과연 무엇인가?

모든 선택은 일종의 가치판단이다. 어떤 것을 선택하고 어떤 것을 배제했다면 거기에는 분명히 원칙과 기준이 있어야 한다. 그리고 자신만의 원칙과 기준이 있어야 한다는 것만큼 중요한 것이 바로 세상에는 사람들의 다양한 생김새만큼이나 수많은 선택의 기준이 있을 수 있음을 인정하는 것이다. 사람들은 저마다 취향도 다르고 가치관도 다르다. 누구의 어떤 기준이 가장 합당한 것이라고 단정 지을 수 있겠는가. 일찍이 『팡세』에서 파스칼은 "피레네 산맥의 저쪽에서는 진리가 이쪽에서는 오류"라고 갈파하지 않았던가.

모든 사람들에게 두루 통용될 수 있는 보편타당하고 객관적인 기준이라는 게 있을 수 있을까? 보편타당한 기준을 설정하기가 쉬운 일이 아님에도 불구하고 우리는 곧잘 나의 기준과 취향을 무리하게 타인에게 적용하려고 하는 잘못을 범한다. 사실 타인에 대한 배려란 타인의 취향과 기준을 존중한다는 말과 다르지 않다. 나는 자장면을 선택했는데 너는 왜 우동을 선택했느냐고 버럭 화를 낼 수는 없는 일이다. 물론 타인의 취향이 모두 존중받아야 하는 것은 아니다. 가령 나는 떠드는 취향을 가지고 있으니 도서관에서 떠드는 나의 행동을 인정해달라고 하면 곤란하다. 타인의 자유가 시작되는 곳, 바로 그 지점이 나의 자유가 끝나는 지점이니까 말이다.

선택을 할 때는 기회비용을 생각하라

토요일 밤에 무엇을 할까? 친구들과 맥주를 마실까, 아니면 시간당 5천 원을 주는 4시간짜리 아르바이트를 할까? 만약 친구들과 맥주를 마시는 것을 선택했다면 맥주 값은 얼마일까? 이때 경제학자들은 단순히 맥주 값만 비용으로 계산해서는 안 된다고 말한다. 어떤 선택이든 그것의 비용은 다른 대안이 제공했을 기회를 포기한 것까지를 고려해야 한다. 경제학에서는 이를 기회비용opportunity cost이라고 한다. 위의 경우, 맥주를 마시지 않고 아르바이트를 했다면 2만 원을 벌 수 있었는데, 이를 포기하고 맥주 값으로 1만 원을 지불했다면, 맥주를 마신 것에 대한 기회비용은 2만 원이 된다. 만약에 아르바이트가 시간당 1만 원이었다면 4시간 동안 맥주를 마신 것에 대한 기회비용은 4만 원이 될 것이고, 아르바이트가 시간당 2만 원이었다면 기회비용은 8만 원이 될 것이다. 이렇게 기회비용이 커지면 맥주가 맛이 없어지고 땅콩도 고소하기는커녕 씁쓰레하게 느껴질 것이다. 다시 말해서, 기회비용이 커지면 우리가 선택한 대안에서 누릴 수 있는 만족감은 떨어진다.

잘나가는 골드미스 K가 직장을 그만두고 결혼을 한다면, 결혼에 대한 기회비용은 '잘나가는 직장'이다. K가 순탄하고 행복한 결혼생활을 한다면 아무런 문제가 없겠지만, 왠지 결혼을 잘못했다 싶은 생각이 든다면 그땐 어쩔 수 없이 이 기회비용이 생각나기 마련이다. '내가 왜 잘나가는 직장을 때려치우고 이렇게 한심한 작자와 결혼을 했을까' 하고 후회하기 십상이다. 이런 후회를 피하기 위해서일까? 대개 골드미스들은 결혼에 관심이 없다. 비싼 기회비용을 치러가면서까지 가정에 묶일 필요가 없다고들 판단하는 모양이다. 그러나 K가 파트타임으로 어렵게 사는 처지였다면 어땠을까? 보나마나 기회비용 따질 것 없이 결혼을 서둘렀을 것이다.

어떤 행동을 선택했을 때 기회비용이 크다면 그 선택은 신중해야 한다. 과연 내가 선택한 이 일이 다른 것을 포기하고도 남을 만큼 충분한 가치가 있는 것인가를 신중히 생각해야 한다.

잘나가고 있는 축구 스타 박지성 선수는 대학교 재학 당시에 일본 프로리그에 진출했다. 학사 학위를 받는 것보다 프로리그에서 뛰는 것이 축구 선수에게 더 유리하다고 판단했기 때문이다. 박지성 선수가 프로리그로 진출함으로써 치른 기회비용은 바로 대학졸업장이다. 박지성은 충분히 고민했을 것이다. 프로로 가느냐, 대학에 진학하느냐, 그 중대한 갈림길에서 그는 과감히 대학졸업장을 포기했다. 그리고 결국 승리했다. 아마도 대학 진학이라는 소중한 가치를 포기했으므로 프로에서 더 이를 악물고 뛰었을지 모른다.

　군대를 간다, 연애를 한다, 대학원에 진학한다, 취업을 한다……. 선택해야 할 것들이 적지 않은 나이가 스무 살 무렵이다. 어떤 것을 선택할 때에는 다른 것을 선택할 수 없다는 것을 생각한다면 우리의 선택은 보다 신중해질 수 있다. 컴퓨터 게임에 매달릴 수 있는 시간의 기회비용은 무엇일까? 하릴없이 이 사이트 저 사이트 기웃거리면서 보내는 허송세월의 기회비용은 얼마일까를 한 번쯤은 냉정하게 생각해 볼 필요가 있다. 시간은 언제나 우리를 기다려 주지 않으니까 말이다. 그러나 달콤한 낮잠의 기회비용, 데이트의 기회비용, 부모에게 효도하는 시간의 기회비용까지 생각한다면 삶은 고달프고 삭막할 수밖에 없다.

끝까지 매달리는 것이
중용의 덕은 아니다

내가 선택한 것은 내가 책임진다는 자세는 충분히 권장할 만하다. 그러나 그것은 그 선택에 문제가 없을 때만 그렇다. 잘못된 선택을 끝까지 고집하는 것은 돌이킬 수 없는 결과를 가져온다. 노름판에서 '타짜'와 같은 상대를 만났다면 패를 접는 것이 낫다는 이야기다. 물론 판돈을 노름판에 모두 기부하기로 작정했다면 이야기는 달라지지만 말이다.

자신을 출판사 사장이라고 가정해 보자. 외국의 베스트셀러를 번역 출판하기로 하고 적당한 번역자를 섭외하여 일을 진행했는데, 번역이 영 시원찮은데다 막상 번역을 하고 보니 내용 자체도 썩 좋지 않다면, 여러분이라면 어떻게 하겠는가? 과감히 출판을 포기할 수 있겠는가? 이런 경우 지금까지의 진행 과정에서 들어간 비용과 계약금, 번역료 등이 아까워서 울며 겨자 먹기로 책의 출판을 서두를 수 있다. 결과는 십중팔구 마케팅의 실패로 돌아간다. '지금까지 들어간 노력이 얼만데' 하고 본전을 생각하다가는 본전 이상을 잃어버릴 수 있다. 일어설 때 일어서고 털어버려야 할 때 털어버리지 못하면 손해를 고질병처럼 달고 산다.

1969년 영국과 프랑스 정부는 세계 최초의 초음속 여객기인 콩코드 개발에 착수했다. 파리-뉴욕 간 비행시간을 7시간에서 3시간대로 단축한다는 환상적인 계획이었다. 막대한 투자비의 리스크와 수익성이 희박하다는 전문가들의 비판을 무시한 채, 두 나라는 1976년 드디어 상업 비행에 성공했다. 그러나 항공업계의 불황, 기체 결함, 만성 적자 등을 견디지 못하고 콩코드는 총 190억 달러의 손해를 안고서 2003년 날개를 접었다.

이처럼 이미 지출된 비용에 얽매여 비합리적인 선택을 하는 것을 경제학에서는 '매몰비용sunk cost 효과' 혹은 '콩코드 효과'라고 한다. 중도 포기할 경우 기존의 투자비를 허공에 날리게 되므로 손해를 감수하고 계속 강행하는 악순환을 의미한다.

매몰비용 효과는 인간에게는 돈이나 노력, 시간 등이 일단 투입되면 그것을 지속하려는 강한 성향이 있다는 것을 보여 준다. 내가 어떤 대상에게 지극한 노력과 정성을 들였다면 그 대상은 충분히 가치 있는 것이라고 생각하는 일종의 자기합리화가 만들어 내는 것이 매몰비용 효과다. 대개 이런 자기합리화는 실수를 좀처럼 인정하지 않는 자존심이 높은 사람에게서 나타난다. 기껏 시간과 노력과 자본을 투자하다가 이제 와서 손을 떼면 실패자라는 소리를 들을까봐 잘못된 선택에 집착하는 것이다.

매몰비용의 오류는 남녀 관계에서도 발생할 수 있다. 결혼을 생각하는 20대 후반의 아무개가 있다고 치자. 그에게는 고등학교 졸업 이후 오랫동안 사귀어 온 애인이 있다. 하지만 결혼까지 이어지는 인연인가에 대해서는 확신이 없다. 그렇다고 이때 아무개가 자신의 애인에게 "너는 내 배우자 감으로는 영 아니야."라고 비정하게 말할 수 있을까? 그동안 그 애인과의 교제에 들인 시간과 정성이 얼마인가! 매몰비용을 생각해서라도 그 애인을 함부로 내칠 수 없을 것이다. 결국 '그놈의 정 때문에'라고 자기를 합리화 하면서 결혼을 결정한다. 인간적으로야 문제가 없는 결정일지 모르지만 경영학자들은 이런 행동에 '매몰비용의 오류'라는 다소 현학적인 이름을 붙여 줄 것이다.

'한 우물을 파라'라는 속담을 모르는 한국 사람은 없다. 한 분야에서 한눈팔지 않고 외길을 가다 보면 언젠가는 성공할 것이라는 충고를 담고 있는 속담이다. 그러나 그것도 제대로 된 우물을 팔 때의 이야기다. 시간도 많고 배에 지방질이 남아돈다면 운동 삼아 끝까지 한 우물을 파는 것도 나쁘지 않지만, 금쪽같은 시간과 자원을 낭비하면서 가능성이 없는 우물을 파는 것은 낭비에 불과하다. "내가 이 우물 파는 데 들인 공이 얼마인데, 되든 안 되든 나는 이 우물을 끝까지 팔 거야."라는 식으로 덤볐다가는 후회의 전문가가 될 가능성이 높다.

적절한 포기를 모르는 어리석음은 죽음을 불러올 수도 있다. 마라토너에게 30km 지점은 그야말로 '기진맥진'하는 지점이다. 마라토너들이 매일매일 연습을 거르지 않는 것은 이 지점에서 극심한 체력소모와 만나지 않기 위해서다. 어쨌든 이 지점에 가면 대부분의 마라토너들은 그만두고 싶다는 생각이 들게 마련이다. 중대한 고비가 아닐 수 없다. 이때 포기에 대한 유혹을 이긴다고 해서 곧바로 마라톤 완주가 달성되는 것은 아니다. 38km 정도 지점에서 다시 한 번 강렬하게 그만 뛰고 싶다는 생각이 든다. 허벅지와 종아리에서는 쥐가 나고, 발가락에는 감각이 없어진다. 그러나 38km 지점에서 포기하는 사람은 거의 없다. 조금만 더 가면 결승점이니까. 그동안 레이스에 쏟아낸 매몰비용을 생각해서라도 포기하지 못해 안간힘을 쓴다. 하다못해 걸어서라도 대부분 목적지에 도달한다. 절뚝거리며 결승점을 통과하는 사람들도 있다.

매몰비용이 아까워 끝까지 뛰는 사람들은 대개 아마추어다. 프로들은 다르다. 몸에 이상이 오면 즉각 레이스를 중지한다. 매몰비용이 아까워 끝까지 뛰다가는 선수생명이 단축될 위험이 있기 때문이다. 프로들은 현명하다. 아마추어 같이 매몰비용에 얽매이지 않는다. '너는 뛰어서 승리의 영광을 얻어라. 나는 포기한다. 대신 다음을 기약하겠다.' 바로 이것이 프로의 정신이다. 바로 이것이 아름다운 포기, 적절한 포기다. 아리스토텔레스가 말하는 중용의 길이라는 것도 이런 포기를 말하는 것이리라.

어떤 일을 성취하고자 하는 집념으로 끝까지 일을 완수해내려는 자세는 칭찬받을 만하지만 그것이 언제나 성실과 통하는 것은 아니다. 맹수를 만나면 응전을 포기하는 것이 덕이지, 끝까지 한번 해보자고 덤비는 것은 만용에 불과하다는 이야기다.

1970년대 컴퓨터 메모리칩 시장의 80% 이상을 석권했던 인텔은 80년대에 이르러 일본 반도체 업체들과의 가격경쟁에 밀려 위기상황에 처하고 말았다. 이때 인텔 창업자 앤디 그로브는 고심 끝에 거의 대부분의 인력과 생산시설이 집중됐던 메모리칩을 버리고 새롭게 마이크로프로세서 쪽으로 사업을 전환하는 결단을 내렸다. 그 결과 인텔은 마이크로프로세서에서 남들이 따라올 수 없는 세계 최고 기업의 위치를 확고히 다졌다.

　잘못이 있다면 과감히 그 잘못을 끊어 버릴 수 있는 결단과 지혜, 과거에 연연해 하지 않고 미래를 바라볼 수 있는 지혜, 아리스토텔레스가 말하는 중용의 덕이란 바로 이런 것이 아니겠는가.

선택할 수 없는 것 앞에서도 우리는 선택할 수 있다

　소위 중상위권 대학인 M대학의 어떤 학과에 입학한 K는 하마터면 대학에 떨어질 뻔했다. 입학 성적이 아슬아슬하게 커트라인에 걸쳐 있었기 때문이다. 그러나 꼴찌라도 어쨌든 합격은 했으니 기분이 나쁠 리가 없다. 반면, L은 입학 성적이 거의 합격자의 상위 5%에 들지만 합격을 했어도 기분이 꿀꿀하다. '조금만 더 성적이 좋았다면 소위 일류대학에 합격할 수 있었을 텐데' 하는 아쉬움 때문이다.

　K와 L 중 누가 더 성공적인 대학생활을 할 수 있을까? 조금만 생각하면 답은 바로 나온다. 바로 K다. K는 자신이 부족하다는 사실을 안다. 그러하기에 매사에 노력을 게을리 하지 않을 것이다. 그리고 자기가 속한 집단이 자기보다 우월하다는 생각을 하면 언제나 마음이 흐뭇할 것이다. 내가 비

록 집단의 평균에는 미치지 못할지라도 어쨌든 남들은 내가 속한 집단의 일원으로서 나를 평가해 주기 때문이다. (어떤 사람을 평가할 때 우리는 그 사람이 속한 집단을 보고 평가할 때가 얼마나 많은가를 생각해 보라.)

K는 M대학의 일원인 것이 자랑스럽지만 L은 반대다. 조금만 더 공부를 잘했다면 일류대학에 들어갔을 텐데, 간발의 차로 실패한 것이 억울하기 짝이 없다. 학교생활도 재미가 없다. 친구들도 사귀기 싫다. M대학교 학생들마저 왠지 2류 인생들 같다. L이 생각하는 것은 언제나 자기가 놓쳐 버린 일류대학이다. 거기에 가면 왠지 인생이 활짝 필 것 같다는 생각을 하다 보면 현재의 학교생활은 늘 회색빛이다. 다른 친구들은 동호회도 가입해서 활기찬 대학생활을 보내는데 L은 언제나 아웃사이더처럼 주위를 맴돈다. 주위를 둘러보면 대학에는 이런 L과 같은 아웃사이더들이 의외로 많다. 그들은 한 학기를 다니는 듯 마는 듯 하다가 여름방학이 끝나고 나면 재수의 길, 소위 '반수'의 길을 선택한다. 아니면 편입을 생각하기도 한다. 이 경우 성공을 하면 다행이지만 실패를 하면 그때는 끝없는 우울증의 나락으로 떨어져야 한다. 인생의 출발이 처음부터 배배 꼬여 버리는 것이다.

이런 학생들의 심리를 설명해 주는 것이 간발효과^{Nearness Effect}라는 개념이다. 간발의 차이로 무엇인가를 하지 못할수록 그것에 더욱 연연하게 되고, 그것이 이후의 행동, 심지어 인생 전반에 걸쳐 부정적인 영향을 끼친다. 이런 행동을 설명해 주는 개념이 간발효과다. 잘 알려진 예를 들어 보자. 올림픽에서 은메달과 동메달을 딴 사람 중에 누가 더 행복할까? 은메달이 동메달보다 순위가 높으니 은메달을 딴 사람이 행복해야 할 것 같지만 사정은 다르다. 은메달을 딴 사람은 금메달을 따지 못한 것에 대해 두고두고 생각하니 아쉬움이 더할 수밖에 없다. 그의 눈에 보이는 것은 금메달이지 자신의 목에 걸린 은메달이 아니다. '저 금메달이 내 목에 걸려 있는 것이어야 했는데' 하는 생각을 하니 은메달로는 성이 차지를 않는다. 그러나 동메달을 딴 사람은 까딱 잘못했으면 노메달에 그칠 수도 있었다는 생각을 하니 그나마 자신의 목에 걸린 동메달이 대견하기 그지없다. 비록 동메달이지만 노메달보다야 낫지 않겠나 싶어 가슴 한 켠이 뿌듯한 것이다.

은메달을 딴 사람은 금메달을 따지 못한 데 대한 책임을 먼저 자기 자신에게 돌린다. '연습을 게을리 한 거야. 그때 그 기술을 썼다면 분명히 이겼을 텐데. 결승전에서 방심한 것도 다 내 잘못이야……' 이렇게 자책이 깊어지면 온화한 표정을 지을 수가 없다. 겉으로는 웃고 있다 해도 그것은 가짜 웃음이다.

이보다 더 심각한 것은 금메달을 따지 못한 실패의 원인을 외부로 돌릴 때다. '나도 더 좋은 부모 밑에 태어났더라면 더 좋은 환경에서 열심히 했을 텐데. 좋은 코치, 좋은 감독, 좋은 환경만 제공되었어도 분명히 금메달을 목에 걸 수 있었을 텐데……' 이런 경우 금메달을 따지 못한 데 대한 실망이 타인에 대한 분노로 바뀌기 십상이고, 급기야 그 분노는 타인에 대한 공격성으로까지 번지기 일쑤다.

그러나 인간에게는 스스로 선택할 수 있는 것이 있고 스스로 선택할 수 없는 것들이 있게 마련이다. 우리의 부모는 우리가 선택할 수 없다. 우리가 태어난 시간도 우리는 선택할 수 없으며, 우리의 국적도 우리는 선택할 수 없다. 우리의 형질을 결정짓는 DNA의 염기의 조합 역시 우리는 선택할 수 없다. 그것들은 우리의 동의를 구하지 않고 거의 폭력적으로 우리의 운명을 결정짓는다.

스토아학파의 세네카는 『행복론』에서 이렇게 말한다. "반드시 당하고야 말 운명에 대하여 버둥거릴수록 점점 사태가 악화될 뿐이다. 이것은 마치 그물에 걸린 새가 날개를 퍼드덕거릴수록 더욱 사로잡히게 되는 것과 같다." 내 힘으로는 어쩔 수 없는 것, 그것은 받아들이라는 것이다. 그러나 비관적으로 체념하라는 게 아니다. 세네카는 또 말한다. "우리 인간에게는 어떤 사건들을 바꿀 만한 힘은 없을지 몰라도 그 사건에 대한 각자의 태도를 선택할 자유는 주어진다. 그리고 우리가 독특한 자유를 발견하는 것은 숙명을 자발적으로 수용할 때다."라고.

너의 삶은 너의 것이다. 그러므로 너의 삶은 너의 선택에 달렸다. 그러나 우리의 삶에는 선택할 수 있는 것이 있고 선택할 수 없는 것이 있다. 선택할 수 없는 것, 그것은 운명이다. 그러나 우리는 운명 앞에서도 어떤 태도를 가질 수 있는가는 선택할 수 있다. 어쩔 수 없는 운명 앞에서도 평온한 태도를 선택할 수도 있고, 불안하고 성마른 태도를 선택할 수도 있다. 어떤 상황은 이미 주어진 것일지 몰라도, 그 상황을 어떻게 해석하고, 어떤 새로운 국면으로 전개할 것인가 하는 답은 온전히 우리들 각자의 몫이다.

최상의 선택은 없다

어떤 것을 선택했을 때, 그것 말고도 다른 대안이 여럿 있다면 아마도 선택자는 '과연 내 선택이 최선의 선택이었을까' 하는 의구심을 떨치기 힘들 것이다. 이런 의구심을 가지는 한 선택자는 자신의 선택에서 최고의 만족을 느낄 수 없다. 다른 대안이 더 큰 만족을 줄지도 모른다는 생각이 머리에서 떠나지 않기 때문이다. 이럴 때 여러 대안들이 존재한다는 사실은 행복감을 고조시키기는커녕 오히려 행복감을 저해한다.

시장에서 옷을 고르는 경우를 생각해 보자. 컬러, 디자인, 가격 등 고려할 만한 모든 조건을 만족시키는 옷을 찾아 이 가게 저 가게를 기웃거리다 드디어 내가 생각하는 조건에 합당한 옷을 발견한다. 이때 우리는 이 정도 가격에, 이 정도 제품이라면 충분히 괜찮다 싶어 구매를 결정한다. 문제는 구매를 결정한 후의 우리의 행동이다. 살 걸 샀으면 곧장 집으로 가면 되지만 대개의 쇼핑객들은 다른 가게의 쇼윈도를 힐끔거린다. 혹시 내가 구입한 것보다 더 근사한 것은 없나, 혹시 내가 산 옷을 더 싸게 파는 곳은 없나 하는 것들을 나도 모르는 사이 확인하게 되는 것이다. 문제는 그 옷이 내가 구입한 옷보다 쌀 경우다. 이럴 경우 만족은 이내 불만으로 바뀐다. 조금 전까지만 해도 내 기쁨의 메모리를 가득 채웠던 옷이 이내 원수 같이 느껴진다.

비교가 반드시 나쁜 것은 아니다. 때로는 자신을 향상시키는 촉매제로 작용할 수도 있다. 하지만 대개의 경우 비교는 불평불만 속으로 자신을 몰아넣기 십상이다. '더 좋은 대안이 있는데 왜 나는 어리석게도 이런 선택을 했을까' 하고 자책을 한다거나, 모든 것을 외부의 환경 탓으로 돌리는 경우가 왕왕 있다. 단순 비교, 불평불만은 결코 행복감이나 평안함과는 친구가 될 수 없다.

물론 선택할 수 있는 대안이 여러 개가 있다는 것은 기본적으로는 좋은 일이다. 메뉴판에 선택해야 할 음식들이 여럿 적혀 있는 것이 달랑 두세 개 적혀 있는 것보다 낫다. 그러나 메뉴 아이템이 너무 많은 것도 문제다. '여기 모르는 음식이 적혀 있는데, 혹시 내가 고른 음식보다 맛있는 거 아냐?' 하는 식의 의구심이 들기 시작하면 내가 고른 음식에서 최고의 맛을 제대로 음미할 수가 없다. 의구심은 맛있는 식사의 적이다.

사실 내가 고른 메뉴가 최선의 것이라는 보장은 없다. 나의 선택이 최선의 것이 되도록 하기 위한 확실한 방법은 메뉴판의 모든 음식들을 다 먹어보는 것이다. 하지만 그게 어디 쉬운 일인가. 시간도 허락하지 않고, 주머니 사정도 넉넉하지 않으니 모든 대안을 경험해 본다는 것은 실로 힘든 노동이다. 이런 경우 내가 경험해 본 여러 가지 선택 가능한 대안들 중에서 가장 양질의 것을 선택하면 그만이다. 그것을 선택하고 난 후에는 "물론 세상에는 이것보다 더 좋은 것이 있을지 몰라. 하지만 난 이것으로 만족해. 나는 이것을 사랑하고 말 거야."라고 말하는 것이 상책 아닐까?

물론 옷을 물릴 수 있으면 사정은 달라진다. 그러나 옷을 물리겠다는 각오는 대단한 설전과 피로를 이겨낼 각오와 함께 가지 않으면 안 된다. 그렇다면 어떻게 해야 이미 구입한 옷에서 최대의 만족을 구할 수 있을까? 방법은 간단하다. 첫째, 사전에 시장을 지치지 않을 만큼 충분히 돌아다녀라. 둘째, 여러 조건을 만족시키는 옷이 있으면 더 고민하지 말고 구매하라. 셋째, 뒤돌아보지 말고 시장을 빠져나와라. 시장 모퉁이를 돌아설 때 더 싼 가격에 더 좋은 옷이 괴물처럼 튀어나올지도 모르니까 말이다. 그리고 이렇게 말하는 것이다. "나는 최고의 옷을 산 거야." 그 최고의 옷이 당신의 몸뚱이를 감싸 안을 때 그 행복감은 절대 추상적이지 않다. 또 다른 대안이 있을 수 있다는 가능성에 자꾸 눈길을 주지 말자. 행복이 멀찌감치 뒷걸음질 칠 수도 있으니까.

스무 살의 나이에 최선의 것을 선택한다는 것은 원칙적으로 불가능하다. 정보도 충분하지 않고, 경험도 턱없이 부족하며, 재력도 충분하지가 않기 때문이다. 그러나 내 주머니 사정도 적당히 고려하고, 음질과 디자인도 고려하고, 애프터서비스도 고려해서 우리는 나에게 잘 맞는 MP3를 구입할 수가 있다. 이 같은 선택은 가령 가격으로는 최상의 것을 선택한 게 아니더라도 어쨌든 나의 조건에 맞는 최선의 선택을 했다고 할 수 있다. 이럴 경우 더 비싼 가격의 MP3는 내 구매 리스트에 올라와 있지 않은 것이니 다시 생각할 필요가 없다. 그리고 같은 가격에 더 좋은 MP3를 찾기 위해 시간을 낭비하는 것도 옳은 일은 아니다. 구매를 위해 허용한 시간은 또 다른 유용한 일을 할 수 있는 소중한 기회비용일 수도 있기 때문이다.

유가儒家의 주요 경전인 『대학大學』의 첫머리는 "대인大人이 하는 학문의 길은 명덕明德을 밝히는 데 있고(명명덕, 明明德), 백성들과 친하게 지내는 데에 있으며(친민, 親民), 지선至善에 머무는 데에 있다(지어지선, 止於至善)"고 말하고 있다. 그리고 이어서 "그침을 알게 된 이후에 안정될 수 있고(지지이후유정, 知止而後有定), 안정된 이후에 생각할 수 있으며(정이후능려, 定而後能慮), 생각한 이후에 얻을 수 있다(여이후능득, 慮而後能得)"고 하면서 '그침을 아는 것(지지, 知止)'의 효용에 대해 말하고 있다.

그침을 안다는 것은 만족함을 안다는 것이고 분수를 안다는 것이다. 100만 원의 수입으로 명품을 바라는 것은 분수를 모르는 행위다. 그러나 500만 원의 수입이 있다고 해서 나는 명품 가방을 구입할 자격이 있다고 말하는 사람도 역시 분수를 모르는 사람이기는 마찬가지다. 왜냐하면 그침을 안다는 것은 단순히 내 수입에 비례해서 내 욕망의 정도를 조절한다는 의미가 아니기 때문이다. 소유의 욕망에 끌려가 계속 눈을 높일 때 마음은 편안함을 모른다. 적절히 욕망의 브레이크를 밟을 수 있는 지혜가 '그침의 미학'이다.

더 좋은 것을 가지려 안달하는 마음을 잠재울 수 없다면 에피쿠로스의 『쾌락의 철학』에 등장하는 이런 한 마디가 도움이 될지도 모르겠다. "자연의 순리가 요구하는 재산의 양은 제한되어 있고 상대적으로 쉽게 얻을 수 있으나, 어리석은 갈망으로 인해 추구하는 재산은 어마어마하다."

모든 소유욕을 부정하자는 이야기가 아니다. 일체의 물질적 소유를 제한하자는 금욕주의자의 주장을 되풀이하고 싶지도 않다. 그러나 "한계를 모르는 부유함은 커다란 가난"이라는 에피쿠로스의 말은 음미해 볼 가치가 있다.

더 좋은 것을 끊임없이 요구하는 마음은 가난한 마음이다. 내 조건이 허락하는 범위 안에서 가장 합리적인 MP3를 구입했다면 그것으로 되었다. "더 합리적인 조건의 MP3를 찾기 위해 시간을 낭비하지 말자. 그 시간에 하나의 음악이라도 더 깊이 있게 즐기자." 이렇게 자신을 다독일 줄 아는 사람이 바로 그침을 아는 멋있는 사람이 아닐까?

고독을 원하는 나, 관계를 지향하는 나

극장에서 영화를 보다가 이거 영 아니다 싶으면 매몰비용 따질 것 없이 자리를 박차고 나오면 된다. 자리를 박차고 떠나는 퇴장은 가장 적극적인 의사표현 중 하나다. 심판의 불공정한 게임 운영에 도저히 참을 수 없을 때 감독은 선수들에게 집단으로 퇴장을 명령한다. 퇴장은 가장 극단적인 의사 표현 방법인 셈이다. 그러나 아무 때나 퇴장의 형식으로 의사표현을 했다 가는 '막돼먹은 녀석'이라는 평가를 받기 십상이다. 이런 식의 퇴장은 사 회적 관계의 단절을 초래한다. 원활한 관계를 유지하고 싶다면 토론을 하 든 말싸움을 하든 끝까지 자리를 지킬 수 있어야 한다. 퇴장은 절교의 형식 이지 관계의 형식은 아니다.

식당에 들어갔다가 분위기가 마음에 들지 않으면 퇴장하여 다른 식당 으로 가면 되지만 사람의 관계에서는 사정이 다르다. 마음에 들지 않는다 고 친구나 연인, 그리고 공동체를 함부로 버릴 수는 없는 일이다. 그럼에도 불구하고 가끔은 애인도 귀찮고 버거울 때가 있으니 어쩌랴. 두 사람 사이 의 매끄러운 관계를 방해하는 외적인 장애물이 많을수록 사랑은 위안이 아 니라 버거운 짐이 될 수 있다. 이렇게 보면 사랑은 모순이고 역설이다. 두 사람이 함께 있기를 바라는 결합에의 욕망과 홀로 있고 싶다는 고독에의 욕망이 한 사람의 내면에 버젓이 똬리를 틀고 있으니 말이다. 결합에의 갈 망과 고독에의 갈망이 긴장과 갈등을 벌이는 공간이 바로 살아 있는 사람 의 내면이다. 긴장과 갈등이 없는 공간은 공동묘지이지 우리가 숨 쉬고 있 는 세계가 아니다.

"인간의 모든 문제는 혼자 방에 머물 줄 모르는 데서 온다."라고 말한 파스칼 같은 사람은 독립성이 강한 사람이다. 이런 사람은 고독을 향한 갈

망과 에너지가 강한 사람이다. 대체로 종교가나 문필가들과 같이 내면의 사색을 요구하는 직업의 사람들이 이런 부류에 속한다. 일찍이 고독을 이기지 못하고서 대가의 반열에 오른 작가는 없는 듯하다. 좋은 문학은 파티나 잔치의 산물이 아니라 고독한 산책의 산물이다. 시인 릴케는『말테의 수기』에서 이렇게 말한다. "고독한 사람을 가만 내버려 둬라. 그 사람을 귀찮게 하지 말라. 그 사람은 당신들보다 수준 높은 사람이다. 그 사람은 지금 신을 만나고 있다." 고독은 자신의 이성과 대화를 나누는 시간이며, 내게 닥친 불행의 의미를 음미하는 시간이다.

『고독한 산책자의 몽상』을 쓴 루소는 불행 앞에서 이렇게 말했다. "인간이 처한 어떤 상황 속에서 그토록 불행한 것은 오직 그들 자신 때문이다. 우리가 침묵을 지키고 이성이 말하도록 내버려 두면 이성은 우리가 어찌할 수 없는 모든 불행을 위로해 준다. 그 불행들이 직접적인 영향을 미치지 않는 한 이성은 그것들을 없애 주기까지 한다. 왜냐하면 불행의 가장 비통한 상처는 생각하지 않음으로써 그것에서 벗어날 수 있기 때문이다."

내 상처와 괴로움은 어떤 과오와 운명에서 비롯된 것인가를 성찰하는 시간은 분명 고독의 시간이지, 떼거리가 모여 왁자한 시간은 아니다. 똑같은 불행이 내게 닥쳤다 할지라도 그것이 왜 그렇게 될 수밖에 없었는지, 왜 그것이 필연적인 것인지를 인식할 수 있다면 우리는 맹목적인 비탄의 감정에서 좀 더 쉽게 빠져나올 수 있을 것이다.

고독에 관해서라면 스피노자가 『에티카』에서 말한 구절도 음미해 볼만하다. "말하자면 사물이 필연적이라고 하는 이 인식이 우리가 더 명백하게 그리고 한층 더 생생하게 표상하는 사물에 확장되면 될수록 정서에 대한 정신의 힘은 더욱더 크며 이것은 경험에 의해서도 증명된다. 왜냐하면 상실된 선에 대한 슬픔은 그 선을 잃은 사람이 어떤 식으로든 그 선을 보존할 수 없다고 생각하는 순간 가벼워진다는 것을 우리들이 알기 때문이다."

위의 스피노자를 이런 식으로 독해해 보는 것은 어떨까? 연애의 감정은 우리에게 분명 좋은 것, 즉 선善이다. 그러나 결혼은 연애의 무덤이라는 말이 있다. 인간의 감정은 무뎌지기 마련이어서 '날카로운 첫 키스의 추억'을 마냥 간직할 수는 없다. 아무리 뜨거운 연애의 감정이라 할지라도 무뎌지는 것이 필연적인 이치다. 그 필연성을 인식한 사람은 자신의 배우자에게 "왜 예전처럼 뜨겁게 사랑해 주지 않느냐?"고 타박하지 않을 것이다. 연애의 감정은 무뎌진다는 그 필연성을 의식하고 있기 때문이다. 그러나 그 필연성을 의식하지 못하는 사람은 배우자를 들볶고, 그 들볶음은 결국 자기 마음의 평안까지 해치고야 만다. 무뎌짐, 마모됨, 늙음은 삶이 겪어야 할 필연성이다. 그 필연성을 의식하지 못할 때 인간의 안달복달은 시작된다.

물론 타인의 따뜻한 한 마디가 나의 상처를 위로해 줄 수도 있다. 하지만 상처를 응시하고 그 상처가 덧나지 않도록 행동을 강구해야만 하는 존재는 분명 나 자신이다. 고독은 그러므로 응시의 시간이고, 치유의 시간이다. 그러나 우리는 곧잘 응시를 회피한다. 상처와 대면하는 시간이 쓰라리고 아프기 때문이다. 이 아픔을 회피하기 위해서 우리는 늘 타인에게 접근한다. 상처를 타인 앞에 내밀면서 '호~' 불어달라고 하는 아이들처럼 말이다.

물론 내면에의 욕구가 지나치게 강한 예술가 같은 사람들은 상대적으로 사회성이 부족한 것도 사실이다. 예술가 하면 왠지 모르게 괴팍한 이미지가 떠오르는 것도 바로 이 때문이다. 그러나 오직 자기의 세계에만 골몰한 나머지 타인의 의사는 고려할 줄 모르는 자폐적인 예술가의 고집스러움이 때로는 새로운 세계를 창조하는 에너지가 되기도 한다. 미술계의 미켈란젤로, 음악계의 토스카니니, 문학계의 버나드 쇼는 그 이름만큼이나 고집과 교만으로 명성을 드날린 사람들이다.

그렇다고 모든 고집 센 예술가들이 다 매력적인 것은 아니다. 변변치 않은 작품에 고집까지 센 예술가가 있다면 이는 최악이다. 불행하게도 예술계에는 버나드 쇼보다는 '유사 버나드 쇼'가 더 많다. 이런 짝퉁들은 자신이 마치 천재인 양 대중들을 경멸한다. 마치 대중들을 경멸하는 것이 자신의 천재성의 지표인 양 행세한다. '나는 너희들을 경멸한다. 고로 나는 천재로 존재한다'는 식이다. 당연히 친구는 없다. 그래서 외롭다. 그러면 그들은 천재란 모름지기 외로워야 한다고 스스로를 위로한다. 자신이 천재라는 이런 종류의 자의식에는 탈출구가 없다. 끝이 보이지 않는, 길고 어두운 고독과 망상의 터널만이 있을 뿐이다.

한편, 결합에의 에너지, 외부로 향한 에너지가 강한 사람들은 누구인가? 그들은 '관계 형성'에 열심이다. 블록을 쌓듯 끊임없이 관계를 생성해 낸다. 그들은 명함을 만들기를 좋아하고 자신을 홍보하기를 좋아한다. 사람들과 악수하기를 좋아하고 대중들과 어울리기를 좋아한다. 모임 만들기를 즐기고, 그 모임의 대표로 나서는 것도 좋아한다. 그들은 활동적이다. 어려운 사람을 돕는 일에도 기꺼이 나선다. 지나치지만 않다면 이처럼 외향적인 성격을 가진 사람들도 좋은 친구가 될 수 있다.

외향적인 사람의 무의식적 욕망은 혼자 있고 싶다는 욕망이다. 바깥으로만 너무 열심히 다니다 보면 가끔 피로해질 때가 있지 않은가? 모든 관계들에는 어떤 약속과 보이지 않는 규칙들이 있기 마련이어서 그런 규약이 때로는 버겁고 피곤하게 느껴질 때가 있다. 그렇게 사회적 관계에서 오는 피로가 쌓여 가는 도중에 갑자기 홀로 있고 싶다는 무의식의 반란이 시작될 수도 있다. 욕망은 제때 충족시켜 주지 않고 꾹꾹 누르기만 하면 언젠가는 반드시 의식 밖으로 튀어나오고야 만다. 얼음을 물속으로 꾹꾹 눌러도 결국에는 수면 위로 튀어나오듯이 말이다. 그러니 심신이 쇠약해지고 그 좋던 만남들이 시들시들하게 느껴지는 사태를 방지하기 위해서라도 홀로 있고 싶다는 무의식의 요구에 귀를 기울이지 않으면 안 될 것이다.

함께
그러나 고독하게

타인과 같이 있고 싶은 것도 '나'이고, 혼자 있고 싶은 것도 '나'이다. 자아를 실현한다는 것은 그 두 개의 '나'를 모두 실현한다는 것이지, 어느 한쪽의 '나'만을 일방적으로 선택하여 그 '나'의 요구에만 응하는 것이 아니다. 그것은 반쪽짜리 자기실현일 뿐이다. 외향적인 삶을 월등하게 생각하여 홀로 있고 싶다는 내면의 욕망을 억누른다고 하여, 그 억압된 욕망이 사라지는 것은 결코 아니다.

억압하고자 하는 내면의 욕망이 바로 융의 분석심리학에서 말하는 마음의 그림자다. 융이 말하는 '그림자'는 자아의 열등한 측면이다. 이성적인 사람은 감성을 열등한 것이나 컨트롤할 대상으로만 간주하기 쉽다. 그러나 감성을 열등한 것으로 보는 것은 의식의 표면에서만 그렇다. 무의식의 깊은 곳에서는 열렬하게 감성적 충족을 원한다. 이 깊은 곳에서 들려오는 무의식의 요구에 응하지 않으면 마음에는 어두운 그림자가 남는다. 그것은 결코 사라지지 않는다. 예를 들어 보자. 목사는 늘 이성적으로 살기를 원한다. 그러나 그렇다고 해서 어찌 감성적으로 충족받고 싶다는 욕구가 없을까. 이 욕구를 충족시켜 주지 않고 계속 억누르고 외면하기만 하면 마음은 병이 들고 만다. 분석심리학에서 말하는 신경증이 그것이다.

신경증은 균형의 깨짐에서 비롯된다. 외향성과 내향성의 균형의 깨짐

이 그것이다. 우리의 몸이 일정한 건강상태, 즉 항상
성을 유지하려면 산과 알칼리의 비율이 잘 조절되
어야 한다. 육체적 건강에서만 균형이 필요한 것은
아니다. 심리적 건강도 마찬가지다. 한쪽으로 기울
면 탈이 나게 마련이다.

사회적 활동에 자신의 에너지를 온통 쏟아 붓는 사
회활동가가 어느 날 문득 '나는 누구인가'를 생각할 때,
바로 그때가 자신의 그림자와 만나는 순간이다. 이
럴 때 그 그림자를 외면하지 말라는 것이 분석심리
학자들의 충고다.

그렇다고 그림자가 요구하는 것을 다 들어 줄
필요는 없다. 그림자는 억압의 대상이 아니라 협상
의 대상이다. 만약 그림자의 요구를 전적으로 수용해야
한다면 당신은 모든 사회적 관계에서 퇴장을 선언해야 할지도 모른다. 일
부를 들어 주고 일부를 거절하는 것, 이것이 협상의 법칙 아닌가.

바깥쪽과 안쪽을 수시로 들락날락거릴 수 있는 사람들이 건강한 보통
사람들이고, 이들이 바로 협상의 귀재다. 동아리나 모임에서는 열심히 공
동체의 삶을 살다가도 혼자만의 시간이 주어지면 자신의 내면으로 무섭게
침잠해 들어갈 수 있는 사람, 권투선수로 치자면 아웃파이팅과 인파이팅을
동시에 해낼 수 있는 복서가 정답이다. "나비 같이 날아서 벌 같이 쏜다."라
는 알리의 말은 권투에서나 삶에서나 두루두루 명언이다. 바깥으로 돌아야

할 땐 바깥으로 돌고, 파고들어야 할 때는 무섭게 파고는 사람, 이런 사람이 매를 맞아도 덜 맞는다.

안으로 파고들려면 자신만의 세계가 있어야 한다. 음악이어도 좋고, 독서도 좋다. 마라톤이어도 좋고, 등산이어도 좋다. 재즈댄스 배우기면 어떻고, 일러스트 그리기면 어떤가. 누가 뭐래도 나만의 취미, 나만의 세계를 간직한다는 것은 멋진 일이다.

인문학자 정민은 『미쳐야 미친다』라는 책을 통해 박제가朴齊家가 〈백화보서百花譜序〉에서 했다는 다음과 같은 말을 소개한다. "사람이 벽癖이 없으면 쓸모없는 사람일 뿐이다. 대저 벽癖이란 글자는 질疾에서 나온 것이니, 병 중에서도 편벽된 것이다. 하지만 독창적인 정신을 갖추고 전무의 기예를 익히는 것은 왕왕 벽이 있는 사람만이 능히 할 수 있다."

도벽, 노름벽, 주벽이란 단어들에서 짐작할 수 있듯, 벽이란 어떤 것에 대한 기호가 지나쳐서 억제할 수 없는 병적인 상태가 된 것을 뜻한다. 벽은 끊을 수 없는 것, 절제할 수 없는 통제 불능의 것이라는 뉘앙스를 풍긴다. 무엇이든 끊을 수 없을 만큼 좋아하는 것, 그것이 벽이다. 음악을 지나치게 좋아하면 음악이 벽이고, 난초를 지나치게 좋아하면 난초가 벽이다. 누가 뭐라 해도 끊을 수 없는 나만의 세계, 그것이 벽이다. 물론 사람의 어금니를 모으는 것은 벽이 아니라 엽기 중의 엽기다. 그러나 데스메탈을 듣는 것은 엽기가 아니라 벽이다. 타인의 자유를 침범하지 않는 범위 안에서, 즉 일탈이 허용하는 범위 안에서 나의 자유를 만끽하는 것은 죄가 될 수 없기 때문이다. 젊음은 그런 자유를 만끽할 수 있는 때다.

빈방에서는 아무 것도 할 수 없는 사람들이 있다. 컴퓨터도 없고, 친구도 없고, 애인도 없고, 책도 없고, 카메라도 없고, 오디오기기도 없는 고립무원의 공간에서 우리는 무엇을 할 수 있을 것인가. 바로 이 공간에서 도구의 도움 없이 거뜬히 시간을 보내기 위해서는 내면에 탄탄한 내공을 쌓아두지 않으면 안 된다. 상상을 하든, 논리적 사유를 하든, 마음속에서 설계도를 그리든, 풍경화를 그리든, 무엇인가를 혼자서도 거뜬하게 해낼 수 있는 힘을 가진 이들에게 고독은 저주의 시간이 아니라 온전한 축복의 시간이다. 고독의 시간은 말없이 자신을 키워 가는 성장의 시간인 것이다. 시인 릴케가 『말테의 수기』에서 "고독한 사람을 가만 내버려 둬라. 그 사람을 귀찮게 하지 말라. 그 사람은 당신들보다 수준 높은 사람이다."라고 말한 것도 이런 연유 때문일 것이다.

의미가 고통을 이기게 한다

"왜 살아야 하는지를 아는 사람은 어떤 상황도 견딜 수 있다."라고 니체는 말했다. 아들의 성공을 위해 고난을 이기는 부모나 조국의 독립을 위해

모진 시련을 감내하는 사람들에게는 삶의 숭고한 의미와 목적이야말로 고난을 헤쳐 나갈 수 있게 하는 에너지다. "나는 나의 고통이 의미 없어질 때가 가장 두렵다."라고 말한 이는 러시아의 대문호 도스토예프스키였다.

제2차 세계대전 당시 나치의 대학살로 1,100만여 명이 목숨을 잃었다. 그 와중에 유태인 정신과 의사 빅터 프랑클은 죽음의 수용소를 무려 네 군데나 거치고서도 살아남았다. 그가 살 수 있었던 이유는 무엇이었을까? 바로 두 가지 깨달음 덕분이었다. 하나는 사랑이었고 하나는 삶의 의미였다. 참혹한 조건 속에서 떠올린 아내에 대한 사랑은 그가 처한 모든 상황을 잊게 해 주었다. 극한의 절망 속에서도 인간의 삶이 결코 무의미한 것일 수는 없다는 신념 또한 그를 비참의 나락으로부터 구원해 준 약이었다. 삶이 의미를 상실했을 때 인간은 비극의 한가운데서 무릎을 꿇을 수밖에 없지만, 삶이 의미가 있는 한 어떤 환멸도 인간은 능히 버텨 낼 수 있다는 것이 빅터 프랑클이 우리에게 전하는 메시지다.

지겹다느니, 언제든 직장을 관두겠다느니, 이런저런 불만이 가득한 사람이 계속 직장을 다니는 데에도 그럴싸한 명분은 있다. 가족을 위해서라는 것이 그의 명분이다. 사람들은 그를 용기와 결단이 없는 소시민이라고 욕할지 모르지만 가족을 위한 삶이라고 해서 거창한 이념과 명분이 이끄는 삶에 비해 뒤떨어지는 것이라고 말할 수는 없다. 일상의 식탁은 소시민들의 눈물과 땀이 얼룩진 노동으로 차려지는 것이지, 영웅적 결단이 차려 주는 것은 아니다. 출근길의 전철 안을 들여다보라. 얼마나 많은 사람들이 피곤한 얼굴로 손잡이에 매달려 가는가. 그들에게 가족이 없다면 출근길의 전철 안은 한결 넉넉해질 것이다.

인간은 항상 의미를 캐어묻는 존재다. 대체 왜 내가 이 일을 해야 하는가, 이 일은 내게 어떤 결과를 가져다줄 것인가, 내가 하는 일의 목적은 무엇인가……. 이런 물음에 만족할 만한 답을 할 수 없을 때, 인간은 자신이 하는 일에서 재미를 느낄 수 없고, 조그마한 충격에도 견디기 힘들어지고 만다. 그 다음은 마음이 병들기 시작하는 것. 엄청난 권태가 엄습하기도 하고, 지독한 스트레스에 시달리기도 한다. 이런 상황이 오래도록 계속되는데도 불구하고 그 일에서 손을 떼지 못한다면 비만이나 여러 가지 성인병들이 친구하자고 달려들지도 모른다.

이런 달갑지 않은 상황으로부터 살짝 비켜서기 위해서는 무슨 일에든 적절한 의미를 만들어 둘 필요가 있다. 처녀가 애를 낳아도 할 말은 있다지 않은가. 의미가 없다고? 만들면 된다. 가령, 쥐가 창고에 구멍을 뚫어서 들락날락거리면 "쥐구멍이 통풍구 역할을 할 수 있겠군." 하는 식의 의미부여도 나쁠 것은 없다. 물론 적절한 조치를 취하는 것이 급선무이지만, 세상을 살다 보면 어떤 일에 딱히 조치를 취할 수 없을 때가 많다. 어떻게 손을 쓸 도리가 없을 때, 그럴 때는 그 상황을 견딜 수 있을 만한 상황으로 바꿔 보자는 거다. '피할 수 없을 때는 즐기라'는 문제해결식 전략이 그것이다.

불치의 병에 걸렸다고 해 보자. 첨단의 현대의학을 전공한 친구들이 도움을 주겠다고 달려들어도 도저히 치료 방법이 보이지 않을 때, 불행이 떡 버티고 앉아서 길을 비켜 주지 않는 상황에서는 적절한 명분을 만드는 것이 상책이다. '이 병은 그냥 재수 없게 닥친 우연한 불행이 아닐 거야. 이 병은 나로 하여금 무엇인가를 깨닫게 해 주기 위해서 나에게 온 것일 거야. 고통 없이는 얻는 것도 없다 했지No Pains, No Gains. 이 고통을 통해서 나는 무엇인가를 깨달을 수 있을 거야. 얻는 것이 있을 거야…….' 이런 식으로 자신을 다독이다 보면 상황은 예전보다 훨씬 견딜 만해진다. 만약 고통의 사유를 전개할 만한 능력이 없다면 빅터 프랑클을 읽어 보는 것도 좋겠다. 독서는 삶의 참담함을 견뎌 낼 내공의 힘을 길러 주기도 하니까 말이다.

버트란트 러셀은 『행복의 정복』에서 "어떤 불행이 닥쳐오면 진지하고 신중한 태도로 앞으로 일어날 수 있는 불행을 직시하고 나서는, 그 불행이 그렇게까지 끔찍한 것은 아니라고 생각할 만한 적절한 이유를 스스로에게 제시해 보라. 그럴 만한 이유는 언제나 있기 마련이다."라는 충고를 우리에게 건넨다. 그의 충고에서 새겨 볼만한 대목은 "그럴 만한 이유는 언제나 있기 마련이다."라는 대목이 아닐까? 불행을 누그러뜨릴 수 있는 이유는 찾으려고 한다면 얼마든지 찾을 수 있다는 말이다.

가령, 퇴직과 같이 불명예스러운 상황에 직면했을 때는 어떻게 할까? 내 능력의 바닥을 드러냈다는 생각 때문에 퇴직은 심각한 자기모멸감을 불러올 수도 있다. 잘 보이고 싶었던 여자 친구에게 실업은 심각한 자존심의 추락이 아닐 수 없다. 항상 너만은 잘 될 거라는 환상을 가지고 계셨던 부모님을 보기도 민망할지 모른다. 무엇보다 자기 스스로에게 실망할지도 모른다. 도저히 받아들이고 싶지 않은 이런 껄끄러운 상황이 피할 수 없는 것이라면 그 상황을 어떻게 해서든 견딜 수 있을 만한 상황으로 만드는 지혜가 필요하다.

물론 철저한 리얼리스트가 되어 '내가 왜 잘렸을까? 내가 왜 도태되어 야만 했을까?'를 냉철하게 분석해 보는 것도 현명한 처세술이다. 펀드매니 저나 애널리스트에게는 이러한 냉정한 분석이 두 번의 실수를 거듭하지 않게 하는 약이 되어 줄 수 있겠다. 그러나 우리 모두가 애널리스트나 펀드매 니저가 될 필요는 없다. 사실을 냉정하게 직시해야만 하는 그들과 같은 리얼리스트에게는 심각한 자기모멸과 자존심의 손상이 따를 수밖에 없다. '그때 내가 그런 사소한 실수만 하지 않았다면 엄청난 손실을 막을 수도 있었는데, 나의 어리석음이 화를 불렀구나' 하는 자조 속에 가슴을 내리칠 수도 있다. 그런데 바로 그 한탄의 에너지가 새로운 미래를 위해 사용되어야 할 에너지일 수도 있다는 것을 생각해 볼 필요가 있다.

리얼리스트의 반대편에 이런 좀 덜떨어진(?) 사람들이 있다고 하자. '그 회사 문제 많았어. 언제든 그만두려 했는데 알아서 커팅해 주니 고맙지 뭐야. 더구나 그 회사 월급이 너무 짜서 언제든 관두려 했는데, 그게 오늘이라 니 얼마나 다행이야. 사장 인간성은 어떻고! 짠돌이에다 좀생이니, 그런 사장을 둔 직장에서 평생을 일하는 사람이 얼간이지. 게다가 그 회사에는 어째 반반한 사람이 하나도 없느냔 말이야…….' 조금은 속이 없어 보일 수 있겠지만 이렇게 회사를 그만두어야 하는 이유를 적나라하게 늘어놓다 보면 마음이 한결 가벼워질 수 있다. 완벽한 리얼리스트가 되어 자신을 고문할 수도 있지만 조금은 덜떨어진 사람이 되어 상황을 받아들일 만한 것으로 돌려놓는 것도 나쁘지는 않다. 물론 이러한 대처가 모든 비참한 상황을 모면하게 해 줄 최상의 약은 아니다. 마음속에 떠다니는 불안의 구름을 씻어 내려면 새로운 미래를 기약하는 행동과 실천이 필요함은 물론이다.

천신만고 끝에 다시 얻은 직장이 여러 가지 점에서 첫 번째 직장보다 부족할 수 있다. 그러나 이런 식으로 처음부터 실망을 끌어안고 시작하는 직장생활은 피로와 스트레스의 온상이기 쉽다. 이럴 때 필요한 것이 '자기정당화'다. 쉽게 말해서 내가 왜 이 일을 해야 하는지, 스스로 목적과 명분을 만드는 일이다. 혹시라도 예전에 다니던 직장보다 거리가 멀어졌다면 이런 식의 변명은 어떨까? "출퇴근의 오랜 시간이 나에게 독서습관을 가져다주었어. 지난 일주일간 출퇴근 시간에 읽은 책만 무려 두 권이야."

만약에 두 번째 직장 동료들의 미모 수준이 첫 번째 직장의 미모 수준보다 훨씬 뒤질 때, 그럴 때에도 변명의 여지는 여전히 있다. "사람, 얼굴로 사귀나. 암만 봐도 이 회사 사람들은 정감이 있어. 훨씬 더 인간적이란 말이지." 명분은 찾으면 얼마든지 있다. 역에서 사무실까지 걸어가야 할 시간이 길어진다 해도 두 번째 직장의 매력이 반감되는 것은 아니다. 운동량이 늘면 허리께가 미끈해지는 것이 체지방의 법칙이다. 당신의 다리를 불편하게 하고 심장의 혈류량을 증가시키는 직장은 분명 어떤 영양보조제보다 당신의 건강에 탁월하다. "피할 수 없으면 즐겨라." 이 말을 영화 속 명대사로 적어만 두지 말고, 삶에 응용해 보라. 이유는 만들면 된다.

안전한 길, 위험한 길, 어떤 길을 선택할 것인가?

숲 속에 두 갈래 길이 나 있다. 하나는 평탄한 길이고, 또 하나는 비탈길이다. 당신이라면 어떤 길을 택하겠는가? 대개는 평탄한 길을 택할 것이다. 그렇다면 "두 가지 길 중에서 왜 당신은 평탄한 길을 택했습니까?"라고 물어보자. 과연 어떤 답이 나올까? 아마도 "평탄한 길이 안전한 길이기 때문입니다."라는 답이 나올 것이다. 그렇다. 대중은 모험보다는 안전을 택하는 법이다. 만약 당신이 어떤 길을 선택해야 할지 망설여진다면 대부분의 사람들이 간 길을 선택하면 최소한의 안전은 보장된다. 그 길에는 독사가 당신의 발목을 노리는 일이나 벌떼가 당신의 목덜미를 습격하는 일도 드물 것이며, 흑곰이 당신을 포옹해 보겠다고 덤벼드는 일도 드물 것이다.

반면, 당신이 선택하지 않은 길, 인적이 드문 길은 당신의 안전을 보장하지 않는다. 독사가 나타날지도 모르고, 깎아지른 벼랑이 앞을 가로막을지도 모른다. 그 길은 위험한 길이다. 그러나 모든 위험에는 그 이상의 이익이 따르는 법이다. 대체 위험에 이익이 따르지 않는다면 어떤 얼간이가 위험을 선택하겠는가. 베팅이 커지면 위험과 함께 이익의 가능성도 증가하는 법이다. 모험가들은 대중과는 달리 위험한 길을 택한다.

인적이 드문 길에서는 희귀한 들꽃들과 찾아보기 힘든 아름다운 산새들이 당신의 발걸음을 가볍게 해 줄 수도 있다. 사람들로 붐비는 길에서는 남아나지 않았던 달콤한 열매가 우리의 키 높이에서 유혹을 할 수도 있다. 한적함과 고즈넉함을 온몸으로 느끼며 당신은 오솔길의 평화를 누릴 수도 있다. 그러나 이런 평화는 거저 얻어지는 것이 아니니, 위험을 지불하고서야 누릴 수 있는 권리요 특권이다.

　사람들이 잘 가지 않는 길은 위험한 길이다. 군이 그 길을 가라고 종용하는 것은 위험으로 등을 떠미는 것이나 다름없다. 누구도 선택을 강요할 수는 없는 법이다. 그러나 많은 사람들이 이미 갔었다는 이유로 어떤 특정한 길을 택하는 것은 분명 어리석은 일이다. 대체 이런 어리석은 일은 왜 일어날까? 먼저 정보의 부족 때문이다. 확실히 알지 못할 때는 남이 하는 대로 따라하는 게 이익이다. 가령, 이 풀이 먹는 풀인지, 먹지 못하는 풀인지 의심이 간다면 남이 하는 대로 하는 것이 상책이다. 나만의 미각의 길을 개척하겠다고 생각하는 선구자들은 목숨을 걸어야 한다. 먹는 것 하나에 목숨을 걸 필요가 없으니 이럴 때는 고분고분하게 남이 먹는 것을 따라 먹으면 문제가 생기지 않는다.

　문제는 삶의 중대한 기로에 섰을 때다. '어떤 길로 가야 할까?' 하는 중대한 망설임의 순간, 우리는 대개 타인의 행동을 살핀다. 신호가 잘 바뀌지 않는 신호등 앞에 있는 사람들을 보라. 빨간 신호등에서 푸른 신호등으로 바뀌어야 할 시간이 지난 것 같은데도 신호가 바뀌지 않으면 사람들은 주위를 살핀다. 누군가가 건너가면 나도 건너가겠다는 심산이다. 나 스스로 나의 행동을 결정하기보다는 남의 결정을 좇아가겠다는 것, 이것이 동조同調의 심리다. 이 경우 붉은 신호등에서 길을 건너는 사람들의 수가 크면 클수록 동조현상도 강하게 나타난다.

　동조는 의사결정의 주체를 '나'로부터 '타인'으로 위임하는 행위다. 쉽게 말하면 남 '따라하기'다. 유행의 첨단을 걷는다고 자부하는 사람들도 따지고 보면 '따라쟁이'일 가능성이 있다. 유행을 열심히 좇을 때 행위의 주체는 내가 아니라 타인이다. 남이 사니까 나도 사는 격이니까 말이다.

　사실 인간에게는 이런 따라쟁이의 본능이 어느 정도는 있게 마련이다. 학창시절의 교실을 떠올려 보라. 웃음, 기침, 하품, 눈물에는 전염성이 있다는 것을 교실이나 극장, 장례식장에서 우리는 쉽게 확인할 수 있다. 울음이 터지려는 것을 꾹 잘 참고 있다가도 누군가가 눈물을 터뜨리면 장내는 순식간에 울음바다가 되는 경우가 얼마나 많은가. 한 사람의 웃음이 집단으로 번져 가는 일도 흔하다. 사람은 근본적으로 모방의 천재들이다. 엄마의 입모양을 흉내 내면서 아이들은 말을 익히고, 선생님을 따라하면서 글과 학문을 익힌다. 따라쟁이의 본능이 없다면 인간에게서 교육은 불가능하다.

　따라쟁이의 본능은 과학적으로도 규명이 가능하다. 사람이 군중심리에

휩쓸리는 까닭을 신경계의 '거울뉴런'에서 찾는 과학자의 견해도 있다. 거울뉴런은 남의 행동을 보기만 해도 자신이 그 행동을 할 때와 똑같은 반응을 나타내는 신경세포이다. 거울뉴런 덕분에 누가 하품을 하면 따라하고 영화 주인공이 울면 감정이입이 되어 자신도 훌쩍거리게 된다는 것이다. 거울뉴런 덕분이든 아니든 우리에게는 어쨌든 따라쟁이의 속성이 분명히 존재한다.

따라쟁이의 속성이 강하게 나타는 곳이 있고 그렇지 않은 곳이 있다. 가령, 개인의 결정보다 집단의 결정을 중요시하는 사회에서는 따라쟁이의 속성, 즉 동조의 경향이 강하게 나타난다. 왜 그럴까? 집단의 압력 때문이다. 남의 눈치 보지 않고 당당하게 내 뜻을 펴려다가는 왕따를 당할 염려가 있기 때문이다. 전통적 권위가 개인을 억누르는 사회에서 개인은 자신의 의견을 접을 수밖에 없다. 집단의 의지가 개인의 의지를 압살하는 권위주의 사회에서는 내 소신을 당당히 밝히기보다는 엎드려 움직이지 않는 복지부동伏地不動이 최고의 처세술이 될 수 있다. 하지만 남을 따라하는 이런 처세술로는 '줏대 없는 사람'이니 '남 눈치나 보는 사람'이라는 평가를 받을 위험성이 있다. 그럼에도 불구하고 자존심은 상하겠지만 남이 간 길을 따라가는 것은 최소한 안락한 여정을 보장해 준다.

그러나 삶의 진실은 안락함 속에만 있는 것은 아닌 것 같다. 최소한 탐험가 새클턴에게서만은 그랬다.

섀클턴이 선택한 위험한 길

사람들이 안락함만을 선호할 것이라는 생각은 분명 편견이다. 모험가들이 그렇듯이 사람들에게는 위험을 선택하는 취향 또한 분명히 존재한다. 위인전은 대개 이런 사람들이 새롭게 개척한 길을 보여 주는 페이지들로 가득하다.

아문센과 스콧이 남극점에 도달한 이후, 아일랜드 출신 탐험가 섀클턴은 1914년 그 이상의 남극 탐험 계획을 세우게 된다. 북동해 웨들 해에서 서부 로스 해까지 2,900km를 횡단하기로 한 것이다. 말이 2,900km이지, 그것은 죽음의 여정이나 다름없었다. 섀클턴은 유빙의 습격에 견딜 수 있게 특수 제작된 배(인듀어런스 호)를 구입하고, 위업 달성에 참가할 대원들을 모으기 위해 〈런던타임스〉에 다음과 같은 광고를 냈다.

MEN WANTED for Hazardous Journey. Small wages, bitter cold, long months of complete darkness, constant danger, safe return doubtful. Honor and recognition in case of success.

위험한 여행을 위한 사람들 구함. 봉급은 적고, 혹독한 추위, 길고 캄캄한 어둠, 끊임없는 위험이 따르며, 안전한 귀환을 보장 못함. 단, 성공할 때는 명예와 인정이 따름!

바로 이것이 세계 광고의 역사에 길이 남을 명작, 섀클턴의 남극탐험대원 모집광고다. '죽고 싶으면 한번 덤벼봐' 하는 식의 광고에 과연 얼마나 많은 사람들이 몰릴지는 미지수였다. 그러나 결과는 뜻밖이었다. 약 5천 명이나 되는 많은 사람들이 지원한 것이다. 모험에의 충동이 영국 젊은이들의 가슴에 불을 지핀 것이다. 안락을 선택하느니 위험과 그 뒤에 오는 영광을 선택하겠다는 의지로 똘똘 뭉친 5천 명의 겁 없는 지원자 중 27명을 섀클턴은 모험대원으로 선발했다. 이후 섀클턴과 이 27명의 '간 큰' 대원들이 연출해낸 고난과 역경의 드라마는 세계인의 가슴에 깊은 인상을 남겼다.

남극대륙 횡단을 계획한 섀클턴은 27명의 대원과 함께 범선 '인듀어런스 호'를 타고 세 번째 남극 탐험 장정을 떠났다. 그러나 아쉽게도 이 대륙 횡단은 실패로 돌아갔다. 그럼에도 사람들은 이를 두고 '위대한 실패', '위대한 항해'라고들 이야기했다. 남극 빙벽에서 자그마치 634일을 견디고 전 대원이 무사히 귀환했기 때문이다.

인듀어런스 호가 남극으로 출범하기 1년 전인 1913년, 캐나다의 탐험대장 스테팬슨이 이끄는 탐험대가 칼럭 호를 타고 북극 탐험에 나선 적이 있다. 이들은 탐험 도중 빙벽에 가로막혀 북극에 고립되고 말았다. 그리고 고립된 지 수개월이 지나자 거짓말과 속임수, 도둑질 등 인간이 극한상황에서 보여 줄 수 있는 최악의 행동들을 보이다 결국 11명의 대원 모두 처참한 최후를 맞이했다.

하지만 섀클턴은 달랐다. 거대한 얼음 덩어리에 갇혀 인듀어런스 호는 침몰되었지만 그 극한상황에서도 그들 탐험대는 부빙 위에 다섯 개의 텐트를 쳤다. 그리고 서로 도우며 물개와 펭귄을 잡아 허기를 달랬고, 기온이 영하 39도까지 떨어지는 속에서도 생존을 향한 뜨거운 의지를 불태웠다. 그렇게 섀클턴은 27명의 대원을 이끌고 2년이 넘는 시간을 남극에서 버티면서 한 사람의 낙오자도 없이 영국으로 무사히 귀환했다. 그것은 가히 기적이었다. 대체 무엇이 그들로 하여금 그 극한의 고통을 이기게 하였을까?

섀클턴을 비롯한 대원들이 남긴 남극 탐험 일기의 한 토막을 보자.

"섀클턴은 은밀히 자신의 아침식사용 비스킷을 내게 내밀며 먹으라고 했다. 내가 비스킷을 받으면 그는 저녁에도 내게 비스킷을 줄 것이다. 나는 도대체 이 세상 어느 누가 이처럼 철저하게 관용과 동정을 보여 줄 수 있을까 생각해 본다. 나는 죽어도 섀클턴의 그러한 마음을 잊지 못할 것이다. 수천 파운드의 돈으로도 결코 그 한 개의 비스킷을 살 수는 없을 것이다."

평범한 상황이 아닌 극한상황 속에서의 비스킷 하나는 생명을 좌지우지할 수도 있을 만큼 소중한 것이다. 그것을 동료대원에게 줄 수 있는 섀클턴의 관용과 동정의 마음, 그것이 바로 그의 도덕적 리더십의 알파요 오메가였다.

섀클턴 그는 탁월한 낙천가였다. 인듀어런스 호에 함께 탔던 한 과학자는 자신에게 노래 실력을 테스트한 섀클턴의 독특한 면접이 인상 깊었다고 회상했다.

"노래를 신나게 부를 줄 아느냐고 물었어요. 조난 중에는 간이 콘서트를 열기도 했지요. 그는 빙하에 갇혔을 때도 대원들의 불안감을 없애기 위해 촌극, 체스 등 즐거운 게임을 마련했고, 배 위에서 가벼운 스포츠를 즐기며 대원들에게 신선한 자극을 주었습니다. 그리고 불만이 있는 대원들은 곁에 두어 그들의 고민을 이해하려 했고, 다양한 독서를 통해 대원 개개인의 관심사에 대해 대화를 나누려고 하였습니다. 또한 동료애를 탐험의 최고의 가치로 여겨 전통적인 위계질서를 깨뜨리려고 애썼습니다. 뱃사람, 과학자, 의사, 너나 할 것 없이 모든 사람들이 배의 조종, 야간 불침번, 기상관측 등 가장 필수적인 일을 번갈아 하면서 서로를 이해하도록 만들었습니다. 그는 배가 얼음벽에 갇혀서 난파되자 꼭 필요한 것이 아닌 물건들을 모조리 버려 무게를 최소한으로 줄인다면 구명보트로 얼음판을 가로질러 바다로 나갈 수 있다고 확신했습니다. 이러한 상황에서 그는 대원들에게 우리의 생존에 방해가 되는 물건이 있다면 어떤 것이든 버려야 한다는 메시지를 전달해야만 했습니다. 그때 그는 각자 개인 소지품을 2파운드밖에 가지고 갈 수 없다고 명령을 내리고 난 뒤 가장 먼저 모범을 보였습니다. 그는 주머니에서 한 움큼의 금으로 된 장식품들을 꺼내 눈 속에 던졌습니다. 그리고 다시 금으로 된 담배 케이스를 찾아냈고, 이것 역시 땅에 던져 버렸지요."

누구보다도 솔선수범하는 사람이던 섀클턴은, 리더십이란 주먹의 힘이나 주머니의 돈에서 나오는 것이 아니라 도덕성에서 나오는 것임을 분명히 아는 사람이었다.

얼음이 조금씩 녹자 섀클턴은 체력이 좋은 대원 5명을 이끌고 6m에 불과한 구명보트로 1,280km의 드레이크 해협을 통과해 3,000m에 달하는 얼음산을 넘어서 포경기지에 극적으로 구조 요청을 하기에 이르렀다. 그리고 구조요원을 데리고 그는 자신의 동료들을 구하기 위해 왔던 길을 다시 돌아갔다.

미국의 자유기고가 캐롤라인 알렉산더가 쓴 『인듀어런스』는 섀클턴이 죽음의 사우스조지아 섬을 빠져나오며 되뇌었다는 말을 소개하고 있다.

"고통당하고 굶주렸지만 승리했고, 기었지만 영광을 잡았다."

04

스 무 살 의
고 독 과 놀 이
그 리 고 친 구

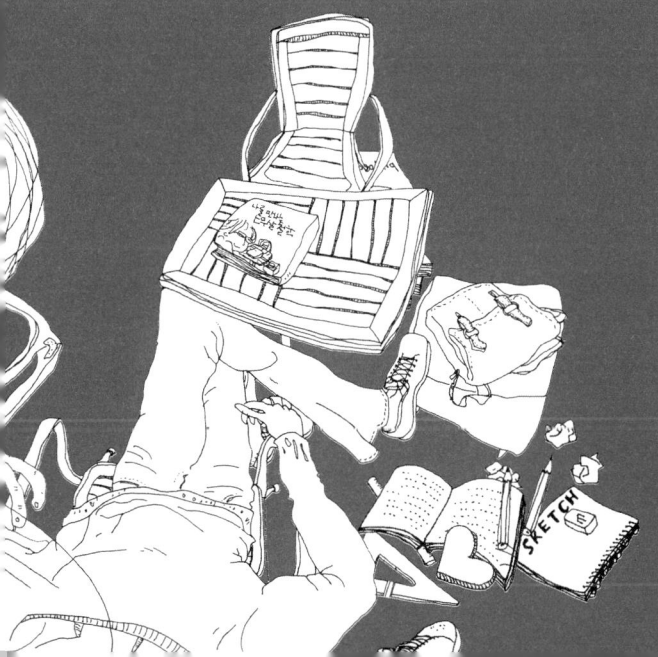

나와 대면하는 치유의 시간

『수상록』에서 몽테뉴는 "나의 생각으로는 자기 집에 자기로 돌아가 있는 곳, 자기 한 사람만의 궁전을 차릴 곳, 몸을 감출 곳을 가지고 있지 않은 사람은 그 신세가 참으로 비참하다."라고 쓰고 있다.

누구나 자기 집에 돌아갈 수는 있다. 그러나 막상 자기의 집으로 돌아간다고 해도 '자기로' 돌아가기는 수월하지 않다. '자기로' 돌아가기 위해서는 자신의 내면과 마주할 수 있는 용기가 필요하다. 그런데 '나'와 마주한다는 것은 그리 유쾌한 경험이 아니다. 나는 다름 아닌 나로부터 얼마나 많은 상처를 받는가! 나의 기대를 저버리는 것도 나요, 나와의 약속을 저버리는 것도 나다. 수많은 기대와 배반 속에서 내가 나를 마주한다는 것은 여간 부담스러운 일이 아니다. 자기와의 만남이 부담스럽다면 집으로 돌아간다 해도 '자기로' 돌아가기는 요령부득이다.

몽테뉴는 자기와 온전히 만날 수 있는 "나만의 장소는 나의 아내와도 나의 자식과도 세상의 어느 누구와도 공유하고 싶지 않다."라고 말했다. 그리하여 그는 그의 저택 입구에 높이 솟아 있는 탑을 수리하여 거기에 자신의 서재를 만들고 대부분의 시간을 그 서재에서 보냈다.

시인 윤동주는 〈쉽게 씌어진 시〉에서 "나는 나에게 작은 손을 내밀어 / 눈물과 위안으로 잡는 최초의 악수"라고 말하고 있다. 윤동주의 시적 지향점은 참된 나와 만나겠다는 것이었다. 그러나 도덕적인 실천을 제약하는 일제강점기하의 엄혹한 현실에서 참된 나를 만나기란 쉽지 않은 일이었다. 윤동주의 시에서 '부끄러움'이라는 단어가 속출하는 것도 내가 나와 '악수'하는 것이 쉬운 일이 아님을 말해 준다. 나의 양심이 나에게 손을 내밀어도 막상 그 손을 뿌리치는 자는 누구인가? 바로 내가 아니던가. 양심이 명하는 길을 가는 길이란 고난의 길이다. 때로는 생명을 거는 위험을 감수해야 할지도 모른다. 윤동주는 '나에게 주어진 길을 가야겠다'라고 〈서시〉에서 말하고 있지만, '하늘을 우러러 한 점 부끄럼 없'는 길을 가겠다는 것은 보통 의지와 결의로는 감당하기 어려운 일이었을 것이다.

우리는 어쩌면 자기를 피하는 일에 익숙해져 있는지도 모른다. 웃고 즐길 수 있는 코미디나 오락 프로그램은 '자기와의 대면'을 피하게 하는 데 적격이다. 타자와의 소통이라는 명분으로 동문회니 동호회니 하는 모임에 적극적으로 참가하는 것도 자기를 피하는 좋은 방법이다. 빈 방을 피하는 것도 좋은 방법이고, 인터넷 메신저나 컴퓨터 게임에 몰두하는 것도 자기를 피하는 좋은 방법이다.

아우구스티누스, 톨스토이의 작품과 함께 세계 3대 고백 문학으로 평가받는 『고백』은 사회와 끊임없이 대립하면서도 자신의 정체성을 끝까지 지키고자 노력했던 루소의 삶을 잘 말해 준다. 루소는 당대와 매끄러운 관계를 맺지 못했다. 시대와의 불화를 루소는 그의 책 『고독한 산책자의 몽상』의 첫머리에서 "이제 나는 이 지상에 혼자다. 오직 나 자신뿐, 형제도 이웃도 친구도 사회도 없다. 세상에서 가장 친절하고 애정이 넘치는 한 사람이 이렇게 그들로부터 만장일치로 추방되었다."라고 비통한 심정으로 고백하고 있다.

『에밀』이 문제의 발단이었다. 출판되자마자 이 책이 학교 교육을 비판하고 교회를 공격했다는 이유로 루소는 파리 학부에 의해 제소당하게 된다. 『사회계약론』이 출판된 1762년은 루소에게 최악의 해였다. 소르본 대학은 이 책을 비난했고, 경찰은 『에밀』을 압수했다. 국회는 이 책의 발행금지령을 내렸고, 그에게는 구속영장이 발부되었다. 파리에서는 이 책이 불태워졌고, 『사회계약론』도 판매금지가 되었다. 이후 그는 스위스로 도피했지만 제네바 당국도 『사회계약론』과 『에밀』에 대해 유죄 판결을 내리고 책을 불태웠다. 1765년에는 성난 군중들이 그의 집에 돌을 던지기까지 하였다. 최악의 상황이었다.

그럴수록 그는 자연 속에서 감각의 문을 활짝 열어 놓고 마음의 평정을 찾으려고 노력했다. 『고독한 산책자의 몽상』에서 그는 이렇게 쓰고 있다. "나 자신으로 돌아가는 습관은 마침내 내가 당한 아픔들에 대한 의식과 기억을 모두 사라지게 해 주었는데, 이처럼 나는 스스로의 경험을 통해 진정한 행복의 샘은 우리 자신 속에 있으므로 행복을 느낄 줄 아는 사람은 결코 타인들에 의해 불행해지지 않는다는 것을 깨달아 갔다."

너희들이 아무리 나를 박해하더라도 나의 평정한 내면은 너희들에 의해서 손상되지 않을 것이라는 것, 그것이 루소의 자존심이었다. 세상이 나에게 불행을 안겨 준다면 나는 나 자신을 대면하고 응시함으로써 그 불행을 뛰어넘겠다는 것이 루소의 도저한 자기애였다.

그에게서 고독과 명상은 자신을 응시하고 성찰하는 시간이었다. 남들이 무어라 하든 그는 자신의 몽상들과 함께하며 자신의 시대가 아닌 다른 시대와의 소통을 시도했다. 『고백』과 『고독한 산책자의 몽상』은 당대 사람들과 소통하려는 노력의 소산이 아니었다. 그것은 자신의 후세에 전하기 위한 메시지였다. 『고독한 산책자의 몽상』에서 그는 이렇게 쓰고 있다. "나는 이 글을 숨기지도 내보이지도 않을 것이다. 내가 살아 있는 동안 누가 내게서 이 글을 탈취해 갈지라도 그것을 썼던 즐거움과 그 내용에 관한 기억, 그리고 이 글을 열매로 낳았으며, 내 영혼이 사라질 때에만 그 원천이 함께 사라질 뿐인 고독한 명상들은 내게서 앗아 가지 못할 것이다."

루소의 소망대로 그를 비웃던 세상 사람들의 비난과 조소는 이제 사라졌다. 그리고 그의 명상과 고독은 고전이라는 이름으로 우리 옆에 남아 있고, 또 앞으로도 영원히 인류의 유산으로 남아 있을 것이 분명하다. 고전이란 시간의 풍화작용에도 견디어 낼 수 있는 견고함의 다른 이름이 아니던가.

　　독일의 신학자 디트리히 본회퍼는 『신도의 공동생활』이라는 책에서 "홀로 있을 수 없는 사람은 누구나 사귐을 조심해야 합니다. 당신이 홀로 있기를 원하지 않는다면, 당신은 신의 부르심을 스스로 포기하는 것입니다."라고 쓰고 있고, 최초의 불교 경전이라는 『숫타니파타』도 "무소의 뿔처럼 혼자서 가라"고 말하고 있다. 그럼에도 사람들이 고독을 피하는 이유는 자기와의 대면이 껄끄러워서일까, 아니면 권태를 이기지 못하기 때문일까?

　　버트란트 러셀은 『행복의 정복』에서 "어느 정도 권태를 견딜 수 있는 힘은 행복한 삶에 있어 필수적인 것이다. 훌륭한 책들은 모두 지루한 부분이 있고, 위대한 삶에도 재미없는 시기가 있다."라고 말했다. 빈약한 영혼일수록 권태를 끔찍하게 여기기 마련이다. 외부와 고립된 채 철저하게 혼자 있는 시간에는 자기 안에 있는 것에 의지해야 할 터인데, 자신의 내부에 쌓아 놓은 것이 없는 사람에게 고독의 시간은 고문의 시간이나 다름없기 때문이다. 자신의 내부에 쌓아 놓은 것이 없는 사람일수록 타인에게 의지하려는 욕망은 강해진다. 결국 우리는 타인의 도움을 요청한다.

아무리 강한 척할지라도 인간은 근본적으로 위로받고 싶어 하는 존재다. 어린아이처럼 누군가에게 기댈 수 있고 응석을 부릴 데가 있다는 것은 행복한 일이다. 언젠가는 어머니의 품을 벗어나 나의 문제를 나 스스로 결정하고 책임져야 하는 순간을 맞이하기 마련임을 모르는 바는 아니지만, 그럼에도 불구하고 위로받고 싶다고 칭얼대는 내 마음속의 어린아이의 응석을 외면하면서, 안 그런 척, 태연한 척, 강한 척, 어른으로 살아가기란 참으로 쓸쓸하고 고독한 일이다.

대체 어떤 결정을 내려야 현명한 판단을 했다고 할 수 있을까? 이러지도 못하고 저러지도 못할 때, 그렇다고 누군가에게 속 시원한 대답을 들을 수도 없을 때, 마치 이 세상의 혼돈 가운에 나 홀로 내팽개쳐진 느낌이 들 때, 문득 고독하다는 생각이 고개를 쳐든다. 남들은 제 몫의 인생을 잘들 살고 있는 것 같은데, 나 혼자만 마음의 허공을 서성거리며 현실에 뿌리를 내리지 못하고 있다는 생각이 들 때, 고독은 급기야 가슴 한 켠을 소리도 없이 짓누른다.

단조로운 시간을 견디지 못하는 인터넷 세대

홀로 있지 못하는 것이야말로 현대인들의 불치의 병이다. 그들은 혼자의 시간에 직면하면 컴퓨터를 부팅시키든지, 헤드셋을 귀에 건다. 인터넷으로 채팅을 하든지, 게임을 하든지, 휴대폰으로 문자를 날리는 것이 현대인들이 고독을 소비하는 방식이다. 그들은 끊임없이 소위 킬링타임의 대상을 찾는다.

인터넷도 없고, MP3도 없고, TV도 없는 곳은 쓸쓸하다 못해 삭막하기까지 하다. 이럴 때는 휴대폰으로 친구에게 전화를 걸어 수다를 떠는 게 상책이지만 휴대폰도 먹통이 되어 버린다면 그들은 다시 안절부절못한다. 자기와의 만남, 즉 사색과 성찰과 상상에 익숙하지 않은 세대에게 고독의 시간은 끔찍한 고립의 시간일 뿐이다. 그러나 이런 고립의 시간은 역설적으로 자기 자신과 마주할 수 있는 시간이기도 하다.

독일의 소설가 토마스 만은 『베니스에서의 죽음』에서 "홀로 있음은 우리 안에 있는 원래성, 익숙하지 않고 때로는 무서운 아름다움과 그리고 시를 탄생하게 한다(Solitude gives birth to the original in us, to beauty unfamiliar and perilous, to poetry)."라고 말한다. 그가 솔리튜드^{Solitude}라고 말하는 고독은 아름다움과 시를 낳는 적극적인 고독, 창조적인 고독이다. 예컨대 몽테뉴의 서재가 바로 그런 솔리튜드를 낳는 공간이다. 그는 『수상록』에서 이렇게 쓰고 있다. "서재까지 가기에 좀 힘이 드는 것과 위치가 외지다는 것이 내 마음에 드는데, 운동의 실효를 위해서도 좋고, 사람 북새를 피하기 위해서도 좋기 때문이다. 그곳이야말로 나의 본집이다. 나는 그곳의 지배를 전적인 것으로 만들려고 시도한다. 그리고 단지 하나 이 구석만은 부부간이건,

부자이건, 일반인의 것이건, 일체 공동생활에서 제외시켜 놓고자 한다."

타인의 침해로부터 온전히 자신을 지킬 수 있는 솔리튜드의 공간, 몽테뉴에게 그곳은 서재였다. 그의 서재에서는 확 트인 경치를 감상할 수 있었다. 행복하여라! 밖으로는 세상을 보고 안으로는 자신의 내면을 바라볼 수 있는 곳, 그곳이 몽테뉴의 서재였다.

고독을 단지 성공학의 관점에서 조명하고 있다는 점에서 다소 제목이 불만스럽기는 하지만 쓰다 가즈미는 그의 저서 『고독을 즐기는 사람이 성공한다』에서 고독을 두 가지로 분류한다. 그 하나는 '론리니스loneliness'다. 사회와의 관계성이 단절되어 힘들고 어둡고 외로운 '소극적 고독'이 그것이다. 나머지 하나가 '적극적 고독'인 '솔리튜드solitude'다. 솔리튜드는 삶에 빛과 자신감을 부여하고, 새로운 길을 열어 주는 인큐베이터 역할을 한다면서 쓰다 가즈미는 '론리니스'를 어두운 고독이라고 하고, '솔리튜드'를 밝은 고독이라고 불렀다. 사회적 관계로부터 격리된 외로움을 수반하는 감정이 '론리니스'이며, 심신을 재생시키기 위해 본연의 자기다움을 찾고자 하는 긍정적인 고독이 '솔리튜드'다.

'론리니스'의 시간은 안절부절못하는 고립의 시간이다. 그런 시간에 사람들은 애타게 타인을 찾는다. 누군가에게 기대지 않으면 불안하기 때문이다. 『행복의 정복』의 버트란트 러셀은 백 년 전의 사람들에 비해 현대인들의 고립이나 권태의 시간은 매우 짧아졌음에도 불구하고 그것을 좀체 이기지 못하는 이유에 대해 다소 장황하게 설명한다. "백 년 전의 과거로 거슬러 올라갈수록 사람들이 느끼는 권태감은 더욱 심해진다. 중세의 어느 마을에서 겨울을 맞은 사람들의 단조로운 삶을 상상해 보라. 사람들은 읽고 쓰기도 할 줄 몰랐으며, 어둠을 밝힐 수 있는 것은 촛불밖에 없었다. 지독한 추위를 막기 위해 화롯불이 놓인 유일한 방 안에는 화롯불에서 나온 연기가 가득 차 있었다. 길은 거의 통행이 불가능한 상태였기 때문에 다른 마을에서 찾아온 사람은 거의 볼 수가 없었다. 당시의 생활은 이루 말할 것 없이 지루했으며, 마녀사냥의 관습만이 겨울 저녁에 생기를 불어넣을 수 있는 유일한 소일거리였을 것이다. 조상들에 비해 우리가 겪고 있는 권태의 정도는 덜하지만, 권태에 대한 두려움은 훨씬 깊다. 우리는 권태란 인간이 당연히 겪어야 하는 운명의 일부가 아니며, 자극을 찾아 나설 정도의 단호함만 있으면 피할 수 있다는 것을 알게 되었다."

오락기구나 통신기기의 도움을 빌리면 손쉽게 권태를 피할 수 있고 또 자극을 추구할 수 있으니 현대인들은 권태를 당연히 겪어야 할 운명이라고 생각하지 않는다는 것이 러셀의 지적이다. 그러나 백 년 전의 사람들은 달랐다. 그들은 권태에 대해 우리들보다 훨씬 면역력이 강했다. 사방을 둘러보아야 PC방 하나, 노래방 하나가 없었으며, TV나 라디오도 없는 시절이었으니 두말할 것 없이 권태에 대한 면역력이 강했을 것이다.

하지만 그들도 권태의 자구책을 취했을 것이 분명하다. 마녀사냥을 나서든지, 아니면 자신의 기억 창고에서 압축파일을 해제하여 기억을 쏟아내든지, 아무튼 적극적으로 권태에서 벗어나려고 했을 것이다. 이렇게 보면 수많은 이야기와 전설들이야말로 우리 조상들이 권태에서 벗어나려는 안간힘에서 비롯된 것은 아닐까? 권태가 만들어 낸 이런 긍정적인 힘을 러셀은 이렇게 말하고 있다. "권태가 전적으로 나쁜 것만은 아니다. 권태에는 삶을 풍요롭게 하는 것과 황폐하게 하는 것, 두 종류가 있다. 삶을 풍요롭게 하는 권태는 약물이 없는 곳에서 자라나고, 삶을 황폐하게 하는 권태는 활기찬 행동이 없는 곳에서 자라난다."

마약뿐만 아니라 술도 엄밀한 의미에서 약물이다. 러셀은 그런 약물을 통해 권태를 벗어나려고 해서는 삶이 풍요로워질 수 없다고 말한다. 그는 말한다. "자극이 지나치게 많은 삶은 밑 빠진 독이나 다름없다. 이런 상태에서 사람들은 환희에 가까운 감격이야말로 즐거움의 필수요소라고 여기기 때문에, 끊임없이 감격을 느끼기 위해서 점점 더 강력한 자극을 찾을 수밖에 없다. 지나친 자극에 익숙해져 버린 사람은 후추를 병적으로 좋아해서 결국 남들이 보기에는 숨이 막힐 정도로 많은 후추를 먹어도 정작 본인은 별맛을 느끼지 못하게 된 사람과 비슷하다. 권태의 어떤 요소는 지나치게 많은 자극을 피하는 것과 깊은 연관성을 가지고 있다."

사람들은 권태를 이기기 위해 자극을 추구하지만, 필요 이상의 과도한 자극에 중독되어 오히려 무감각해지고 있음을 러셀은 안타깝게 생각했다. 그는 권태를 견딜 수 있는 힘을 배우라고 우리들에게 충고해 준다. 러셀은 "어느 정도 권태를 견딜 수 있는 힘은 행복한 삶에 필수적인 것이다. 이것은 젊은 사람들이 배워야 하는 것 가운데 하나다."라고 충고하면서 첫 페이지부터 마지막까지 시종일관 재치가 넘치는 소설은 훌륭한 소설이라고 할 수 없으며 위인들의 생애 역시 몇몇 위대한 시기를 빼놓고는 흥밋거리가 없다고 우리들을 위로한다. 결국 러셀은 우리에게 지나친 자극이나 흥밋거리에 자신을 빼앗기지 말라고 당부하고 싶었나 보다.

그러나 오늘날 많은 젊은이들이 인터넷에, 음악에, 영화에 자신을 빼앗기고 있다. 첨단의 도구들은 고독감을 잊게 하는 아주 효과적인 망각의 도구인 셈이다. 그런 망각의 기기가 옆에 있는 한 껄끄럽게 자기 자신과 대면할 위험도 없어진다. 기계와 시스템이 요구하는 논리에 나를 맡기면 그만이니까.

독일의 심리학자 에리히 프롬이 『자유로부터의 도피』라는 책에서 "사람들은 고독을 견디어 낼 수 없기에 자아를 상실하는 길을 택한다."라고 말한 것도 이런 맥락에서일 것이고, 파스칼이 『팡세』에서 "우리를 비참에서 위로해 주는 것은 심심풀이다. 그런데 심심풀이는 우리의 비참 중에서 가장 큰 것이다. 왜냐하면 이것은 무엇보다도 우리가 자기 자신을 생각하는 것을 훼방하고 우리를 부지불식간에 멸망시키기 때문이다. 심심풀이가 없으면 우리는 권태를 느낄 것이다. 그리고 이 권태는 우리로 하여금 거기서 벗어날 수 있는 가장 확실한 방법을 찾게 할 것이다. 그러나 심심풀이는 우리를 즐겁게 한다. 그리고 우리를 부지불식간에 죽음에 이르게 한다."라고 말한 것도 이런 맥락에서일 것이다.

내 안의 텍스트와의 만남

자기를 응시하려고 해도 자기가 보이지 않을 때, 자기응시는 힘겨운 노동이 될 수밖에 없다. 자기를 응시한다는 것은 자기 안의 텍스트를 응시한다는 것이다. 자기 안의 텍스트라는 게 따로 있는 것은 아니고, 내가 읽고, 내가 보고, 내가 듣고, 내가 냄새 맡고, 내가 피부로 느낀 것이 모두 자기 안의 텍스트가 될 수 있다. 여름날의 뭉게구름과 소낙비의 추억이 모두 내 안의 텍스트이고, 겨울날의 폭설과 봄날의 도도한 취흥이 모두 내 안의 텍스트다. 수많은 텍스트들이 꼬물거리고 있는 곳이 바로 '나'라는 의식 공간이다. 그리고 그 공간을 더듬어 보는 시간이 흥미신신한 '솔리뷰드'의 시간이다.

내가 읽은 책, 내가 본 영화, 내가 만난 사람들과 자연이 모두 내 안의 텍스트다. 여행길에서 본 낭만적인 풍경을 떠올려도 좋다. 바로 그 낭만이 내 안의 텍스트다. 우리의 몸이 노곤하고 우리의 영혼이 지쳤을 때 내 안의 황혼은 나에게 힘을 준다. 때로는 어렸을 때 보았던 커다란 나무를 떠올려 보아도 좋고, 유장하게 굽이치는 저녁의 강물을 떠올려 봐도 좋다. 장엄하게 성호를 그으며 떨어지는 별똥의 기억은 어떤가. 한번 흘러간 것은 흘러간 것으로 끝나지 않는다. 그것들은 내 안에 분명히 살아 있다. 살아서 내게 힘을 주고 나를 격려한다. 그것이 기억의 힘이고, 추억의 권능이다.

'날카로운 첫 키스의 추억' 또한 내 안의 텍스트가 될 수 있다. 그 텍스트는 하도 달콤해서 아무리 우려먹어도 그 단맛이 줄어들지 않는다. 그러나 우리의 기억 상자에는 달콤한 것들만 있는 것이 아니다. 때로는 생각만으로도 아픈 추억이 있는데, 괜찮다. 그 아린 추억조차도 우리는 깊이 음미할 수 있으니까. 너무도 고독했던 시간, 너무도 가난했던 시절조차도 때로는 우리를 위로해 준다. 허수경 시인은 '슬픔만한 거름이 어디 있으랴'라고 노래하지 않았는가. 서러운 사람은 서러운 이야기 속에서 다시 살아갈 힘을 얻기도 하지 않던가.

우리가 타인의 슬픔을 외면하는 것은 어떤 이유에서일까? 그것은 내가 과거에 슬펐던 존재라는 사실을 너무도 쉽게 망각하기 때문은 아닐까? 슬픔의 기억과 배고픔의 기억이 있는 한, 우리는 타인의 슬픔과 배고픔을 외면할 수가 없다. 그러니 서러움과 슬픔의 기억이야말로 우리들을 서로 연결해 주는 끈일지도 모른다. 나와 타인을 연결해 주는 끈이 만들어지는 시간이 아픔을 되새김질하는 '솔리튜드'의 시간이다.

『고독을 즐기는 사람이 성공한다』의 저자, 쓰다 가즈미는 "우리들의 내부에 풍부한 텍스트를 갖는 것, 그리고 그것을 갖고 있다고 믿고 떠올리는 것 또한 솔리튜드를 내 것으로 만들고 활용하는 비결"이라고 조언한다. (그러나 굳이 성공을 위해 고독을 즐겨야 한다는 논리는 옹색하다. 고독을 말하려거든 『말테의 수기』의 릴케쯤 되어야 하지 않을까? "고독한 사람을 가만 내버려 둬라. 그 사람을 귀찮게 하지 말라. 그 사람은 당신들보다 수준 높은 사람이다. 그 사람은 지금 신을 만나고 있다." 신을 만나고 있는 고독이라. 훌륭하지 않은가?) 자기 안의 텍스트를 응시하는 시간은 시간의 지층에서 내 경험들을 꺼내어 음미해 보는 일종의 성찰과 반성의 시간이다. 그 성찰과 반성의 과정을 통해서 우리는 우리의 과오를 수정하고 교정해 간다. 흔한 편견처럼, 성찰과 반성이 반드시 뼈아픈 후회인 것만은 아니다. 아득한 과거의 경험 속으로 부드럽게 빠져들어 가면서 우리는 깊은 숨을 편안하고 나지막하게 내쉴 수도 있다. 그것은 번잡한 현실로부터의 탈출이요, 피로한 일상을 빠져나가는 여행이다. 그 여행으로부터 우리는 얼마간의 위안과 힘을 얻어 올 수 있다.

『침묵의 세계』의 저자 막스 피카르트는 말한다. "말은 침묵 없이는 존재할 수 없다. 말에게 침묵이라는 배경이 없다면 말은 아무런 깊이도 갖지 못한다." 그렇다. 말에 깊이를 불어넣는 것이 침묵이다. 내가 뱉어낸 말이 비수가 되어 누군가를 찌르지는 않았을까를 생각하는 시간이 곧 침묵의 시간이다 침묵의 시간을 통해서 말은 스스로를 반성한다. 그 반성의 깊이기 곧 말의 깊이다. 말의 깊이가 한 사람의 인격의 깊이인 것은 물론이다. '솔리튜드'의 시간은 침묵을 통해 말에 깊이를 불어넣는 시간이다.

『감옥으로부터의 사색』에서 신영복은 "오늘은 시간이 없어서 편지가 길어졌습니다."라고 쓰고 있다. 시간이 없다면 편지가 짧아져야 하는 것이 옳지, 왜 편지가 길어진다는 말인지 의아하지 않은가? 그러나 돌려 생각해 보자. 시간이 있다면 우리는 충분히 침묵하며 내 말의 의미를 곰곰 되새겨 볼 수 있다. 그런 침묵의 사색과정을 통해 우리는 할 말과 하지 않을 말을 분간해내고, 나의 언어가 타인을 찌르는 칼이 되지는 않았을까를 반성해 볼 수 있다. 그러한 침묵의 사색과정이 없다면 우리는 입에서 나오는 대로 그냥 줄줄이 말을 뱉어낼 수가 있다. 성급하게 내뱉어진 말들은 얼마나 자주 사람들에게 상처와 아픔을 줄 수도 있는 것인지. 침묵은 우리의 언어를 부드럽게 해 주고, 우리의 언어에 따스한 온기를 돌게 하고, 우리의 언어에 깊이를 불어넣어 준다. 그런 언어가 만들어지는 시간이 바로 솔리튜드의 시간인 것이다.

고독을 멋지게 채워 줄 수 있는 것은 상상이다. 상상은 고슴도치의 겨드랑이에서 날개를 돋게 만드는 힘이고, 설탕과 밀가루와 초콜릿으로 발전소를 세울 수도 있는 엉뚱함이며, 우울한 친구로 하여금 팝콘 같은 웃음을 터지게 할 수 있는, 질 좋은 구라와 뻥을 만들어 낼 수 있는 기발함이기도 하다. 그리고 무엇보다 상상은 우리에게 날개를 달아 준다. 우리는 그 날개를 빌어 내가 속한 세계를 훌쩍 떠나 볼 수도 있다. 상상력에는 국경이 없다. 모든 금지구역을 껑충껑충 즐겁게 넘나들 수 있게 하는 것이 상상력이다. 상상력은 무례하고 불온하다. 권력의 명령에 고분고분한 모범 시민이 아니다. 시키는 대로 얌전히 있으면 상상력이 아니다. 현실의 원칙을 가끔은 무시할 수도 있는 것이 상상이다. 왜 하지 말라고 하는지 이유를 따져 묻는 것이 상상력이다. 금기를 파괴하고, 상상력은 새로운 질서를 만들어 낸다. 시인 이성복은 〈구화口話〉라는 시에서 이렇게 노래한다.

앵도를 먹고 무서운 애를 낳았으면 좋겠어

걸어가는 시가 되었으면 물구나무서는

오리가 되었으면 구토하는 발가락이 되었으면

발톱 있는 감자가 되었으면 상냥한 공장이

되었으면 날아가는 맷돌이 되었으면 좋겠어

죽고 싶어도 짓궂은 배가 고프고

끌려다니며 잠드는 그림자, 이맘때 먼 저 별에 술 한잔 따르고 싶더라 내

그리움으로

별아, 네 미끄럼틀을 만들었으면 좋겠어

걸어가는 시, 물구나무서는 오리, 구토하는 발가락, 상냥한 공장, 날아

가는 맷돌⋯⋯. 이 얼마나 황당한 조합인가. 세상이 요구하는 문법이 아니

라, 세상의 문법을 배반하는 반역의 정신, 바로 그것이 이 시만이 가지는 반

역의 미학이다. 습관적인 세상의 질서를 살짝 비트는 불온한 상상력으로 예

술가들은 또 다른 세계를 창조해 간다. 옛날이야기, 신화, 소설, 영화⋯⋯.

이 모든 것들이 상상력이 만들어 낸 또 하나의 질서다. 음악도, 미술도 상상

력이 만들어 낸 세계다.

전대미문의 새로운 세계를 창조함으로써 예술사의 페이지들을 풍성한

아이템으로 채워 나가는 데 필요한 것도 '솔리튜드'의 시간, 즉 고독의 시

간이다. 그 시간은 떠들썩한 공간을 필요로 하지 않는다. 창조의 공간은 고

즈넉한 공간, 고립의 공간, 고독의 공간이다. 그 고독의 공간이 없었다면 얼

마나 많은 예술사의 페이지들이 공란으로 남겨졌을까. 그러므로 빈 방을 두려워 할 일이 아니다. 비어 있는 시간 또한 마찬가지다. 누군가로부터 격리된 시간이야말로 나의 상상력이 세상의 모든 국경선을 넘어갈 수 있는 시간이다.

노는 인간, 순수한 인간

칸트는 아름다움은 이론적 관심이나 실천적 관심이 아니라 오히려 '무관심'으로 대상을 바라볼 때 얻어지는 것이라고 보았다. 놀이의 미학 또한 무관심에서 오는 것이라고 할 수 있다. 노동은 행위에 대한 물질적 대가를 바라고 하는 행위이지만, 놀이는 행위 그 자체를 추구하는 행위라고 할 수 있다. 『놀이하는 인간』에서 네덜란드의 민속학자인 호이징하는 "놀이는 언제나 연기될 수 있고 중지될 수도 있다. 왜냐하면 놀이는 물리적 필요나 도덕적 의무로 부과되는 것이 결코 아니기 때문이다. 놀이는 임무가 전혀 아니다."라고 말하고 있다.

통상 '임무'는 수단과 목적이 분리된 행동이라고 할 수 있다. 그러나 놀이는 수단과 목적이 일치되는 자발적인 행동이다. 누가 시켜서가 아니라 아이들이 자발적으로 그림을 그리고 있다면 그때의 그림을 그리는 행위는 즐거움의 수단이면서 동시에 목적이라고 할 수 있다. 그러나 어른의 노동은 아이들의 놀이와 근본적으로 성격이 다르다. 어른들에게 있어서 노동은 금전을 얻기 위한 수단에 불과하다. '무노동 무임금'이라 하지 않던가. 임금이 지불되는 노동은 연기될 수도 없고 중지될 수도 없으며, 그것은 반드시 이행되어야 할 어떤 약속이다. 그러나 놀이는 의무나 임무가 아니다.

의무가 놀이의 즐거움을 앗아 간다는 사실을 간파한 이는 루소였다. 시대와의 불화를 겪던 루소는 세상의 공격을 피해 스위스에 머물며 식물채집에 몰두하면서 세상의 근심을 잊는다. 식물들의 향기와 색채, 그리고 우아한 형태들은 세상과의 싸움에서 피로해진 그의 감각을 사로잡는다. 숲과 초원의 찬란한 꽃들, 목초지의 다채로운 빛깔들, 시원한 그늘과 시냇물이 피로해진 그의 영혼에 생기를 불어넣어 준다.

식물학은 빈둥거리며 유유자적하는 사람의 연구 대상으로는 최적의 취미이기도 했다. 식물들을 관찰하기 위해서는 별다른 장비가 필요 없었다. 돋보기 하나와 핀 하나면 충분했다. 벌이 그러하듯 루소도 이 꽃 저 꽃으로 옮겨 다니기만 하면 되었다. 조급할 것도 없었다. 아무런 의무감도 없었다. 쉬고 싶으면 쉬고 걷고 싶으면 걷는 식이었다. 『고독한 산책자의 몽상』에서 그는 이 의무감 없는 즐거움에 대해 이렇게 고백하고 있다. "가르치기 위해 터득한다든가 저자나 교수가 되기 위해 식물을 채집하면 그 모든 달콤한 매력은 사라지며, 식물 속에서 오로지 우리 열정의 방편들만을 볼 뿐, 그것에 대한 연구에서 더 이상 어떤 즐거움도 느끼지 못하게 될 것이다."

세속적인 이해관계에서 떠나 아무런 사심 없이 자연을 바라보는 마음의 태도가 칸트가 말하는 '무관심'의 태도다. 루소는 어떤 사람이 명성이나 물질적 이익을 얻기 위해 숲 속에 있는 것이라면 그는 몸은 숲에 있으되 실제로는 세속에 있는 것이나 마찬가지일 것이라고 말하고 있다. 숲을 숲답게 보려거든 세속적인 이해관계로부터 떠나라는 것이 루소가 우리에게 주는 충고였다. 꽃과 나무를 있는 그대로 보지 못하고 실용성의 관점에서 보는 태도를 루소는 이렇게 비난한다. "파리의 신사들은 런던에 가서 식물들로 가득 찬 정원을 보게 되면 칭찬한답시고 '참 아름다운 정원이구나'라고 소리칠 것이다." 식물의 빛깔과 향기와 그 형태적 아름다움을 보지 못하고 왜 그 쓰임과 용도라는 것에 그토록 집착하느냐는 것이 루소의 불만이었다. 아무런 목적도 생각하지 말고, 아무런 이익도 따지지 말고, 사심 없이 바람결을 피부에 느끼고, 꽃과 나무를 바라보고, 시냇물 소리와 새들의 소리를 들으며, 자연의 향기를 맡으며, 자연을 있는 그대로 즐기라는 것이 루소가 우리에게 주는 충고인 셈이다.

그러나 우리의 언어습관으로는 '즐긴다'라든가 '논다'라는 어휘는 다분히 부정적인 의미로 인식되고 있다. 이런 말을 듣고 기분 좋을 사람은 없을 것이다. 그러나 '논다'라는 행위가 정말로 그렇게 기분 나쁠 정도의 부정적인 의미를 함축하고 있는 것일까?

돈이 최고의 가치라고 생각하는 사회에서는 놀이를 부정적으로 보는 경향이 있지만, 사실 놀이가 나쁠 것은 없다. 제기차기, 공차기, 술래잡기와

같은 놀이를 통해서 아이들은 신체의 균형감각을 얻
는다. 열심히 논다는 것은 열심히 체력을 단련한다
는 것과 다르지 않다. 더구나 체력단련과 함께 심
신의 즐거움을 같이 얻을 수 있으니 아이들에게는
공부만큼 중요한 것이 열심히 놀면서 땀 흘리는 일
이다. 어른들이라고 해서 아이들과 다를 것은 없다. 땀
흘리며 놀지 않는 어른들이 얻을 수 있는 것이라고는 성
인병과 스트레스뿐이다.

　잘 노는 아이들을 떠올려 보자. 놀이에서 이기
기 위한 전략을 짜기 위해 아이들의 머릿속은 분
주하게 돌아간다. 상대편은 지금 어떤 상황에 있는
지를 분석하고, 그 상황에 맞는 대응전략을 짜기 위
해 아이들의 머릿속은 그 어느 때보다도 빠르게 돌아간
다. 또 어떻게 하면 놀이가 더 재미있을 수 있을끼도 궁리해내는 과정들을
반복하면서 노는 아이들의 두뇌는 점점 더 정교해진다.

　일은 고도의 집중력을 요구한다. 방심했다가는 일을 그르치기 십상이
다. 잡념도 문제를 야기할 수밖에 없다. 또한 일은 긴장을 요구한다. 그러나
'장고長考 끝에 악수惡手 둔다'라는 속담처럼, 긴장이 지나치면 오히려 일이
꼬이기 십상이다.

　엘리스라는 심리학자의 '각성조절이론'에 의하면 인간에게는 의식의

각성상태를 적절하게 유지시키려는 중추신경계의 조절경향이 있다고 한다. 너무 넘치지도 않게, 너무 부족하지도 않게 적절한 정도의 긴장을 유지하려는 시스템이 우리 신경계 안에 존재한다는 말이다. 외부로부터의 자극이 너무 많아지면 중추신경계는 물론 심리상태도 불안해진다. 뒷목이 뻐근해지는 불쾌한 느낌을 동반할 수도 있다. 이런 느낌은 우리의 몸에 휴식을 주라는 신호다. 마음이 급할 때면 우리는 이러한 신호들을 무시해 버리곤 하지만 그것도 한두 번이지 거듭되는 몸의 요구를 무시했다가는 훗날 엄청난 외래진료비를 감당해야 할지도 모른다.

몸이 쉬라고 신호를 보내면 쉬어 주는 것이 현명한 일이다. 낮잠도 좋고 동네 산책도 좋다. 기차의 차창에 지친 몸을 기대어 보는 것도 좋을 것이다. 온몸의 힘을 쭉 빼줌으로써 묵은 생활의 때를 벗어 버리는 이런 휴식의 방법을 '릴랙스relax' 전략이라고 해 두자. 느긋하게 거닐며 숲 속의 청량한 공기를 들이마시는 것은 더없이 즐거운 일이다. 흐르는 계곡의 물소리, 새 울음소리, 피부에 느껴지는 청량한 공기와 냄새를 만끽하며 우리의 감각기관은 최상의 것을 받아들이는 기쁨을 향수한다. 거창한 자연과의 조우가 아니어도 좋으니 일상으로부터 다만 한 걸음이라도 발을 떼어 볼 일이다.

놀이에는
친구가 있기 마련이다

미적분 문제를 열심히 풀면서 공부에 몰두해 있다가 '좀 쉬어야지' 하는 생각으로 컴퓨터를 부팅하는 친구들이 있다. 쉬면서 게임이나 한판 하겠다는 생각인 모양이다. 그러나 컴퓨터가 과연 릴랙스한 시간을 선물해 줄까? 오히려 몸과 마음을 더욱 긴장하게 하고 각성하게 만드는 것은 아닐까? 마우스를 쥐는 시간이 길어질수록 어깨와 눈꺼풀은 자갈돌을 올려놓은 듯 무거울 수밖에 없는 것이 마우스의 법칙(?)이다. 공부에서 오는 긴장을 털어내기 위해서는 오히려 컴퓨터의 모니터에서 멀어져 유유자적 바람 속을 거니는 산책이 더 권장할 만한 휴식이 아닐까? 더구나 산책은 생각의 시간과 공간을 마련해 준다. 일찍이 소설가 밀란 쿤데라도, 느림의 정도는 기억의 강도에 정비례하고 빠름의 정도는 망각의 강도에 정비례한다고 간파한 바 있다. 느릿느릿 걷는 산책은 지난 일들을 떠올려 보는 일이기도 하다. 내가 왜 그때 그렇게 이기적인 행동을 했을까를 반성하는 시간도 이런 산책의 릴랙스한 시간이다.

철학적 사유는 걷기에서 시작되었다고 해도 과언이 아니다. 아리스토텔레스는 걸으면서 철학을 했다. 그래서 소요학파라는 별명을 얻었다. 칸트도 걸으며 생각했다. 루소도 걸으며 세파에 지친 마음을 치유할 힘을 얻었다. "푸른 초원의 식물들을 바라보기 위해 때때로 걸음을 멈추기도 하면서 나는 그 상쾌한 경치가 끊임없이 제공해 주는 즐거움과 흥미를 만끽하며 거닐고 있었다."라고 이야기하는 루소의 고백도 산책 속에서 스스로의 영혼을 치유하려 했던 시도이다.

『수상록』에서 몽테뉴의 다음과 같은 고백도 그가 걷기의 철학자였음을 말해 준다. "모든 은둔 장소에는 산책로가 필요하다. 왜냐하면 걸으면서 생각하지 않으면 나는 좋은 생각이 떠오르지 않으며 정신이 활발하게 움직여 주지 않기 때문이다. 실제로, 생각하기를 원하고 정신을 쓰고자 하면서도 책을 읽지 않는다면, 생각도 정신도 원활하게 움직여지지 않을 것이다." 몽테뉴에게 독서는 또 하나의 산책이었다. 책 속에 길이 있다면 독서는 그 길 속을 누비는 또 하나의 산책이지 않겠는가.

어떤 일에 몰두하고 있는 사람은 그 일의 의미를 묻지 않는다. 공부에 몰두하고 있는 사람도 마찬가지다. 의미를 묻는 것은 일종의 잡념이다. 의미를 묻기 위해서는 지금 하는 일로부터 일정한 정도의 거리를 유지해야 한다. 지금 몰두하고 있는 일로부터 몇 발자국 뚝 떨어지는 때, 바로 그때가 휴식의 릴랙스한 시간이다. 내가 왜 이 일을 해야 하는가, 내가 왜 공부를 해야 하는가, 그 행동의 의미를 묻는 시간도 바로 그 릴랙스한 시간이다. 이러한 시간에야말로 우리는 지금 하고 있는 일에 적절한 의미를 부여할 수 있고, 그런 의미부여 행위를 통해서 현재를 점검하고 미래를 구상해 볼 수도 있다.

그렇다고 놀이나 휴식이 특정한 성취를 위해서 있어야 하는 것이라고 훈계할 생각은 없다. 시간 가는 줄도 모르고 놀이에 빠져 놀아 본 아이들의 표정을 보라. 놀이에는 즐거움이 있고 천진난만한 웃음이 있고 무엇보다 와자지껄한 활기가 있다. 그리고 놀이에는 그 모든 것을 같이 나눌 친구가 있다. 오직 놀기 위해 나와 하나가 된 친구, 어쩌면 그런 친구가 나의 진정한 친구일지도 모른다.

생각해 보라. 사람들은 늘 어떤 목적을 가지고 사람들을 대한다. 고등학교 졸업 후 한 번도 연락이 없다가 뜬금없이 나타나 보험 하나 들어달라는 친구, 문자 한번 없다가 느닷없이 전화로 결혼 소식을 알리며 필요할 때만 연락을 하는 친구에게 섭섭함을 느끼는 것은 인지상정이다. 밴댕이 소갈딱지라고 해도 할 수 없다. 필요할 때만 연락을 하는 사람들은 주위에 빼곡한데 정작 같이 놀자고 전화하는 친구들이 없는 사람은 불행하다. 이해관계로만 얽힌 삶은 아무래도 피로하고 적막하다. 이런 삶의 피로와 적막감을 달래 줄 수 있는 것이 놀이고, 그 놀이에서 만날 수 있는 사람이 곧 친구다.

사태를 좀 과장해서 말하자면, 놀이가 없으면 친구도 없다. 그래서 친구들을 만나면 우리들은 무엇을 하고 놀지를 궁리하게 된다. 요즘 아이들에게는 마땅한 놀 거리가 없다. 팽이치기, 자치기, 구슬치기, 비석치기 등 수많은 전래놀이는 민속학 책에서나 찾아볼 수 있을 따름이다. 그러니 손쉽게 택하는 것이 PC게임이다. 어른들이라고 해서 사정이 다르지는 않다. 손쉽게 택하는 것이 '고스톱'이다.

만약 '친구'라는 매뉴얼이 존재한다면, 거기에는 '독서 파트너, 토론 파트너, 여행 파트너, 운동 파트너, 카운슬링 파트너, 킬링타임 파트너 등 참으로 여러 용도로 쓸 수 있음!'이라고 적혀 있을 것이 분명하다. 그렇게 다용도로 사용할 수 있는 친구를 고작 고스톱 파트너나 게임 파트너로만 쓴다는 것은 낭비도 한참 낭비다. 같이 공부하고, 같이 토론하고, 같이 술 마시고, 같이 여행 가고, 기분이 나쁘면 불러다가 화풀이라도 할 수 있는 파트너가 친구다.

'네가 명품 옷 입으면 나도 입는다'는 식의 질투를 유발하는 사람도 물론 친구다. 그러나 질투에도 종류는 있다. '너만 칸트 읽냐. 나도 칸트 읽는다', '네가 아인슈타인 읽는다면 나도 읽어 주마'라고 말할 수 있는 대상도 친구다. 이처럼 질투가 개입된 우정의 관계가 바로 라이벌이다. 마치 냉전시대의 미국과 소련이 군비경쟁을 통해서 국방력을 키워 갔듯이 경쟁을 통해 나의 인식의 용량과 사람됨의 크기를 늘려 갈 수 있게 해 주는 파트너도 다름 아닌 친구다.

물론 여기에는 반칙이 통하지 않는다. 나만의 정보를 비밀스럽게 유지하겠다는 것도 옳은 태도는 아니다. 좋은 음반을 알게 되면 나눌 수 있는 사람이 친구다. 좋은 책도 마찬가지다. 다른 상품과는 달리 책이나 음반과 같은 문화상품은 나눌수록 그 즐거움과 효용가치가 커지게 되는 법이다. 나눔의 즐거움을 극대화하기 위해 조직되는 것이 동호회가 아닌가. 자기만 아는 와인을 숨겨 놓고 즐긴다면 굳이 동호회에 가입할 필요가 뭐 있겠는가. 술은 가장 좋은 친구와 마실 때 가장 기분 좋은 술이 된다는 사실 정도는 애주가가 아니라도 어렵지 않게 짐작할 수 있다.

우정에는 자기만의 것이 있을 수 없다. '들어 보니 너무 좋은데 너도 한번 들어 보라' 면서 음반을 건네줄 수 있는 사람, 그가 바로 친구다. 나눔은 곧 공유이고, 공유를 통해서 즐거움의 크기는 곧 두 배가 된다. 나누지 않으면 줄어들고, 나누면 늘어난다. 이것이 놀이의 법칙이다.

하지만 아쉽게도 나를 격의 없이 대해 줄 친구가 쉽게 만들어지는 것은 아니다. 내가 어떤 사람을 비즈니스적인 이해관계의 차원에서만 대한다면 그쪽도 그만큼의 이해관계로 나를 대할 것이 분명하다. 내가 마음을 열지 않는데 상대방이라고 해서 마음을 열고 나에게 헌신할 이유가 없다. 사람들의 관계에는 '이에는 이, 눈에는 눈' 이라는 응보應報의 원리가 작동한다. 내가 베푼 만큼 나에게 돌아오고, 남에게 베푼 만큼 나에게 돌아오는 것이 응보의 원리요, 세상살이의 이치다. 아무런 목적 없이, 그저 한번 놀아 보자고 누군가에게 연락을 해 본 적이 없다면, 같이 놀아 보자는 연락을 받을 일도 없을 것이다. 전화벨이 울릴 때마다 저 전화는 또 어떤 부탁을 요구하는 전화일까를 생각하는 사람의 마음은 씁쓰레하다. 그런 씁쓰레한 마음이 들 때, 먼저 나는 타인의 눈에 어떻게 비쳤는가를 생각해 볼 일이다. 누군가의 집에 초청을 받아서 놀고 싶다면 먼저 그를 내 집으로 불러서 놀게 하는 것이 마땅하지 않을까? 우리가 헤어질 때 "한번 놀러와." 라고 말하는 것은 참으로 좋은 인사법이다.

어떤 친구와
식탁에 앉을 것인가

"한 인간이 일생을 행복하게 살 수 있도록 하기 위해 지혜가 제공하는 것 중에서 가장 위대한 것은 우정이다."라고 말한 이는 그리스의 철학자 에피쿠로스였다. 쉽게 말하면 지혜로운 자만이 참된 우정을 얻을 수 있다는 말이다. 세계의 시민으로서 사회적 의무를 강조했던 스토아학파와는 달리 에피쿠로스는 주변의 친구와 이웃에 대한 우정과 신의를 유달리 강조했다. 가히 에피쿠로스는 우정의 철학자라고 할 수 있다.

우정은 사사로운 인간관계에 머무르려 하는 사람이 누릴 수 있는 가장 이상적인 인간관계라고도 할 수 있다. 더구나 에피쿠로스는 적극적인 쾌락을 추구한 사람이 아니었다. 그는 소극적 쾌락을 추구했다. 그는 『쾌락의 철학』에서 "육체는 굶지 말 것, 목마르지도 말 것, 추위에 떨지도 말 것을 외친다. 이 모든 것을 이룰 수 있고 그렇게 될 확실한 희망을 가질 수 있는 자는 신과 같은 행복을 누릴 수 있다."라고 말한 바 있다. 적극적으로 채우는 포만이 행복이 아니라 결핍이 없는 상태가 행복이라는 논리다. 이런 소극적 쾌락론을 추구하는 에피쿠로스에게는 우정이 애정보다 값진 것이라고 하지 않을 이유가 없다. 애정은 포만감을 가져오는 적극적 쾌락을 제공하지만 우정은 마음의 평온을 가져오기 때문이다. 무엇보다 애정은 배타적인 관심과 헌신을 요구한다. 그래서 애정은 반드시 두 명의 인원을 전제로

한다. 여기에 한 명이 더 끼면 당장 큰소리가 오간다. 또 애정은 때때로 너무나 뜨거운 정념 때문에 상처를 남기기도 하지만 우정은 다르다. 우정은 얼마든지 확장될 수 있다. 셋이 될 수도 있고, 넷이 될 수도 있다.

에피쿠로스가 생각한 것은 따뜻한 우정에 바탕을 둔 우정의 공동체였다. 그는 모든 사람들, 그러니까 여자와 노예들에게까지 그 공동체를 개방했다. 우정의 공동체를 피난처로 삼아 부자와 빈자, 노예인과 자유인이 대등하게 어우러져 사는 삶이 행복의 원천이라고 에피쿠로스는 생각했고, 그 생각을 구체화하기 위해 그는 실제로 공동체를 조직하여 운영하기도 했다.

에피쿠로스는 쾌락주의자로 알려졌지만 그는 적극적 쾌락을 추구하지 않았다. 그가 추구한 것은 소극적 쾌락이었다. 적극적인 의미에서 쾌락을 느끼는 상태보다 고통을 느끼지 않는 상태가 더 좋은 쾌락의 상태라는 것이 그가 쾌락을 바라보는 입장이었다. 이런 생각으로 에피쿠로스는 포도주보다는 물을 마셨고, 빵과 채소, 한 줌의 올리브로만 꾸민 만찬으로도 행복해 했다. 그는 "무엇인가를 먹거나 마시기 전에 무엇을 먹고 마실지를 생각하기보다는 누구와 먹고 마실 것인가를 조심스레 고려해 보라. 왜냐하면 친구 없이 식사를 하는 것은 사자나 늑대의 삶이기 때문이다."라는 말을 남기기도 했다. 달리 말하면 친구가 있다면 무엇을 먹든 진수성찬일 수 있다는 말이다. 하긴 아무리 맛있는 음식일지라도 내가 싫어하는 사람과 함께 해야 한다면 그 맛은 반감될 수밖에 없을 것이다. 진정한 친구는 우리를 세속적인 잣대로 평가하지 않는다. 어떤 이가 세속적으로 성공을 했다고 해서 그에게 관심을 갖는 친구가 있다면 우리는 그 친구와 맛있는 만찬을 같이 먹기가 힘들다. 아무리 산해진미가 식탁에 놓여 있을지라도 말이다.

굿윌 헌팅, 같이 노는 자의 우정

영화 〈굿윌 헌팅〉에서 어릴 때 가혹한 학대를 받았던 윌(맷 데이먼)은 가히 천재적인 수학능력을 가졌지만 보스톤 빈민촌에서 친구들과 어울려 술과 싸움질로 소일을 한다. 한마디로 뒷골목 날라리의 삶을 살아간다. 여자친구 스카일라는 윌의 능력을 알아보고 서부로 가자고 제안하지만 윌은 친구들을 배신할 수 없다면서 이를 거부한다. 이때 그의 둘도 없는 친구 처키(벤 애플렉)가 윌에게 말한다. "내 생애 최고의 날이 언젠 줄 알아? 그건 내가 너의 집 골목을 들어서서 너의 집 문을 두드려도 네가 없을 때야." 그리고 스물한 살의 생일날, 친구들은 윌에게 중고차를 선물한다. 스카일라를 만나기 위해 길을 떠나라고. 더 이상 이 촌구석에서 너의 젊음을 탕진하지 말라고.

사실 경제적인 수준이나 지적인 수준이 너무 달라도 친구가 되기 힘들다. 막말로 같이 놀기 힘든 거다. 한쪽에서는 소주 마실 돈도 궁한데 다른 한쪽에서는 위스키나 와인을 마시자고 하면 술맛이 떨어지는 법, 맥주를 마시든 소주를 마시든 같이 즐길 수 있는 친구가 편한 친구이긴 하다.

　그런데 처키에게 윌은 거의 천재적 수준의 머리를 가진 친구다. 윌이 제대로 자신의 길을 간다면 훗날 윌과 처키의 삶의 수준은 현격하게 달라질 것이 분명하다. 윌도 처키도 그 사실을 모르는 바가 아니다. 윌이 고향을 떠나지 못하는 것도 바로 그 이유에서다. 그러나 윌이라고 해서 비루한 삶을 벗어나고 싶은 욕망이 왜 없었겠는가. 누구든 화려하게 주목받고 싶은 삶을 한 번쯤은 살아보고픈 것이 인지상정 아닌가. 처키는 윌의 이러한 마음을 간파한다. 그리고 친구가 자신의 재능과 인생을 낭비하기보다는 더 나은 가능성을 찾아 자신들의 곁을 떠나기를 바라는 마음을 이렇게 전한다. "이제 여기를 떠나야 해. 우리를 위해서도 그래야 해. 네가 만일 우리랑 살면서 매일 맥주나 마시고 시시덕거린다면 난 정말 견딜 수 없을 거야."

　진정한 사랑과 우정이란 대상을 움켜쥐고 붙잡는 집착의 욕망이 아니라 대상을 놓아 주고 그 가치를 더욱 높여 주는 보살핌의 욕망임을 〈굿윌헌팅〉의 처키는 감동적으로 전하고 있다. '네가 놀 곳은 여기가 아니다. 너는 우리가 노는 작은 물에서가 아니라 더 큰 데서 놀아야 한다' 면서 큰물로 친구를 놓아 줄 줄 아는 마음, 그것이 바로 같이 노는 자의 우정이었다. 뒷골목 건달들의 입에서 나온 이야기지만 그 울림은 사뭇 크다.

놀려면
하루키처럼 놀아라

잘 노는 사람 한 명을 대 보라고 한다면 나는 주저 없이 '무라카미 하루키'를 들겠다. 그는 누가 뭐래도 잘 노는 사람이다. 그것도 아주 잘 노는 사람. 하루키가 『상실의 시대』로 잘 알려진 일본의 소설가라는 사실을 모르는 이는 거의 없다. 그러나 그가 마라톤 마니아라는 사실은 그의 소설가적 명성만큼 알려져 있지 않다. 그는 잘나가는 소설가이자 성실한 마라토너이다. 『태엽 감는 새』, 『해변의 카프카』, 『어둠의 저편』, 『렉싱턴의 유령』, 『먼 북소리』, 『슬픈 외국어』 등 90여 편에 달하는 장·단편 소설과 에세이집을 써 대는 그의 왕성한 창작 에너지가 그의 달리기에서 비롯된 것은 아닌가 하는 생각이 들 정도다.

그의 마라톤에 대한 지극한 사랑의 기록이라고 할 수 있는 『달리기를 말할 때 내가 하고 싶은 이야기』에는 그가 마라톤에 입문하게 된 계기가 적혀 있다.

"세 번째 소설 『양을 둘러싼 모험』이 호평을 받고 전업 소설가로서 자신을 얻었으나 심각한 문제는 건강의 유지였다. 아침부터 밤중까지 책상에 앉아서 원고를 쓰는 생활을 하게 되자 체력이 점점 떨어지고, 체중은 불어났다. 이제부터의 긴 인생을 소설가로 살아갈 작정이라, 체력을 지키면서 체중을 적절히 유지하기 위해 방법을 찾지 않으면 안 되었다."

그러나 그가 달리기를 시작한 것은 비단 체력의 문제 때문은 아니었다. 체력이 문제였다면 42.195km를 굳이 25번이나 달릴 필요가 있었을까? 마라톤 완주 거리는 결코 장난이 아니다. '마의 벽'이라고 하는 30km 지점에 이르면 체력이 고갈되고 근육이 뒤틀리기 시작한다. 말 그대로 죽을 맛이다. 왜 죽을 고생을 하면서 뛰어야 하는지 뛴다는 것 자체에 회의가 들기도 한다. 그런 죽음의 마라톤을 단지 체력을 증강하겠다는 의도로 25번이나 완주할 수 있을까? 더욱 솔직한 그의 답변을 들어 보자.

　　"어느 날 갑자기 나는 내가 좋아서 소설을 쓰기 시작했다. 그리고 어느 날 갑자기 내가 좋아서 거리를 달리기 시작했다. 주위의 어떤 것으로부터도 영향받지 않고 그저 내가 좋아하는 것을, 내가 하고 싶은 대로 하며 살아왔다."

　　'내가 좋아서' 이것이 정답이었다. 누가 시켜서가 아니라 내가 좋아서 하는 것, 그것이 놀이다. 놀이는 자발적 행위다. '멍석을 깔아 놓으면 하던 짓도 안 한다'는 속담도 있다. 외적인 강제가 개입되면 놀이의 재미는 끝이라는 뜻이겠다. 강제적인 노동에 즐거움이 있을 리 없다. 달리기가 즐거운 것은 먼저 그것을 내 스스로 선택했기 때문이고, 달리기가 순수하게 자발적인 행위이기 때문이다. 하루키의 달리기가 즐거운 것은 바로 그 순수한 자발성에 있다.

놀이의 즐거움은
승패를 떠나는 데 있다

놀이의 즐거움은 목표에 있지 않고 그것을 수행하는 과정에 있다. 놀이의 즐거움이 목표에 있다고 하는 사람이 있다면 그는 프로 노름꾼, 이른바 '타짜'일 가능성이 높다. 타짜가 노름에서 얻고자 하는 것은 과정이 아니라 오직 돈이라는 목표일 뿐이다. 프로 마라토너에게 가장 중요한 목표도 어쩌면 금메달이나 우승일지 모른다. 그러나 하루키 같은 아마추어들에게 필요한 것은 과정을 즐기는 정신이다. 과정 그 자체를 목표로 설정하고, 한 걸음 한 걸음 산보의 과정을 즐기는 산책자의 정신, 거기에 놀이의 본질이 있다.

놀다가 곧잘 성질을 내며 씩씩거리는 사람들이 있다. 바로 그런 사람들이 잘 놀지 못하는 사람이다. 그들이 성을 내는 이유는 무엇일까? 당연히 승리라는 목표에 지나치게 집착하기 때문이다. 잘 놀려면 목표를 잊어야 한다. 물질적 이해관계도 잊어버리고, 이왕이면 같이 노는 사람의 사회적 관계도 망각하는 게 좋다. 놀이에서 위계를 따진다면 놀이의 재미는 처음부터 반감이 된다. 놀이는 즐거움을 얻고자 하는 행위이지 윗사람에 굽실거린다거나 아랫사람에게 군림하려는 행위가 아니지 않는가. 그저 제가 좋아서 스스로 미쳐서 하는 행위가 진짜 놀이라는 점을 하루키는 잘 알고 있다.

"타인과 우열을 겨루고 승패를 다투는 것은 내가 추구하는 삶의 방식이 아니다. 어떤 일이 됐든 다른 사람을 상대로 이기든 지든 그다지 신경 쓰지 않는다. 그보다는 나 자신이 설정한 기준을 만족시킬 수 있는가 없는가에 더 관심이 쏠린다."

『행복의 정복』에서 버트란트 러셀도 이렇게 말한다. "숙련을 필요로 하는 일이 즐거움을 줄 수 있으려면 그 기술이 다양하게 변화될 수 있거나 끝없이 향상될 수 있다는 것이 전제되어 있어야 한다."

마라톤도 숙련을 요구하는 일이고, 뛰면 뛸수록 기록이 향상될 수 있는 즐거운 일이요, 즐거운 놀이다. 그러나 코치나 감독이 있어 하루키에게 기록 향상을 강요한 것은 아니다. 오직 자기 자신이 설정한 기준, 하루키의 관심은 오직 그것을 만족시키는 데에만 있었다. 타인의 강요에 의하지 않고 나만의 자발성에 의해 몰입하는 행위, 그것이 하루키의 놀이, 마라톤이었다.

1953년 에베레스트 등정에 처음으로 성공한 뉴질랜드인 에드먼드 힐러리는 그의 에베레스트 등정 50주년을 기념하는 자리에서 이런 말을 한 적이 있다. "6만 5천 달러를 내고 경험 많은 가이드의 인도를 받아 산에 오르는 것은 등산이라고 할 수 없다." 등산은 어디까지나 산과 인간의 싸움이어야지 타인의 도움이나 기술의 지원을 받으면 안 된다는 것이 힐러리의 충고였다. 산의 정상에 오른다는 그 결과만이 중요하다면 케이블카를 타고 올라도 되고 헬리콥터를 타고 오를 수도 있다. 그러나 그것은 하인의 등을 타고 오르는 것이나 다름없다. 힐러리가 말하고 싶었던 것은 자기와의 싸움, 곧 극기의 정신이었다. 포기하고 싶고, 주저앉고 싶지만, 끝내 포기하지 않는 분투의 과정, 바로 그것이 극기의 정신이요 스포츠의 정신이다. 목표를 위해서가 아니라 분투의 과정을 즐기는 극기의 정신, 그것을 배우는 놀이가 최고의 놀이가 아닐까?

이런 놀이를 즐기는 또 한 사람이 어니스트 헤밍웨이의 소설 『노인과 바다』에 등장하는 산티아고라는 노인이다. 노인은 엄청나게 거대한 청새치와의 사투 끝에 이를 잡지만, 그만 상어에게 그 청새치를 빼앗기고 결국 뼈만 얻게 된다. 적도의 태양에 등을 그을리고 청새치와의 싸움에서 거의 초주검이 된 산티아고 노인은 이렇게 말한다. "인간은 죽을 수는 있을지언정 패배하지는 않는다(A Man can be destroyed but not defeated)." 이 정도의 극기의 정신을 가진 노인이라면 몸은 노인일망정 마음은 어떤 팔팔한 청춘보다 젊다고 할 수 있지 않을까? 산티아고 노인, 그가 얻고자 했던 것은 물고기라는 결과가 아니었다. 하루키가 중요하게 생각했던 것이 타인에 대한 승리가 아니었듯이. 승패를 초월하는 정신, 바로 거기에 놀이의 본질이 있다.

하루키는 말한다. "중요한 것은 끝까지 달리고 나서 자신에 대한 자부심을 가질 수 있는가 없는가이다." 장거리 러너로서의 하루키에게 자부심은 가장 중요한 가치였다. 소설가라는 직업에 이기고 지는 일이란 없다. 판매부수나 문학상이나 비평을 잘 받거나 못 받거나 하는 일은 무엇인가를 이룩함에 있어서 하나의 기준이 될지는 모르지만 결코 본질적인 문제라고는 할 수 없다. 자신이 쓴 작품이 자신이 설정한 기준에 도달했는가 못했는가가 무엇보다 중요한 일이다. 그런 의미에서 소설을 쓰는 것은 마라톤 풀코스를 뛰는 것과 비슷하다.

자신이 쓴 작품이 아무리 많이 팔리더라도 자신이 설정한 기준에 도달하지 않는다면 남들이야 그것을 어떻게 판단하든 자신은 그것을 별거 아니라고 생각하겠다는 것이다. 한마디로 남들의 평가에 아랑곳하지 않겠다는 것. 이런 게 배짱이고, 이런 게 소신이 아니겠는가. 이런 소신과 배짱으로 소설을 쓰고 마라톤을 뛰니 어찌 잘 놀지 못한다고 할 수 있으랴. 하루키는 놀아도 아주 잘 놀고 있다.

"개개의 기록도, 순위도, 겉모습도, 다른 사람의 평가도 부차적인 것에 지나지 않는다."고 하루키는 말한다. "나와 같은 러너에게 중요한 것은 하나하나의 결승점을 내 다리로 확실하게 완주해 가는 것. 혼신의 힘을 디했다고 나 나름대로 납득하는 것에 있다. 그리고 시간과 세월을 들여 레이스를 하나씩 하나씩 쌓아 가서 최종적으로 자기 나름대로 충분히 납득하는 그 어딘가의 장소에 도달하는 것"이라고 말한다. 산타고 노인이 했을 법한 이야기를 하루키가 하고 있다. 놀이의 달인답다. 하루키는 자신의 묘비를 이렇게 적겠다고 기염을 토한다.

무라카미
하루키

작가(그리고 러너)
1949~20**

적어도
끝까지
걷지는 않았다.

미쳐야 미친다
(나의 마라톤 체험기)

2002년은 월드컵의 열기로 뜨거운 한 해였다. 나의 상황으로 말할 것 같으면, 1997년 외환위기 이후 친구의 빚보증으로 인해 문제가 생겨서 경제적으로 무척이나 어려운 시절을 보내던 때였다. 술도 어지간히 마셔 댔다. 마음 같아서는 어디론가 훌쩍 떠나서 잠적해 버리고도 싶었지만 나 하나만 믿고 의지해 있는 식구들을 생각하면 이래서는 안 되지 싶어 괴롭기도 했다. 그렇게 마음이 황폐해지니 몸도 덩달아 황폐해졌다. 살도 찌고, 스타일도 망가지기 시작했다. 체력도 점점 고갈돼 갔다. 안 되겠다 싶었다. 그래서 시작한 것이 마라톤이었다. 저녁을 먹고 두세 시간을 소화시킨 후 뛰려면 밤 11시 무렵에 집을 나서야 했다. 늘 자정을 넘겨서야 땀범벅이 되어 집으로 돌아올 수 있었다.

　달리기의 부작용도 만만치가 않았다. 체중을 줄이지 않고 무작정 달리다 보니 무릎이 통증을 호소했다. 발바닥도 발가락도 나 살려 달라고 비명을 질러 댔다. 어깨도 욱신거렸다. 발목과 정강이와 어깨에는 파스가 떨어질 날이 없었다. 1년여를 소염제와 파스로 살았다고 해도 과언이 아니다. 그러나 그러한 고통도 나의 달리기를 중단시키지는 못했다. 고통보다 컸던 것이 즐거움이었기 때문이다.

　무엇보다 달리기에는 고독이 있었다. 하루키도 그의 책에서 이렇게 말하고 있다. "적어도 달리는 동안은 누구와도 얘기하지 않아도 괜찮고 누구의 얘기를 듣지 않아도 된다. 그저 주위의 풍경을 바라보고, 자기 자신을 응시하면 되는 것이다. 그것은 무엇과도 바꿀 수 없는 귀중한 시간이었다." 그랬다. 누군가와 골치 아픈 이야기를 할 필요가 없었다. 달리는 시간은 온전히 나의 목소리에 귀를 여는 시간이었고, 나 자신만을 바라보는 시간이었다. 아니, 더 정확히는 나를 잇고 세상을 바라보는 시간이었다. 달리는 시간은 검은 강물 위에 떠서 흔들리는 달빛을 바라보는 시간이었고, 바람에 출렁거리는 한밤중의 나뭇잎들을 바라보는 시간이었다. 나의 다리가 내 몸을 이끌고 갔고, 그 몸속에 담긴 마음은 좋아라고 출렁거렸다.

　그렇다고 내 몸이 기쁨으로만 출렁거린 것은 아니었다. 때론 아픔이 내 몸속을 가득 채웠다. 달릴 때 관절에는 평소 체중의 서너 배 이상의 충격이

가해진다고 하니 달리기가 무리였는지도 몰랐다. 달리는 몸이 고통을 호소할 때, 때로는 달리기를 그만두고도 싶었다. '내가 뭣하러 이런 고생을 하나' 하는 의문도 들었다. 고통이 커질수록 포기에 대한 유혹도 강해졌다.

그러나, 포기에 대한 유혹이 강해졌을 때, 내 곁에는 한 명의 우군이 있었다. 바로 직장 선배였다. 그만 주저앉고 싶다는 엄살을 그에게 늘어놓으면 그는 단호하게 딱 잘라 이렇게 말했다. "뛰어!" 누군가 나를 격려하고 있다는 사실, 누군가와 어떤 일을 공유하고 있다는 사실은 묘한 안도감을 주었다. 아마도 이런 것을 두고 동료애라고 하는 것이 아닐까 싶었다. 왜 병원을 다니면서까지 바보짓을 하느냐고 비아냥거리는 사람들도 있었지만 "뛰어."라고 하는 그의 격려가 있었기에 나는 신발 끈을 조여매고 집을 나설 수 있었다.

때론 공백의 상태, 텅 빈 상태로 달렸다. 아무 것도 생각하지 않았다. 오직 비워 버리기 위해서만 달린 적도 많았다. 골치 아픈 생각, 미래에 대한 걱정으로부터 열심히 내뺐다. 그렇다. 달리는 시간은 적어도 모든 골치 아픈 것들로부터 해방되는 시간이었다. 어떤 의무와 책임도 달리는 것을 막을 수는 없었다. 자잘한 육체적 고통 때문에 달리기의 즐거움을 포기할 수는 없었다. 아니, 목숨을 위협하는 커다란 고통이 아니라면 어떤 고통도 달리기의 즐거움을 상쇄시킬 수는 없었다.

부수적인 즐거움도 있었다. 바로 몸이 만들어지는 과정을 지켜보는 즐거움이었다. 과거에 많은 양의 알코올을 군말 없이 받아들였을 나의 아랫배는 제법 단단하고 밋밋해지기 시작했고, 장딴지와 팔뚝도 울퉁불퉁 모양

새를 갖추어 갔다. 1년 정도 아픈 관절을 위해 통원치료를 하면서도 계속 달렸더니 관절의 고통도 군살들을 데리고 어디론가 떠나 버렸다. 하긴 군살들이 거주하기에 마라토너의 몸은 매우 부적절한 곳임에 틀림없다.

마라톤을 시작한 지 2년이 넘을 무렵 나는 마침내 마라톤 풀코스에 성공했다. 4시간 15분. 첫 기록 치고는 그리 나쁘지 않았다. 더구나 오른쪽 엄지발톱이 빠지는 부상을 감안하면 말이다. 어쨌든 결승점에 도착해 보니 엉엉 우는 사람도 여럿 있었다. "유치하게 어른이 무슨 눈물이람." 하는 사람도 있겠지만 나는 그들이 흘리는 눈물의 의미를 알 수 있을 것도 같았다. 그 눈물은 슬픔을 말하고 있는 것이 아니었고, 기쁨을 말하는 것도 아니었다. 말할 수 없는 것들을 그들의 눈물은 말하고 있다고 나는 생각했다.

뜀으로써 얻어진 부산물은 집중력이기도 했다. 매일 밤 운동화 끈을 매고 집을 나서면 오직 심장의 두근거림과 거칠어지는 호흡소리에만 귀를 기울이게 되었다. 그것은 기계적인 단조로움이었다. 그러나 그 단조로움은 권태와는 다른 성질의 것이었다. 숨을 쉴 때마다 새로운 공기가 내 폐 속으로 밀려든다는 느낌, 발걸음을 내딛을 때마다 새로운 풍경이 내 눈 속으로 들어온다는 느낌, 그 느낌들로 내 몸은 날마다 새롭게 깨어나는 것만 같았다. 어떤 식으로든 몸이 활성화되는 느낌이었다.

뛰기 이전보다 책도 훨씬 잘 읽혔다. 책을 잡은 시간도 뛰기 이전보다 몇 배나 길어졌다. 책을 읽고 그 책의 내용을 정리한 리뷰를 인터넷 사이트에 올리기 시작했던 것도 그 무렵이었다. 남들은 언제 뛰고, 언제 그 많은 책을 읽고, 언제 글을 쓰느냐고 했지만, 달리기는 오히려 무엇에든 집중하는 시간을 길게 해 주었다. 42.195km의 풀코스를 완주하기 바로 전날은 나의 첫 번째 책『나는 상식이 불편하다』가 출간된 날이기도 하였다. 지인들이 권하는 축하의 술잔을 마다할 수가 없어 소주를 한 병 정도 마셨지만, 그 뒷날 42.195km가 그렇게 불편하지만은 않았다.

　달리기를 몇 년째 하다 보니 이제는 누가 시키지 않아도 달리기를 하게 된다. 이쯤 되면 남들이 당신은 경미한 중독 상태라고 힐난을 해도 대꾸할 말이 없다. 중독이 좋을 것은 없지만 그래도 책 중독, 운동 중독은 중독 중에서는 제법 고급에 속하는 것이 아닌가. 물론 몸을 망가뜨려 가면서까지 달리기에 매달릴 필요는 없겠다. 관절을 망가뜨려 가면서까지 뛰는 달리기는 자기학대일 뿐이다. 거기에는 즐거움은 없다. 오직 뛰어야 한다는 강박관념만 있을 뿐이다. 강박관념이 개입되면 즐거움은 죽음이다.

　그러나 자잘한 고통이 무서워 고통 뒤에 올 값진 즐거움을 마다하는 것은 진정한 쾌락주의자의 모습이 아니라고 나는 생각한다. 어쨌든 무엇엔가 빠져 본다는 것도 그렇게 나쁜 일만은 아니다. '불광불급不狂不及' 이라는 말도 있지 않은가. 무엇에 미치지 않고서는 어떤 경지에 도달해 볼 수 없는 일이다. 어떤 일에든 한 번쯤은 미쳐 볼 일이다. 밴드 '노브레인' 은 노래한다. "이 시간 즐기지 못하면 너는 찌질이"라고. 놀아야 할 때 잘 놀려면 놀지 않은 시간을 부디 잘 보내자. 적어도 찌질이는 되지 말아야겠다.

05

스 무 살 의
욕 망 과
행 복

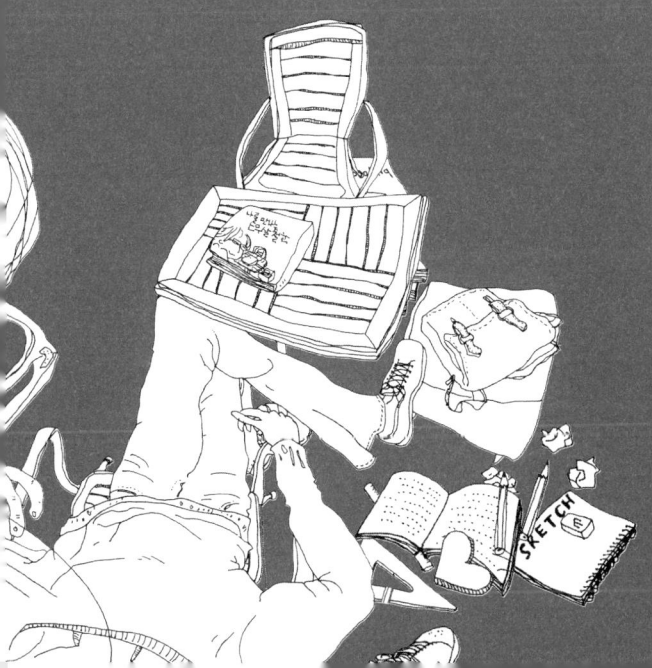

소외의 공간이기도 하고
해방의 공간이기도 한 인터넷

헤겔을 들먹이지 않더라도 인간에게는 누구나 타인으로부터 인정받고자 하는 욕망이 있다. 대단한 것을 획득했다 하더라도 남들이 알아주지 않으면 아무 소용이 없다. 반면 내가 획득한 것이 내 생각으로는 사소한 것 같은데도 남들이 대단한 것이라고 평가해 준다면 왠지 우쭐해진다.

자존심이 센 사람이나 자기 몰입적인 나르시시스트들은 타인의 충고나 평가에 아랑곳하지 않고 나만의 세계를 추구하겠다고 고집하겠지만, 그들도 목석이 아닌 다음에야 욕설이나 비방에 가까운 타인의 평가에는 신경이 쓰이지 않을 리 없다. 그러나 칭찬을 하면 고래도 춤춘다던가. 잘한다 잘한다 하는 칭찬을 받으면 신바람이 나서 더 잘하려고 노력하는 어린아이의 마음은 다 큰 어른들의 마음속에도 그대로 살아 있다.

그러나 현실은 어떤가. 주위를 둘러보면 다들 자기 앞가림을 하기도 벅차 보인다. 내 코가 석자라고, 자격증도 따야 하고, 스펙도 쌓아야 하는 처지에 남들에게 관심 가질 여유가 없는 것이 현실이다. 친구들과의 만남이라고 해도 자신의 속내를 털어놓을 만큼 진지한 대화가 오가지 못하고, 화제가 늘 피상적인 주제에 머물고 만다는 생각이 들 때도 있다. 누군가에게 마음을 터놓고 이야기하고, 그들의 속 깊은 이야기를 들어주고 싶다는 커뮤니케이션의 욕구가 충족이 되지 않을 때, 모든 일상이 어쩐지 시들하기만 하다. 그렇다고 일상을 내팽개쳐 버릴 수는 없다. 우리의 삶이 그 안에 거주할 수밖에 없는 것이라면 일상은 처분해야 할 대상이 아니라 협상하고 타협해야 할 대상이다. 다시 일상으로 눈을 돌려 바로 거기에서, 관계를 형성하고 소통하며 새롭게 시작할 수밖에 없다.

　과거에 없던 새로운 관계 형성의 재미가 살아있는 곳, 그곳이 바로 인터넷이다. 싸이월드에서는 일촌이 생기고 네이버에서는 이웃이 생긴다. 블로그를 통해 누군가로부터 끊임없이 관심을 받고 인정을 받고 있다는 느낌은 묘한 행복감을 준다. 스스로 자족할 수 있을 만큼 인간은 완전한 존재가 아니다. 불완전한 존재인 우리들은 어쩌면 타인의 시선 속에서만 행복할 수 있는 존재인지도 모른다. 그러니 내가 하는 말을 누군가가 들어 주고, 내가 쓰는 글을 누군가가 읽어 준다는 것은 행복한 일이다. 아무리 공들여 쓴 작품이라도 들어 주는 이가 없다면 헛일이다. 내가 무슨 말을 하든 잘 들어 주는 이들, 바로 그들이 블로그에서의 '이웃'들이다. 그 이웃들의 시선이 나로 하여금 블로깅을 활발하게 하도록 만든다. 관중들이 일단 구름처럼 모여 줘야 공을 차는 맛이 나든지, 콘서트를 하는 맛이 나는 것이 아닌가. 수많은 이웃들을 거느린 '슈퍼블로거'들의 왕성한 활동은 그들의 활동을 눈여겨보아 주는 이웃들의 시선이 있기 때문에 가능하다고 해도 과언이 아닐 것이다.

　우리나라와 같이 수직적 가부장적 전통이 뿌리 깊은 사회에서의 관계는 처음부터 긴장을 요구한다. 집안 따지고, 촌수 따지고, 나이부터 따지는 관계에서는 마음이 편할 수가 없다. 이 사람이 나보다 학번이 높은지, 나이가 위인지를 따져서 말을 올려야 할지 내려야 할지를 결정해야 하는 일도 마음 편한 일은 아니다. 선배는 깍듯이 모셔야 하고, 후배들은 잘 가르쳐야 한다. 버릇없이 구는 후배들과 격의 없이 뒹굴다가는 동기생들의 따가운 눈총을 감수해야 할지도 모른다. 어쨌든 수직적 인간관계를 중시하는 사회에서 잘 처신한다는 평가를 받기 위해서는 조직 속에서 나의 위치가 어디인지를 잘 알고, 그 위치가 요구하는 사회적 역할을 적절히 수행해야 한다.

　그러나 그게 어디 쉬운 일인가. 피곤한 일이다. 바로 이런 사회적 관계에서 오는 피곤을 재미나게 푸는 시간이 이른바 '야자타임'이다. 까마득한 선배에게 "야 너 한잔 따라 봐."라고 말할 수 있는 기막힌 역전의 시간, "너 나한테 평소에 유감 있니? 근데 왜 나만 보면 인상을 구기냐?" 하고 호기

좋게 으르댈 수 있는 시간이 야자타임이다. 그렇다고 평소의 수직적 관계가 아주 무너지는 것은 아니다. 잠시뿐이다. 일상은 그렇게 호락호락 무너져 주지 않는다. 난공불락의 현실 앞에서 야자타임은 일상의 피곤을 잠시 누그러뜨려 줄 뿐이다.

그런데 인터넷은 수평적 네트워크의 세계다. 인터넷에는 선배도 없고, 부장이나 사장도 없다. 모두가 평등하게 '님'이라는 호칭을 부여받는다. 누가 중심이랄 것도 없고, 누가 주변이랄 것도 없다. 모두가 중심인 곳이 인터넷이다. 블로그의 이웃도 이웃일 뿐이지, 형이나 선배는 아니다. 나에게 이래라 저래라 따질 담임선생은 더욱 아니다. 나이도 크게 문제가 되지 않는다. 내 생각, 내 취향에 맞으면 이웃이다. 이러한 인터넷의 수평적 네트워크는 수직적 인간관계를 중시하는 사회에 피로를 느끼는 사람들에게는 더없는 해방의 공간이 될 수도 있다. 현실에서 억압된 마음의 응어리들을 여과 없이 쏟아낼 수 있는 해방과 분출의 공간.

그런 점에서 인터넷은 과거의 화장실 벽과 흡사한 데가 있다. 깊은 욕실이 씌어져 있던 그 공간. 평소에 고깝게 보이는 사람들을 흉보고 비방하는 낙서들, 갖가지 낯 뜨거운 그림들, 한마디로 그곳은 마음의 응어리들을 쏟아 내는 배설의 공간이었다. 화장실 벽에 누군가를 비방하는 낙서가 쓰이면 거기에 '옳소'라는 답글을 다는 이들도 있었고, '미친 놈, 남 신경 쓰지 말고 볼일이나 봐'라는 답글이 달리기도 했다. 어쨌든 과거의 화장실은 그 지독한 냄새와 함께 나의 의견에 힘을 실어 줄 수 있는 이웃과 우군들을 만날 수 있는 공간이었다. 그들은 나에게 관심을 가지고 나의 의견을 읽어 주고, 나를 격려한다.

그럼에도 불구하고 인터넷의 인간관계는 여전히 일면적이고 피상적이다. 사이버공간 속에서는, 타인에게 보여 주고 싶지 않은 면모를 현실 속에 감추어 두고, 타인에게 보여 주고 싶은 나, 타인 앞에서 연출하고 싶은 나만을 보여 주기 십상이다. 있는 그대로의 내가 아니라 연출된 나, '컨셉으로서 설정된 나'만을 보이기 쉽다는 것이다. 그러나 타인들은 가상의 공간 속에서의 이웃을 '컨셉으로서의 이웃'이 아니라 '현실로서의 이웃'으로 착각하곤 한다. 바로 그런 착각 속에서 어떤 이들은 이웃과 '밤샘채팅'을 한다.

가상공간의 밤샘채팅에서 우리는 맨얼굴을 잘 드러내지 않는다. 심리학을 동원하지 않더라도 약자는 약자의 얼굴을 드러내지 않는 법이다. 적어도 가상의 공간에서는 좀 더 강한 자의 마스크를 쓰고 싶어 한다. 현실의 내가 유약하기 이를 데 없고, 현실의 내가 찌질하기 이를 데가 없어도 나를 한번 근사하게 연출할 수 있는 공간이 사이버공간이기 때문이다. 어떤 이들은 그 공간에서 자기가 쓰고 싶은 가면을 쓰고 밤샘채팅을 한다.

'수다 떨기'로 번역할 수 있는 채팅은 소통과 대화의 일종이다. 모든 소통이 관계를 형성해주듯 채팅을 통해서도 일종의 사회적 관계가 형성된다. 이웃은 이웃으로 더욱 공고해지고 일촌은 혈연관계 이상으로 굳건해질 수도 있다. 그런 관계에서 사람들은 내가 혼자가 아니라는 안도감을 느낄 수도 있을 것이다. 그러나 여전히 그런 관계는 불안하다. 왜? 인터넷 공간에는 총체적인 '나와 너'가 없기 때문이다.

　총체적인 '나와 너'의 관계는 전면적인 관계다. 업무 때문에 만나는 그런 피상적인 관계도 아니고, 어떤 필요에 의해서 맺어지는 도구적 관계도 아니다. 보일러수리공과 나와의 관계가 도구적 관계다. 도구적 관계는 피상적인 관계다. 이런 관계에서는 깊은 대화가 필요 없다. 수고와 노동에 대한 비용만 지불하면 거래는 끝이다. 거래가 끝났는데도 술 한 잔 운운하면 '이 사람 선수인가?' 하고 의심을 받을 수도 있다. 거래는 쿨하면 쿨할수록 좋다. 둘러보라. 도시에서 한 사람의 인간관계는 이런 피상적 관계, 쿨한 관계가 주를 이룬다. 우유 배달부, 버스 운전사, 학원 강사, 보험외판원, 음식점 종업원……

　피상적 관계의 특징은 '대화 없음'이다. 가족이라고 해도 속 깊은 대화가 없다면 거기에 따스함은 없다. 애인관계, 부부관계, 친구관계도 마찬가지다. 대화가 없는 이런 피상적인 관계 속에서 사람들은 고독을 느끼게 마련이다. 그 고독에서 벗어나기 위해 사람들은 인터넷으로 달려가 대화의 창을 열어 보지만 인터넷의 대화창이나 메신저가 전면적인 인간관계를 만들어 줄 수는 없다.

　더구나 인터넷의 피상적인 재미에 빠지면 그나마 남아 있는, 몇몇 안 되는 현실의 친구들에게마저 소홀해질 수 있다는 위험이 있다. 인터넷 채팅에 빠져 현실의 아내를 과부 처지로 만든다거나, 하루도 빠짐없이 인터넷에 로그온해서 사이버동물에게 밥을 주면서 현실의 강아지를 굶긴다는 이야기들이 유머가 아니라 현실인 세상이다. 참으로 웃기는 역설이지만 그것이 현실이다. 쓰다듬고 체온을 느낄 수 있는 강아지는 현실의 강아지다. 아무리 꼬리치고 갖은 아양을 떨어도 가상의 강아지가 현실의 강아지를 능가할 수는 없다. 가상의 강아지는 단지 '개 같을' 뿐이지 개는 아니다. 중요한 것은 개이지 '개 같은' 개가 아니다. 친구도 아내도 마찬가지다.

하지만 또 한편 인터넷의 관계는 일면적이요, 현실 속의 관계는 총체적이라고 말하는 것도 따지고 보면 흑백논리다. 오히려 어떤 면에서는 현실의 관계가 훨씬 더 일면적일 수 있다. 밥 줘, 옷 다려 줘, 수건 줘, 하는 짤막한 멘트가 대화의 전부라고 할 수 있는 부부관계는 얼마나 일면적인가. 업무적으로만 만나는 회사의 동료도 그렇고, 만나서 게임이나 하고 시시껄렁한 농담이나 하는 친구관계는 어떤가. 밥 먹고, 영화 보고, 차 마시고 나면 더 이상 할 것이 없어지는, 그래서 자꾸 몸 쪽으로 마음이 기우는 애인관계는 어떤가. 마음속 깊은 곳에 있는 것을 모처럼 꺼내 보려고 할 때, "이 친구 왜 이래, 부담스럽게."라고 말하며 나를 오그라들게 하는 친구와의 관계는 또 얼마나 일면적인가.

빤한 이야기, 해도 그만 안 해도 그만인 진부한 이야기, 시간을 때우기 위한 그렇고 그런 킬링타임용 담론 속에는 소통의 기쁨은 없다. 그리고 소통의 기쁨이 없는 대화 속에서 인간은 자신이 자꾸 불행하다는 느낌을 갖게 마련이다. 그럴수록 사람들은 자꾸 소통의 기기에 자신을 얽매려 한다. 결국 그들은 테크놀로지에 의존해 문자에 중독되고, 채팅에 중독되지만,

그럴수록 공허한 내면을 확인하게 될 뿐이다. 이러한 공허를 채우기 위해 다시 로그인을 해야 하는 악순환의 끝은 어디인가.

일면적인 만남이라면 온라인도 오프라인도 모두 해답은 아니다. 그렇다면 답은 '온라인'과 '오프라인'을 적절하게 섞을 수 있는 지혜가 아닐까? 우리가 블로깅을 통해 자신의 문화적 취향과 정치적 이념을 자유롭게 말할 수 있듯이 현실의 대화도 그만큼의 깊이와 폭을 가져야 하지 않을까? 같이 즐기고, 같이 토론하고, 같이 객기를 부릴 수 있는 친구라면, 또 그런 애인과 아내라면 현실은 지금보다 두 배쯤은 행복할 것이다. 물론 그런 행복 속에서는 지금처럼 자주 로그인을 하지 않아도 좋을 것이다. 로그인을 하는 횟수가 늘어나고 있다면 스스로에게 물어볼 일이다.
'나 불행한 거 아냐?'

반성적 성찰이 없는 제국주의적 욕망

더 큰 집을 갖고, 더 성능이 좋은 차를 갖는 것을 성공이라고 여기는 사회에서 사람들은 물질에 집착하기 마련이다. 더 좋은 대학과 더 좋은 직장을 가는 것을 성공이라고 여기는 사회에서 사람들은 학력과 지위에 연연할 수밖에 없다. 물론 스펙에 대한 강박관념이 더 좋은 지위를 얻기 위한 전략임을 일면 부인할 수 없지만, 물질의 성공만이 한 사람의 성공을 보장해 주는 것은 아니다.

좋은 회사라는 뜻을 가진 영화 〈인 굿 컴퍼니〉의 주인공 댄 포먼은 잘나가는 잡지 〈스포츠 아메리카〉의 광고 이사다. 그는 광고주에게 잔꾀를 쓰지 않는 사람이었고, 안팎으로 두터운 신뢰관계를 유지했으며, 부하직원들의 애환을 늘 자기 일처럼 여겼다. 그러던 어느 날 댄은 기업합병으로 정리해고 위기에 처하고, 스물여섯 살의 카터 듀리아를 신임이사로 모시게 된다. 댄은 카터에게 "눈앞의 이익을 위해 직원을 해고해서는 안 된다."고 충고하지만, 그의 충고는 먹혀들지 않는다. 급기야 댄과 함께 회사를 키워 온 부하직원들이 줄줄이 해고되고, 댄 역시 사표를 던지려고 했지만 예기치 않는 아내의 임신과 딸 알렉스의 뉴욕대 입학으로 인해 그는 차마 사직할 수도 없는 난처한 상황에 처한다.

동료나 광고주와의 인간적인 유대관계를 중시하는 댄과 성공지상주의에 눌려 실적만을 추구하는 신임이사 카터, 그들은 사사건건 부닥친다. 그 와중에 둘의 인연은 이상한 방향으로 엮이게 되는데, 일중독으로 7개월 만에 이혼당한 카터가 댄의 딸 알렉스에게서 사랑을 느낀다. 사랑은 모든 것을 변화시킨다던가. 카터에게도 변화가 찾아온다. '진정한 성공이란 무엇인가? 높은 지위와 연봉을 얻어 내는 것인가? 친구와 가족을 잃으면서 얻어진 성공은 대체 무엇인가? 사랑이 없다면 대체 성공은 무엇인가······.' 성공만을 위해 급하게 달려왔던 삶을 카터는 처음으로 차분히 돌아보게 된다. 성경의 한 구절도 이렇게 말한다. "사람이 온 세상을 얻고도 자신의 혼을 잃는다면 무슨 유익이 있겠느냐?" 아닌 게 아니라 친구를 잃고, 연인과 가족을 잃고 얻어진 성공은 대체 무엇인가?

그래, 대체 그 성공이란 무엇인가? 12평짜리 단칸방에서 54평짜리 고급아파트로의 공간적 이동이 성공인가? 월수입 100만 원에서 연봉 10억으로의 물량 확대가 성공인가? 평사원에서 CEO로의 수직적 에스컬레이팅이 성공인가? 로또복권 당첨으로 화려한 파티를 벌이는 것이 성공인가? 그런 성공이라면 나는 관심 없소, 라고 말하는 친구가 있다. 영화 〈내 남자의 유통기한〉에 등장하는 '이다'가 선택한 남자 '오토'가 바로 그다. 오토는 번듯한 정장 하나가 없다. 머리는 부스스하다. 턱수염은 까칠하다. "나는 햇볕 알레르기가 있어. 나의 자리는 그늘이야."라고 말하는 그는 성장에는 도통 관심이 없다. 그의 친구 '레오'와는 딴판이다. 레오는 야심도 있고 열정도 있다.

오토가 어렸을 때 부모는 툭하면 싸움질이었다. 툭하면 고함소리를 질러 대는 어른들의 세상, 그 소음의 세상으로부터, 불화로부터 벗어나고 싶은 것이 어렸을 적부터 오토의 소망이었다. 다툼이 없는 곳, 소음도 없는 곳에 살고 싶다는 것이 소박하나마 오토의 행복론이다. 그는 여느 남자와는 달리 자신이 애를 키우고 살림을 한다. 그가 맛보고자 하는 것은 작은 행복이지 성취의 쾌감이 아니다. 천하를 얻고도 나를 잃는다면 그것이 다 무엇이란 말인가. 그는 천하를 얻지 못했지만 행복하다. 정작 문제는 성장주의자 아내다. 이다는 남편과 사사건건 부딪힌다. 성장을 꿈꾸는 이다에게는 오토가 답답하기 이를 데 없다. 그녀는 남편에게 말한다. "당신의 삶은 패배주의자의 그것이나 다름없어."

성공을 얻고 가정과 친구를 잃는다면 대체 그 성공이란 무엇인가? 성장을 얻고 생태계의 쾌적함과 풍요로움을 잃는다면 대체 그 성장이란 무엇인가? "성공과 성장을 얻기보다는 작은 삶을 끌어안고, 세상을 얻기보다는 나의 영혼을 잃지 않겠다."라고 말하는 것은 시대에 뒤떨어진 자의 변명에 불과한 것일까?

"문명은 팽창하는 본성을 가지고 있다. 팽창은 호전성을 가지고 있어 경제·군사 면에서 충돌을 일으킨다. 이어지는 전쟁들이 전쟁 제조기가 되어 정부를 마음대로 주무르고 정부를 앞세워 군사 긴장을 불러일으킨다. 경쟁하는 군국주의는 끝내 스스로 멸망하고 만다. 따라서 결론은 이렇다. 문명은 사회의 자살 행위이다."라고 말하는 이는 『그대로 갈 것인가 되돌아갈 것인가』의 저자 스코트 니어링이다. 진정한 성공은 무엇이고, 진정한 행복은 또 무엇인가에 대한 반성적 질문이 없는 성공의 추구는 제국을 건설하겠다는 팽창의 욕망에 다름 아니라는 것이다.

멈춤을 모르는 인간의 욕망

　부처와 같은 인류의 위대한 스승들은 말씀하셨다. '욕망을 버려라.' '욕망과 집착이야말로 고통의 원인이다.' '마음의 평안을 구하려거든 욕망과 집착으로부터 벗어나라.' 그러나 욕망이 없는 세상을 상상이나 할 수 있을까? 좀 더 빨리 달리고 싶다는 욕망이 자동차를 만들어 냈고, 하늘을 새처럼 훨훨 날고 싶다는 욕망이 비행기를 만들어 냈다. 문명의 역사는 곧 욕망의 실현과정이었다. 욕망은 세계의 문명을 움직이는 동력원이다. 먹음이 없으면 인체의 활동은 정지되고 마니, 식욕은 개체 보존에 필수적이라 할 수 있다. 짝짓기가 없으면 생물의 종種은 단절되고 마니, 성욕은 종족보존에 필수적이라 할 수 있다. 이렇게 본다면 욕망은 개체보존과 종족보존에 없어서는 안 될 에너지인 셈이다. 욕망을 버리라는 말을 곧이곧대로 들을 것만은 아니라는 이야기다.

　인간은 차가운 기계의 눈으로 대상을 바라보는 것이 아니라 욕망의 열정이 담긴 뜨거운 시선으로 대상을 바라본다. 사랑의 욕망으로 불타오르는 가슴을 지닌 사람은 평범하게 생긴 자신의 연인을 이 세상 그 누구보다도 아름다운 사람이라고 생각한다. 제 눈에 안경이라고 하지 않던가. 평범한 외모의 애인을 세상 누구보다도 멋지게 볼 수 있는 눈, 바로 그것이 사랑의 눈이다. 욕망은 이렇게 대상을 실제보다 아름답게 바라보게 만들기도 한다. 하나의 사과를 바라볼 때 배고픈 자가 배부른 자보다 그 사과를 더 탐스럽게 바라보는 것과 같은 이치다. 아무리 아름다운 사과인들 그것을 바라보는 자의 욕망이 없다면 그것은 무의미한 대상에 불과할 뿐이다.

소유를 욕망으로 나눈 몫이 행복이라는 것이 소위 '행복 공식' 이다.

$$ 행복 = \frac{소유}{욕망} $$

파스칼도 『팡세』에서 "진정한 만족은 원하는 것을 소유하는 것이 아니라 원하는 마음으로부터 벗어나는 것이다." 라고 말하고 있다. 아무리 소유가 많아지더라도 욕망이 기하급수적으로 커진다면 행복은 기대할 수 없다. 반대로 소유가 아무리 사소한 것이더라도 욕망이 작으면 행복은 커지게 된다. 평범한 사람도 가지면 가질수록 더 많은 것을 가지고 싶어 하는 황제의 욕망을 닮아 간다. 가지면 가질수록 더 가지고 싶은 황제의 욕망, 바로 그것이 영화 〈알렉산더〉에 등장하는 알렉산더의 욕망이다. 페르시아를 정복한 알렉산더는, 이쯤에서 정복 전쟁을 멈추라는 주위의 충고를 무시하고 "인도로 가자." 라고 말한다. 혹독한 더위, 끊임없이 생명을 노리는 풍토병, 해충과 뱀들의 위협, 알렉산더 앞에는 예측할 수 없는 많은 시련들이 놓여 있었다. 그러나 어떤 시련도 알렉산더의 욕망을 잠재우지는 못했다. 그런 그를 기다리던 것은 죽음이었다. 오직 죽음만이 그의 욕망을 잠재우게 할 수 있었다. 33세의 젊은 나이로 그는 눈을 감았다. 그의 죽음과 함께 그의 욕망도 눈을 감았다. 호랑이는 죽어서 가죽을 남기고, 사람은 죽어서 이름을 남긴다던가. 그러나 죽은 자에게 영광이란 대체 무엇이란 말인가.

날카로운 발톱이 있나, 억센 이빨이 있나, 하다못해 몸을 보호해 주는 털이라도 있나, 인간은 여러모로 불충분한 존재다. 여타의 동물들은 대개 태어나서 얼마 되지 않아 독립적인 생활을 하지만 인간은 오래도록 부모의 도움을 필요로 한다. 부모로부터의 보호와 양육을 받지 않는 인간의 목숨은 십중팔구 유년기를 넘기지 못할 것이 분명하다. 독일의 심리학자이자 철학자이던 겔렌Aronold Gehlen이 인간을 생물학적으로 '결핍된 존재'라고 표현했던 것도 이처럼 인간이 불충분한 존재이기 때문이다.

결핍이 없는 상태, 꽉 채워져 빈틈이 없는 상태, 더 이상의 공급을 받아들일 수 없는 상태, 아무리 좋은 것을 주어도 더 이상 먹을 수 없는 상태가 포만의 상태이다. 포만의 상태에서는 결핍이 없으므로 더 이상 바라는 것도, 꿈꾸는 것도 없다. 더 이상 어떤 것도 바라지 않기에 차분하게 가라앉은 욕망, 고요한 휴식만이 있을 뿐이다. 그러나 이런 차분한 휴식의 상태가 과연 얼마나 지속될 수 있을까?

삶은 끊임없이 결핍의 상태를 만들어 낸다. 무엇으로 내 배를 채워야 할까? 어디에 가서 먹잇감을 구해야 할까? 불안이 고개를 쳐든다. 스스로를 채우지 않으면 도태되고 말 것이라는 불안감으로부터 벗어나기 위해서는 인간은 무엇인가를 끌어 모으지 않으면 안 된다. 끊임없이 엄습하는 허기를 채우기 위해서는 곳간을 충분히 채워 두어야만 한다. 곳간이 충분히 찬

것을 보고서야 비로소 우리는 안도의 숨을 내쉬게 된다. 그러나 과연 그럴까? 공간이 충분히 찬 것을 보는 것만으로 인간의 욕망이 휴식의 단계로 접어들 수 있을까? 천만의 말씀이다. 미래를 준비한다는 명목으로 인간은 또 다른 공간을 가득 채우기를 열망한다. 욕망에는 휴일이 없다. 만족을 모르는 것이 욕망의 법칙이기 때문이다.

행복과 죄책감 사이, 쇼핑의 딜레마

마케터는 끊임없이 소비자를 향해 부르짖는다. 당신의 현재에 만족하지 마라, 한층 업그레이드될 당신을 위해 이 옷을 입어라, 이 신을 신어라, 이 화장품을 발라라…… 광고의 유혹 앞에서 '나는 왜 이 상품을 원하는가, 이 상품의 가격은 합리적인가, 이 상품을 어떻게 사용할 것인가, 이 상품은 나를 행복하게 할 것인가'를 냉정하게 따져 묻는 소비자가 얼마나 될까? 포토샵을 동원해 한층 업그레이드된 광고의 시각적 유혹 앞에서 욕망은 두껍고, 지갑은 얇을 뿐이다. 쇼핑이 주는 즐거움, 이것처럼 확실한 행복을 주는 것이 또 있을까? 포장된 제품을 뜯을 때의 두근거리는 설렘처럼 구체적인 행복이 또 있을까? 적당한 가격에 만족도가 200퍼센트인 제품을 손에 쥐었을 때의 포만감은 무엇에도 비길 수가 없다. 진정한 즐거움은 물질의 소비에 있는 것이 아니니, 욕망의 불을 끄고 집착을 버릴 때 마음의 휴일을 누릴 수 있다는 식의 충고도 화려한 디스플레이의 쇼윈도 앞에서는 좀체 들리지가 않는다.

20대가 누군가. 그들은 국민소득 1만 달러가 넘어선 시대에 태어난 세대, 절대빈곤의 시대를 상징하는 '보릿고개'라는 말이 생소한 세대다. 쉽게 말해 오늘날의 20대는 아버지 세대의 빈곤을 모른다. 그들에게는 치약을 끝까지 짜서 써라, 밥을 남기지 마라, 어린 것들이 왜 브랜드를 따지느냐는 아버지 세대의 충고가 시대에 뒤떨어진 잔소리처럼 들린다. 그들은 동네방네 뛰어다니며 놀기보다는 오락기에 익숙한 이른바 '닌텐도' 세대다. 오프라인보다는 온라인에 익숙하고, 토론을 하라고 하면 한 시간이 지겨울지 모르지만 인터넷 쇼핑몰에서는 가볍게 두세 시간을 죽일 수 있는 세대다. 어떤 브랜드를 가져야 '간지가 나는지'를 그들은 분명히 안다. 20대, 돈이 없어서 그렇지 쓸 데는 많다. 둘러보면 소비를 권하는 광고투성이지 않은가. 지금의 20대가 유별난 것이 아니라, 온통 욕망을 부추기고 있는 소비 사회에서의 20대가 유난히 소비에 취약할 뿐이다.

신용카드는 소비가 주는 짜릿한 맛을 지금 당장 맛보라고 권유한다. 신용카드의 모토가 무언가? 부자되세요? 천만의 말씀이다. '일단 쓰시고 나중에 생각하세요'가 맞다. '선지불 후결제 시스템', 얼마나 쿨하고 모던한 방식인가. 신용카드가 사라진다면 지상에 거주하는 '지름신'의 반이 저 세상으로 물러갈 것이 분명하다.

자신의 처지에 맞지도 않는 물품을 덜컥 구입하면 왠지 죄책감이 든다. 돈도 제대로 벌지 못하는 내가 과연 이렇게 비싼 물건을 사도 되나, 부모님은 몇 푼을 벌려고 밤낮으로 고생하는데 과연 나는 이런 식으로 무책임하게 소비를 해도 되나, 죄책감이 드는 게 당연하다. 이럴 때 내 행동의 원인이 나 자신에게 있지 않고 타인에게 있다고 둘러댈 수 있다면 죄책감에서 얼마간은 해방될 수 있을 것이다. 바로 이런 죄책감 줄이기 전략이 고안해낸 것이 '지름신'이다. 내가 구매한 것이 아니라, 지름신이 내 몸에 강림해서 나도 어쩔 수 없이 비싼 물건을 겁 없이 구매했다고 둘러댈 수 있으니 마음은 한결 편하다. 게다가 지름신이 신적인 파워로 나의 행위를 강요했으니 지름신을 막기에 나의 힘은 역부족이었다고 하소연할 수도 있겠다. 그러나 이런 위안도 단지 구매를 위한 전략일 뿐, 구매에 따르는 책임과 죄의식을 모두 지름신에게 돌릴 수만은 없는 일이다. 이래저래 쇼핑은 부담스러운 일일 수밖에 없고, 또 한편 그것이 주는 행복감을 물리칠 수도 없다는데에 쇼핑의 딜레마가 있다.

당당하게 사는 나만의 작은 삶

이런 딜레마 앞에서 고민하지 않는 여자가 있다. 영화 〈언러브드〉의 주인공 카게야마 미츠코다. 이 여자는 큰 집, 더 나은 드레스와 신발, 명품 가방, 근사한 칵테일 파티, 해외여행, 그런 것들에 관심이 없다. 시청공무원인 그녀는 화려하지는 않아도 그럭저럭 먹고 사는 삶에 만족한다. 시청 공무원 월급이면 의식주는 해결할 수 있다. 오페라나 발레 관람은 무리일지 몰라도 가끔 극장에도 갈 수 있고, 콘서트 관람도 큰 부담은 아니다. 화려하지는 않아도 나쁘지만은 않은 소박하고 '작은' 삶을 살 수 있다. 미츠코는 "그 정도면 되었다."라고 말할 수 있는 여자다.

이 영화를 만든 만다 구니토시 감독은 "강하게 산다는 것은 남들이 인정하든 말든 자기 스스로에게 만족하는 것이다. 이런 태도는 경쟁만이 궁극의 인간 활동이라고 강요하는 사회에 대한 일종의 저항"이라고 말한다. 감독의 말처럼 영화 속의 여자는 눈치 보지 않는 삶을 산다. 있으면 있는 대로 없으면 없는 대로 산다. 어디에서 그쳐야 할지를 아는 지지知止의 삶을 살고 있는 셈이다.

미츠코와 달리 대부분의 사람들은 눈치를 보기 바쁘다. 내가 쓰는 휴대폰이 너무 구식은 아닌지, 내가 입은 이 옷이 너무 유행에 뒤떨어지는 것은 아닌지, 혹시 남들이 나를 시대에 뒤떨어진, 융통성 없는 사람으로 보는 것은 아닌지…….

이런 불안을 가속화시키는 것 중 하나가 영화와 드라마 속의 캐릭터들이다. 미디어 안에서 융통성 없고 궁상맞은 캐릭터를 연기하는 인물들은 하나같이 굵은 뿔테 안경을 쓰고 있다. 게다가 들고 있는 휴대폰은 하나같

175

이 구형이다. 타는 차도 마찬가지다. 미디어의 연출가들은 궁상맞음, 융통성 없음, 시대에 뒤떨어짐이라는 속성들을 그들의 소비생활과 연결시키고 있다. 대중문화의 소비를 통해서 우리들의 머릿속에는 '루저들은 구형 휴대폰을 쓴다'라는 등식이 만들어진다. '잘나가는' 캐릭터들은 다르다. 멋진 슈트에 날렵한 스포츠카, 명품 시계는 기본이다. 분위기 있는 재즈바에서의 세련된 화술은 그들의 매력을 최고조로 만든다. 그들의 집은 잡지에서 그대로 가져다놓은 듯한 인테리어 감각을 자랑한다. 매력적인 캐릭터들을 뒷받침하는 것은 이렇게 든든한 소비능력이다. 명품을 소비할 능력이 없다면 짝퉁이라도 있어야 이런 '잘나가는' 축에 속한다. 짝퉁을 소비하는 심리는 불안이다. 타인의 눈에 '뒤떨어진' 인간, 낙후된 인간으로 보일지도 모른다는 데서 오는 불안을 벗기 위한 안간힘 때문일까. 나도 명품 대열에 합류할 수 있는 능력이 있음을 과시하기 위함일까? 대한민국의 짝퉁 시장은 당국의 대대적인 단속에도 불구하고 불황을 모른다.

그 여자, 미츠코 앞에 한 남자가 나타난다. 유능한 벤처사업가 가츠노다. 끊임없이 성공을 꿈꾸는 남자. 그는 미츠코 역시 자신과 같이 성장하는 삶을 꿈꾸는 것으로 착각한다. 그리고 미츠코는 당연히 조건이 좋은 남자, 즉 자기 자신을 선택할 것이라고 생각한다. 그러나 착각이었다. 안분지족^{安分知足}하는 미츠코에게는 부에 대한 열망이 없고, 가츠노를 선택함으로써 더 안락한 세계로 편입되고 싶다는 욕망도 없다. 그런 점에서 미츠코는 특별한 여자다. "잘나가는 당신, 당신은 당신의 삶을 사세요, 평범해 보일지라도 나는 나의 삶을 살 뿐이에요."라고 그녀는 말한다. 남이 어떻게 보든, 남이 뭐라고 평가하든, 타인의 시선을 두려워하지 않고 나는 나의 삶을 살겠다는 것이 미츠코의 고집이다. "강하게 산다는 것은 남들이 인정하든 말든 자기 스스로에게 만족하는 것"이라고 하는 만다 구니토시 감독의 논리대로라면 미츠코가 바로 강한 여자다.

미츠코와는 달리 '작은 삶'이 부끄러운 남자가 있다. 시모카와가 바로 그다. 그에게는 원하던 대학졸업장이 없다. 달랑 공업고등학교 졸업장 하나로 살려고 하니 그로서는 삶이 버겁기 그지없다. 외모도 그럭저럭이다. 뭐하나 변변한 게 없다. 그러나 그에게도 과거와 이별하고 화려한 인생을 살고픈 욕망이 있다. 그런 그에게 나타난 여자가 가츠코다. 변변한 것이라곤 없는 시모카와에게는 어울리지 않는, 분에 넘치는 미모의 소유자 가츠코. 누구도 가츠코와 같은 여자가 시모카와 같은 남자를 사랑할 것이라고 생각하지 않는다. 그러나 가츠코는 시모카와를 선택한다. 그리고 영화 속에서 그녀는 왜 더 화려한 삶만을 꿈꾸느냐고, 만약 능력이 없다면 작은 삶을 사는 것도 나쁘지 않다고 말한다.

진정한 사치를
누리자

사치품은 꼭 필요한 것이 아니다. 없어도 되고 있어도 되는 나머지, 곧 잉여剩餘가 사치다. 불요불급不要不急, 꼭 필요하지도 않고 급한 것도 아닌 것이 사치품이다. 콜라도 그런 사치품 중의 하나다. 목이 마르면 물을 마시면 그만이니까. 강한 산성 음료인 콜라는 치아를 상하게 하고 뼈를 약하게 하므로 입에는 즐거울지 몰라도 몸에는 해롭다. 그렇지만 우리는 콜라를 마실 때의 상쾌한 감각적 사치를 마다하지 않는다.

콜라가 만들어진 후에 콜라를 먹고 싶다는 욕망이 생기고, 그 욕망으로 인해서 콜라 사업은 더욱 번창한다. 다시 말해 공급이 수요의 욕망을 낳고, 수요가 다시 공급을 확대하는 것이다. 인터넷의 쇼핑몰에 가 보라. 거기에 있는 물품들 중의 몇 퍼센트가 과연 인간의 기본적인 욕망을 충족시켜 주기 위한 제품일까?

그러나 곰곰 따져 보면 필수품이냐 사치품이냐의 구분은 상대적이다. 간디가 말했듯이 우리 부모 세대의 사치품은 우리 시대의 필수품이 되었다. 냉장고가 그 대표적인 예다. 1950년대만 해도 냉장고는 사치품이었고, 1990년대 초반만 해도 휴대폰 역시 사치품이었다. 초등학교 학생들까지 휴대폰을 가지고 다니게 될 줄은 정말 상상하지 못했다.

사실 우리가 쓰는 모든 물건이 필요를 위해서만 있는 것은 아니다. 옷은 피부와 체온을 보호하는 기능 이외에 장식과 패션이라는 잉여의 기능이 있다. 바로 그 잉여가 사치다. 차도 마찬가지다. 안전한 운송이라는 기본적인 기능 이외의 것이 차의 사치다. 차의 장식, 차 안의 음향장치, 차 안의 방향제 모두 사치다. 그런 것들 없이도 차가 굴러가는 데는 전혀 지장이 없다. 그렇다면 자, 그런 장식적인 것들은 차가 굴러가는 데 하등의 필요가 없으니 당장 떼어 버리라고 한다면 과연 그 장식적 장치들을 제거할 사람들이 얼마나 있을까? 당신의 삶에서 꼭 필요한 것들을 제외하고 잉여의 것들을 모두 버리라고 한다면, 그것을 실천할 수 있는 사람은 과연 몇이나 될까?

대부분의 사람들은 잉여와 사치를 즐긴다. 그것들이 선사하는 즐거움이 분명히 있기 때문이다. 식후에 아이스크림이나 케이크를 즐기는 것은 즐거움이다. 그 즐거움이 결코 비난받을 성질의 것은 아니다. 엄밀히 말해 비틀즈와 모차르트도 우리의 생존에는 있어도 그만 없어도 그만이므로 잉여나 다름없다. 하지만 그들이 주는 즐거움과 감동은 결코 사소하지 않다. 지나치지 않는다면 잉여와 사치를 즐기는 것은 죄가 아니다. 잉여와 사치는 인간이 인간으로서 존재하기 위한, 삶을 삶으로서 누리기 위한 즐거움을 선물한다.

꼭 필요한 것만 존재하는 세계는 너무 건조하다. 거기에는 생존은 있어도 삶은 없다. 삶은 의식주 이외에 문화를 포괄한다. 오직 심장박동을 유지하기 위해 목숨을 부지하는 것이라면 굳이 문화는 필요 없다. 냉정하게 말해 문화는 잉여의 것이다. 그러나 바로 그 잉여가 동물과 인간을 구분시켜 준다. 오직 먹고 입고 싸고 잠자는 데 필요한 것만이 전부라고 생각하는 사회는 품격이 아주 낮은 사회일 수밖에 없다. 거기에는 문학도, 음악도, 미술도 없다. 홉스가 말하는 "인간은 인간에게 늑대"인 비정한 아귀다툼의 세계만 있을 뿐이다.

셰익스피어의 『리어왕』에서 리어는 세 딸 가운데 자신을 가장 사랑한다고 허풍을 떤 두 딸에게만 영토를 물려준다. 그리고 자신은 100명의 수행원들을 데리고 두 딸의 왕국을 오가며 편하게 살 수 있을 거라고 생각한다. 하지만 그것은 착각이었다. 큰딸은 수행원이 100명은 너무 많으니 50명으로 줄이라고 하고, 둘째딸은 50명도 많다며 25명으로 줄이라고 한다. 그러자 다시 큰딸은 실은 한 명도 필요 없다고 말한다. 이에 화가 난 리어는 이렇게 고함친다.

"오, 필요하고 안 하고를 논하지 마라! 가장 미천한 거지도 자기가 가진 보잘것없는 것이나마 여분을 갖는 법이다. 자연이 인간 본성에 필요한 것 이상을 허락지 않는다면 인간의 삶은 짐승만큼 비천할 것이다. 우리가 존재하기 위해서는 쓸모없는 약간의 여분이 필요하다는 것을 너는 알아야 한다. 꼭 필요한 것만 따진다면 따뜻한 옷도 사치고, 네가 입고 있는 그 화려한 옷들도 사치스러운 것들이다."

삶에 있어서 왜 사치가 필요한지, 왜 잉여와 여분이 필요한지를 『리어왕』의 이 대목처럼 더 웅변적으로 말해 주는 텍스트도 없을 것이다. 사실이 셰익스피어의 명작 『리어왕』 또한 어떤 면에서는 하나의 사치다. 리어왕이 조선의 임금인지 중국의 임금인지 몰라도 사람들은 얼마든지 잘 살 수 있다. 『리어왕』을 읽는 시간이 사치를 즐기는 시간이라면, 장엄한 황혼에 넋을 놓는 시간도 따지고 보면 사치스러운 시간이다. 명품을 몸에 걸치고, 최고급 외제 자동차를 타는 시간만이 사치의 시간은 아니라는 말이다. 리어의 말대로, 단지 목숨을 부지하기 위한 것, 그 이상의 것은 모두 삶에서 빼앗아 간다면 우리는 더 이상 인간의 삶을 산다고 할 수 없을 것이다. 두 딸들로부터 '불필요한 것'을 모두 빼앗기고 광야를 헤맸던 미친 리어처럼 인간 또한 미칠 수밖에 없을 것이다.

'무소유'를 실천하는 스님들에게도 사치는 있다. 한 잔의 차茶는 혀의 사치요, 처마 밑에 댕그렁거리는 풍경소리는 귀의 사치이며, 화단의 꽃은 눈의 사치이다. 이런 사치가 왜 잘못이란 말인가. 이런 사치는 사회적 위화감을 조성한 적도 없고, 분쟁을 조성한 적도 없다.

물론 어떤 대상에 도를 넘어 집착하면 마음에 병이 된다. 『서경書經』에 '완물상지玩物喪志'라는 말이 있다. 물건에 집착하면 큰 뜻을 잃는다는 뜻이란다. 일리 있는 말이다. 한 잔의 차도 좋지만 그것에 지나치게 탐닉하면 마음의 병통이 된다는 이야기다. 정치가가 골프가 좋다고 나랏일을 등한히 할 때의 문제점이 곧 '완물상지'를 잘 말해 준다. '독서'에 빠져 수업을 등한히 하면 그것 또한 '완물상지'다. 그러나 지나치지 않는 범위 내에서 적당한 사치는 몸과 마음을 더없이 건강하게 만들어 준다.

『행복의 정복』에서 버트란트 러셀은 '군자란 즐거움을 누릴 줄 아는 사람'이라고 정의한다. "합리적인 도덕 원칙의 관점에서 보자면, 다른 사람이나 자기 자신에게 즐거움을 주는 행동은 칭찬받아야 할 일이다. 물론 이런 논리가 성립되려면 그런 행동은 결코 자신이나 다른 사람에게 고통을 주지 않는 행동이어야 한다는 전제가 충족되어야 한다. 금욕주의를 제쳐두고 이야기한다면, 이상적인 도덕군자란 즐거움의 효과를 능가할 만한 나쁜 결과가 생기지 않는 한도 내에서 모든 즐거움을 누릴 줄 아는 사람이다."

러셀은 사람을 피곤하게 만드는 윤리학자가 아니었다. 러셀에게서 철학은 즐거움을 주는 것이었지 교훈을 주는 것은 아니었다. 러셀은 죄가 되지 않는 선에서 즐기라고 권유한다. 술이나 담배를 죄악시하는 쓸데없는 죄책감에서 해방될 수 있을 때 인간은 행복해질 수 있다고 러셀은 충고한다. 인간은 필요 없이 과도한 죄의식으로부터 해방되어야 한다는 것이 러셀의 생각이었다. 그는 심지어 성이 불결하다는 식의 편견으로부터도 해방될 수 있어야 한다고 생각했다. "성교육의 올바른 원칙은 간단하다. 사춘기가 되기 전에는 어떠한 성도덕도 가르치지 말고, 자연스러운 신체기능에 대해 혐오감을 주입하지 말아야 한다."라고 말하고 있다. 기호식품이건 성이건 남에게 해악을 주지 않는 한에서 즐기라는 식의 쾌락주의를 러셀은 우리에게 권하는 것이다.

스님이 한 잔의 차를 음미하듯, 누구에게나 그 어떤 사치인가는 필요하다. 어떤 사치를 누리느냐에 따라 우리는 '된장녀'가 될 수도 있고, 말 그대로의 잘 존재하는 '웰빙족'이 될 수도 있다. 명품을 구입하느냐, 명품의 인생을 사느냐, 그것은 오직 내가 결정할 수 있는 문제다.

욕망을 다양화하라, 차이의 상실이 폭력을 부추긴다

욕망이라는 주제를 평생 동안 연구해 온 프랑스의 문화인류학자이자 문학비평가인 르네 지라르는 욕망은 '내' 안에서 오는 것이 아니라 마치 바이러스처럼 '내' 밖에서 온다고 말한다. 가령, 콜라를 마시고 싶은 한 아이의 욕망은 아이의 내면에서 자발적으로 온 것이 아니라는 얘기다. 친구가 마시는 콜라를 보거나 광고 속의 모델들이 마시는 콜라를 보고서 생겨난 것이 콜라에 대한 그 아이의 욕망이라는 것이다.

『낭만적 거짓과 소설적 진실』이라는 책을 통해서 지라르는 욕망이 주체적이거나 자발적인 것이 아니라 매개자를 통한 간접적인 것임을 강조한다. 욕망은 내 안에서 저절로 생겨나는 것이 아니라 타인을 통해서 전염된다는 이야기다.

그에 따르면 음식물과 섹스에 대한 본능은 생물체가 가지는 기본적인 욕구일 뿐, 아직 욕망은 아니라고 한다. 어떤 모델을 모방하느냐에 따라 비로소 욕망이 된다는 것이 지라르의 욕망의 이론이다. 그의 이론대로라면 채소를 먹고 싶다는 욕망은 욕망이 아니라고 할 수 있다. 인간에게는 김치를 먹고 싶다거나 냉잇국을 먹고 싶다거나 상추나 샐러드를 먹고 싶다는 구체적인 욕망만 있을 뿐, 채소를 먹고 싶다는 욕망은 없다는 것이다. 욕망은 구체적인 것이지 추상적인 것은 아니라는 말이다.

아이들은 부모의 말투만 배우는 것이 아니다. 음식을 먹는 문화를 배우고, 무엇을 먹을까 하는 욕망을 배운다. 누구로부터 어떤 것을 배우느냐에 따라 우리는 특정한 문화를 전수받는 셈이다. 우리는 김치를 먹고 싶어 하는 부모의 욕망을 모방하면서 김치문화권에서 살아가게 된 것이고, 미국인들은 샐러드를 먹고 싶어 하는 부모의 욕망을 모방하면서 샐러드문화권에서 살아가게 된 것이다. 이렇게 본다면 문화의 다양성은 곧 무엇을 입고, 무엇을 먹느냐 하는 욕망의 다양성이라고도 말할 수 있다.

세상에 자원이 무한정하다면 우리의 욕망에는 아무런 문제가 생기지 않는다. 취하고 싶으면 취하고 버리고 싶으면 버리면 되기 때문에 무언가를 얻으려고 아등바등할 필요가 없다. 문제는 자원이 희소할 때다. 이 희소한 자원을 두고 모든 사람의 욕망이 불꽃을 튕기고 살벌한 긴장관계가 조성된다. 우정이고 동료애고 뭐고 간에 일단 '내 코가 석 자'인데 내 밥 그릇 챙기기만도 벅차다.

하지만, 자원이 한정되어 있다 하더라도 우리의 욕망이 다양하다면 자원을 둘러싼 긴장관계는 한결 누그러진다. 예를 들어 보자. 사과 다섯 개를 두고 50명이 서로 먹으려고 대립한다면 사과를 획득하려는 경쟁과정은 살벌한 분위기를 띠겠지만, 이 50명의 욕망이 사과에 한정되어 있지 않고 다양하다면 경쟁은 한결 누그러질 것이다. 화가는 걸작의 미술품 앞에서 질투의 감정을 느끼고, 운동선수는 더 뛰어난 운동선수에게 질투를 느끼는 법이다. 내 욕망의 영역이 아닌 영역에 질투를 느끼는 사람은 거의 없다.

자연계에서도 먹잇감이 비슷할 때 먹이를 서로 물고 뜯는 처절한 살육이 벌어진다. 두 종이 먹잇감이 같으면, 달리 말해서 생태적 요구조건이 같으면 같은 지역에 공존하기 어렵게 된다. 이때 평화를 원한다면 서로 부딪히지 않아야 한다. 대체 어떻게 해야 부딪히지 않을 수 있을까? 짐작대로 방법은 간단하다. 먹잇감을 달리하든지, 거주지를 달리하든지, 활동시간을 달리하면 된다. 가령 나뭇잎을 먹고사는 애벌레들 중 어떤 애벌레는 오래된 소나무의 잎만을 먹고 살고, 또 다른 애벌레는 봄에 막 나온 연한 솔잎만 먹는다. 또 노루나 고라니는 어린 소나무나 침엽수의 겨울눈이나 들풀을 주로 먹고, 사슴은 나무껍질이나 사초류 등을 먹고 산다. 이처럼 먹잇감을 달리하면 분쟁이 일어나지 않는다.

일반적으로 힘이 센 녀석들은 좋은 먹잇감을 차지하고, 힘이 약한 녀석들은 그보다 나쁜 먹잇감을 차지하게 된다. 이때 한 종이 차지하는 먹잇감, 서식장소, 활동 시간 등을 생태적 지위, 즉 니치niche라 한다. 생물은 각각 하나의 생태적 지위를 차지하고 생활하고 있으며, 생태적 지위를 같이하는 두 종류는 동일한 환경에서는 공존하지 못한다는 것이 이른바 '경쟁배제의 원리competitive exclusion principle' 다.

경쟁배제의 원리를 한마디로 요약하면 이렇다. "욕망을 달리하라." 생각해 보라. 모든 사람들이 돈과 재물을 두고 경쟁을 하지만 개는 인간과 경쟁을 하지 않는다. 왜일까? 개의 욕망과 인간의 욕망은 다르기 때문이다. 개와 소도 서로 다투지 않는다. 먹잇감이 다르기 때문이다. 사람들의 욕망도 제각기 다르다면 인간 사회의 경쟁은 한결 누그러질 것이다. 하지만 현실은 어떤가. 좋은 집을 가지고 싶다, 좋은 스마트폰을 가지고 싶다, 좋은 차를 가지고 싶다, 좋은 음반을 가지고 싶다, 좋은 대학에 가서 좋은 회사에 취직하고 싶다……. 사람들의 욕망은 놀라우리만치 획일적이다.

찬찬이 따져 보면 사람들의 욕망의 배후에는 물질의 욕망이 숨어 있음을 알 수 있다. 좋은 대학에 가고 싶은 것도, 좋은 회사에 취직하고 싶은 것도 따지고 보면 좋은 대학과 좋은 직장이 안정된 수입을 보장해 주기 때문이다. 이렇듯 생김새는 제각각이지만 사람들의 욕망에는 별 차이가 없다. 『폭력과 성스러움』에서 르네 지라르는 이 욕망의 '차이 없음', 즉 차이의 상실이 폭력을 발생시킨다고 말했다. 이 같은 그의 말은, 세계화라는 이름으로 이익 추구의 욕망이 전 세계적으로 확산되어 가고 있는 요즘에 특히나 곰곰 새겨볼 만하다. 모두들 금전적 이윤의 극대화만을 꿈꾸는 세상이 바로 욕망의 차이가 상실된 시대다. 그리고 바로 이 차이의 상실이 무한경쟁과 갈등 같은 폭력을 불러온다. 따라서 이 폭력으로부터 벗어나기 위해서는 욕망을 다양화시킬 수밖에 없다는 것이 지라르의 충고다.

인간 사회는 언제 터질지 모르는 화약창고와 흡사하다. 잠재된 폭력 위에서 아슬아슬하게 균형을 잡아 가고 있는 것이 현실이다. 지라르는 인간이 어떻게 폭력을 잠재우고 사회를 이끌어 왔는가를 살펴보다가 '희생제의'라는 종교제도에 착안하게 된다. 그리고 이 희생제의가 명백한 사회적 기능을 가지는 폭력의 예방책이었다는 것을 밝혀 보인다. 현실에서 예를 들어 보자.

너무도 이기고 싶은 축구게임에서 졌다고 해 보자. 모두들 속이 상할 것이 분명하다. 이 분노의 에너지를 어딘가에 쏟아 붓고 싶을 때 우리는 이른바 '왕따'라는 분풀이의 대상을 만들어 내게 된다. 그래서 다소 무기력하거나 둔한 친구를 골라 "너 때문에 우리가 축구에서 졌다."라고 집단으로 그를 공격하면서 애꿎은 그를 희생양으로 삼기도 한다. 이렇게 한참 분풀이를 하다 보면 졌다는 데서 오는 분노의 에너지를 집단 내의 다른 사람, 즉 희생양에게 쏟아 부을 수도 있다. 또, 희생양을 공격하다 보면 밖으로 향하는 분노의 에너지를 줄일 수가 있으니 상대팀과 집단 난투극이 벌어지는 불상사도 막을 수 있다. 물론 친구들 중의 하나를 바보로 만드는 꼴이 되지만 말이다.

무한한 경쟁으로 야기되는 폭력의 가능성에 집단 전체가 정신적 공황에 빠지게 될 때 인간은 공포심을 갖게 된다. 이때 이 두려움을 이길 수 있는 방법은 바로 집단이 하나가 되어 희생양을 찾아내고, 그 희생양을 잔인하게 공격하는 것이라고 지라르는 말한다. 이렇게 볼 때 군중은 잠재적인 박해자가 될 가능성이 농후하다. 평범한 사람도 능히 박해자의 무리에 가담할 수가 있다. 마녀사냥, 반유대주의 등 역사 속에서 인류는 수많은 희생양들을 만들어 왔다. 일단 희생양이 만들어지면 단죄해야 할 이유는 나중에 얼마든지 만들 수 있다. 폭력을 동반하는 희생제의는 희생자 처지에서 보면 비합리적 광기에서 나오는 집단폭력에 불과하지만, 가해자의 처지에서 보면 집단의 안녕을 해치는 자를 처벌하는 성스러운 행위가 된다. 놀랍지 않은가.

모든 학살에는 명분이 따르게 마련이다. 양심적인 지식인의 사상을 검증하겠다며 여론을 한 방향으로 몰아가는 이른바 여론재판도 사회적 정의를 세운다는 명분에서 이루어진다. 가해자들은 자신들의 명분은 집단의 가치를 옹호하는 성스러운 가치임을 추호도 의심하지 않는다. 그러나 의심하지 않는 정신, 내 것만이 옳다는 확신, 내가 도달한 단계가 최고의 단계라고 하는 확신이 바로 테러의 온상이라는 사실을 우리는 잊지 말아야 한다. 믿음과 소망과 사랑 중에 그 중의 제일은 사랑이지 믿음이 아니다. 어쩌면 사랑은 믿음에서 오는 것이 아니라 회의에서 오는 것인지도 모른다. 내 생각만이 정말로 과연 옳은 것인가를 의심하는 정신!

나의 믿음의 완전성에 대한 확신은 겉으로는 그럴싸해 보일지 모르지만 자칫 폭력의 화약고에 불을 당길 수도 있다는 사실을 경계해야 한다. 다시 한 번 지라르의 충고를 상기해 보자. 욕망을 다양화시켜라. 욕망의 차이가 사라지는 곳, 모두가 하나 같이 돈과 물질적 성공만을 추구하는 곳에서 폭력의 씨앗은 자라난다. 서로 다른 것을 추구하고, 내 것만이 최고라는 생각을 버려라.

노가 만들어 내는 엉터리 행복학

컴퓨터 전략 시뮬레이션 게임의 달인이라면 몰라도, 스무 살에게 있어서 삶의 달인이라는 말은 형용모순이다. 컴퓨터게임이나 힙합댄스와 같은 분야에서는 스무 살의 달인이 나올 가능성이 있지만 스무 살은 여러모로 달인이나 고수가 될 가능성이 희박하다. 달인의 포스와 테크닉은 지긋한 연륜의 산물이기 때문이다. 무협지에 등장하는 수염이 지긋한 노인이 달인의 전형적인 형상이다. 그 노인의 형상이 의미하는 것은 시간의 투자 없이 고수는 만들어지지 않는다는 것이다. 단무지 하나를 썰어도 맵시 있게 썰려면 인고의 세월이 필요하고, 똥볼도 제대로 차려면 고군분투의 시간이 필요하다. 축구선수 박지성이나 발레리나 강수지의 발이 한동안 인터넷에서 화제였다. 정상인의 발이 아니다. 고사목처럼 뒤틀어진 그네들의 발을 보면 저것도 사람의 발인가 하는 생각이 들 정도다. 거저 되는 달인이나 고수는 없는 법이다. 돈으로 살 수도 없고, 권력의 힘을 빌려 쟁취할 수도 없는 것이 달인의 삶이다.

달인들의 특징은 특유의 눈썰미다. 도자기를 굽는 화로 속의 온도를 특유의 직감으로 정확하게 감지해내고, 컨베이어벨트를 타고 밀려오는 제품들 중에서 정확하게 어떤 제품이 불량품인지를 감지해낸다. 귀신이 곡할 노릇이다. 그들의 눈썰미, 귀신의 감각을 빌릴 수만 있다면 우리도 삶에서 불량률을 현저히 줄일 수 있을 테지만 스무 살이라는 나이는 욕망은 길고 경험은 턱없이 짧은 나이다.

물론 옷을 고르듯이 삶을 선택할 수는 없다. 가격, 질감, 사이즈, 디자인 등 옷의 선택에 영향을 미치는 조건은 한정되어 있지만, 어떤 삶을 선택할 것인가를 결정하는 데에는 무수한 요인이 개입되기 때문이다. 이번 선택은 참 현명한 선택이었다는 자부심도 예기치 않은 변수에 부딪혀 참담한 후회의 감정으로 바뀔 수도 있는 것이 현실이다. 그런 점에서 무예의 달인도 삶에서는 번번이 이성의 칼을 놓치고 깊은 상처를 입을 수 있다. 우리들은 삶에 존재할 수 있는 무수한 변수들을 섬세하게 고려할 수 있는 기하학적인 정신의 소유자이기보다는 '아차'를 연발하는 엄벙덤벙한 정신의 소유자이기 십상이다. 달력에 메모도 해 놓고, 잊지 말자고 결심도 해 보지만 정신은 늘 헛다리를 짚기 십상이고, 소소한 분실물들은 늘어만 간다. 더구나 삶의 캐리어가 빈약하기 이를 데 없는 스무 살의 삶은 여기 채이고 저기 채이고 에러 투성이일 수밖에 없다. 그래도 이번만은 제대로 된 선택을 해 보겠다고 하지만, 지구상 최고의 판단시스템을 가졌다는 인간의 인지시스템도 부실하기 짝이 없다.

아래 제시되는 삶 중에서 당신이라면 어떤 삶을 클릭하겠는가? 이번만은 현명한 선택을 하길 바란다.

첫 번째, 세계적인 기업인 코닥의 창업자, 조지 이스트만의 이야기다. 그는 혁신적인 경영 철학을 통해 노동시간을 단축시켰고, 장애인 편익, 은퇴 후 연금지급, 생명보험, 이익배분 등을 제공했으며, 나중에는 회사 주식의 1/3을 종업원들에게 배당했다. 그러나 1932년 3월 14일, 사랑받던 발명가이자 인도주의자였던 이스트만은 책상 위에 짧은 유서를 남기고 스스로 목숨을 끊었다.

두 번째, 아돌프 피셔라는 젊은 독일 이민자. 그는 대규모 노동자 폭동을 주동했다는 혐의(그는 사실 폭동과는 무관한 삶을 살았다.)로 사형 선고를 받는다. 노동조합에 따끔한 맛을 보여 주겠다고 벼르던 악덕한 자본가들에 의해 억울한 희생양이 되어 버린 그는 저지르지도 않았던 죄목으로 사형선고를 받게 된다. 그리고 1887년 11월 11일, 교수대에서 마지막 순간에 그가 외친 말은 많은 사람들의 귀를 의심하게 했다. "바로 지금이 내 인생에서 가장 행복한 순간입니다."

하버드 대학의 대니얼 길버트 교수는 『행복에 걸려 비틀거리다』라는 책에서 이스트먼과 아돌프 피셔의 이야기를 소개하면서 단순한 행복론에 브레이크를 건다. 그는 인생의 겉모습만 보고 그 속의 행복을 단정하지 말라고 충고한다. 직접 살아보지 않고서는 이렇다 저렇다 말을 말라는 것이다.

하지만 아무리 이렇게 저렇게 포장하려 해도 우리의 두뇌는 솔직한 말로 피셔의 삶보다 이스트만의 삶이 더 행복하다고 판단해 버린다. 왜일까? 길버트 교수는 우리의 뇌가 매일, 매시간, 매분 우리에게 속임수를 걸고 있기 때문이라고 설명한다. 그는 우리가 로또복권 1등에 당첨되면 행복해질 거라는 생각도 이런 속임수 때문이요, 최고급 자동차나 노트북을 사고, 짝사랑했던 그 사람과 결혼에 골인하고, 목표로 하던 대학이나 직장에 당당히 합격하고, 직장에서 승승장구하고, 초고속으로 승진하면 당연히 행복해질 것이라는 생각도 뇌가 만들어내는 속임수에 불과하다고 명명백백한 사례들을 통해 증명한다.

길버트 교수는 이어서 이러한 속임수는 우리의 상상에 치명적인 결함이 있기 때문에 생기는 것이라고 말한다. 조금 더 설명을 들어 보자. 새 자동차를 사면 매우 행복할 것이라고 우리는 상상하지만, 그 상상 속에는 잔소리하는 상사, 돈 빌려 달라는 친구, 10분에 100m도 전진하지 못하는 퇴근길의 주차 전쟁 등등이 빠져 있다. '새 자동차'라는 아이템에는 부정적인 감정을 유발할 만한, 미처 예상치 못한 많은 세부사항이 동반되기 마련인데, 유감스럽게도 우리의 뇌는 이러한 세부사항들을 곧잘 누락해 버린다는 것이다. 그 모든 세부사항들을 섬세하게 고려할 수만 있다면 새 자동차가 반드시 행복을 약속하는 아이템이 될 수는 없건만, 유감스럽게도 우리의 뇌는 어떤 일과 관련된 세부적인 맥락을 모두 고려하기에는 그 성능이나 기억용량에 한계가 있다.

지금 사랑하는 나의 연인과 헤어진다면 어떨 것 같은가? 상상하기도 싫다. 영화 〈퐁네프의 연인들〉에서 이별을 받아들일 수 없던 알렉스는 자신의 손가락을 피스톨로 날려 버리며 이렇게 말했다. "아무도 나에게 이별하는 법을 가르쳐 주지 않았어." 비장하기 이를 데 없다. 내 손가락을 잃는 고통 쯤은 너를 잃는 고통에 비하면 아무것도 아님을 웅장한 제스처로 연기한 셈이다.

그렇다. 사랑하는 사람과의 이별은 생각만 해도 끔찍하다고 우리는 생각한다. 그 사랑이 소중하면 할수록 이별의 고통은 헤아릴 수 없는 고통으로 인식된다. 그러나 영화는 영화고 현실은 현실이다. 사랑이 끝났다고 해서 컴퓨터의 키보드를 무용지물로 만들면서까지 자기 손가락을 피스톨로 날려 버리는 사람이 몇이나 될까? 삶은 의무사항이지 권장사항이 아님을 명심하자.

물론 이별이 아프기야 하겠지만 결국 우리는 현실로 돌아올 수밖에 없다. 아니, 억지로 그럴 수밖에 없는 것이 아니라, 세상을 다 얻은 것 같은 기쁨도 하늘이 무너질 것 같은 비통함도 실제로는 우리 예상만큼 그리 오래가지는 않도록 우리의 뇌는 설계되었다. 이것을 뒷받침하는 이유 가운데 하나가 아래에서 설명할 '심리면역체계' 라는 것이다.

경미한 고통은 참다 보면 사라진다. 그러나 커다란 고통은 가만히 있으면 알아서 사라져 주지 않는다. 엉겅퀴 풀씨처럼 자꾸만 들러붙으려는 고통을 적극적으로 어떤 구실이나 명분을 붙여서라도 털어내지 않으면 안 된다. 가령 이런 식이다. "그래, 그 사고가 내가 좀 더 주의를 기울였으면 벌어지지 않았을 거라고 장담할 수는 없는 법이야.", "물론 그건 나의 실수였어. 하지만 그 실수는 내게 커다란 삶의 교훈을 안겨 주었어." 옹색한 자기 합리화처럼 비칠지 모르지만 이런 식의 '심리면역체계' 덕분에 인간은 비극을 넘어 다시 삶 속으로 귀환할 수 있는 것이다.

우리는 아주 나쁜 일, 피하거나 도망칠 수 없는 일에 직면하면 심리적 면역체계를 발동시켜 그 안에서 긍정적인 면을 보려고 한다. 가령 십 리 밖까지 다녀와야 할 심부름을 피할 수 없다면 "그래, 십 리래 봐야 4km에 불과한데 뭘. 누구는 40km도 뛰는데 그에 비하면 10분의 1도 안 되는 거린데, 운동하는 셈 치고 다녀오지 뭐."라고 말할 수 있는 것도 우리에게 심리적 면역체계가 있기 때문이다. (그러나 집 앞의 슈퍼에 다녀오는 것은 마음과 몸에 부담이 되지 않는다. 그냥 다녀오면 그만이므로 심리적 면역체계가 작동하지 않는다.) 질병에 대항해 몸을 지키는 면역체계처럼, 심리적 면역체계는 불행에 대항해 우리의 마음을 보호한다. 문제는 때로는 핑계와 합리화로 작동하고, 때로는 긍정적으로도 작동하는 이러한 뇌의 작용을 우리가 거의 알아차리지 못한다는 점이다.

가장 중요한 사람은
지금 나와 함께 있는 사람이다

다시 이스트먼과 피셔의 이야기로 돌아가자. 우리는 대부분 성공한 기업인이던 이스트먼으로 사는 것이 노동자 피셔로 사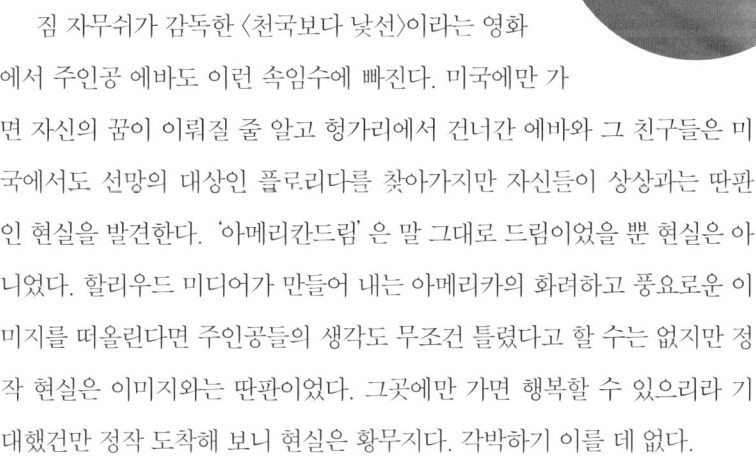
는 것보다 행복할 거라고 의심의 여지없이 단정 짓
는다. 그러나 우리의 뇌는 두 인생의 드러나지 않
은 빈칸을 채워 넣는 데 아주 서툴다. 왜? 경험을
못했기 때문이다. 두 삶을 직접 경험해 보지 않고서
는 알 수 없는 빈칸들이 너무나 많다. 그렇기 때문에
우리는 막연하게나마 부자의 삶은 행복하고 가난한 자
의 삶을 고달프다는 고정관념에 기댈 수밖에 없다.
바로 이런 고정관념이 뇌가 만들어 내는 속임수라
는 것이다.

　짐 자무쉬가 감독한 〈천국보다 낯선〉이라는 영화
에서 주인공 에바도 이런 속임수에 빠진다. 미국에만 가
면 자신의 꿈이 이뤄질 줄 알고 헝가리에서 건너간 에바와 그 친구들은 미
국에서도 선망의 대상인 플로리다를 찾아가지만 자신들이 상상과는 딴판
인 현실을 발견한다. '아메리칸드림'은 말 그대로 드림이었을 뿐 현실은 아
니었다. 할리우드 미디어가 만들어 내는 아메리카의 화려하고 풍요로운 이
미지를 떠올린다면 주인공들의 생각도 무조건 틀렸다고 할 수는 없지만 정
작 현실은 이미지와는 딴판이었다. 그곳에만 가면 행복할 수 있으리라 기
대했건만 정작 도착해 보니 현실은 황무지다. 각박하기 이를 데 없다.
　마찬가지로 우리는 이스트먼으로 사는 것이 피셔로 사는 것보다 즐거

울 거라고 예상하지만 이스트먼의 삶 앞에 어떤 말 못할 황무지가 놓여 있는지를 알 수가 없다. (이스트먼의 삶을 내가 살아 보지 못했기 때문에 그의 행불행을 알 수 없듯, 나 자신의 미래의 삶도 아직 살아 보지 못한 시간이기 때문에 '이것만 이뤄지면 행복은 따 놓은 당상'이라는 생각은 착각이다.)

우리의 뇌가 이스트먼의 삶을 구체적으로 그려 보기 위해서는 여러 가지를 채워 넣어야 한다. 자, 무엇부터 채울까? 사람들은 대부분 그가 부자라는 사실에 근거해 그의 삶의 빈칸들을 물질로 채운다. 좋은 가구, 비싼 자동차, 호화 저택…… 그러나 이 대목에서 대니얼 길버트 교수는 중요한 진실 하나를 우리에게 일러준다. "더 큰 골칫거리는, 우리의 뇌가 상상에 (근거 없이) 첨가하는 내용보다 거기에서 (내 마음대로) 빠뜨리는 내용 때문에 생긴다."라고.

새 자동차를 샀을 때의 삶을 상상할 때, 우리는 그 상상에 행복한 드라이브와 피크닉을 첨가하지만, 그 차를 얻기 위해서 견뎌야 했던 잔소리하는 상사, 돈 빌려 달라는 친구, 10분에 100m도 전진하지 못하는 퇴근길의 주차 전쟁을 빠뜨린다는 것이다. 이렇게 뇌가 범하는 세부사항의 누락이 우리로 하여금 잘못된 행복학을 신봉하게 만든다는 것이 길버트 교수가 우리에게 주는 소중한 충고다.

그렇다면 미래의 행복을 정확히 예측함으로써 합리적이고 지혜롭게 현재를 사는 방법은 없을까? 저자는 그러려면 행복의 지도를 다시 그리고, 당연하게 여겨 왔던 행복에 관한 고정관념을 깨뜨려야 한다고 말한다.

톨스토이는 인생에서 가장 중요한 순간은 지금이고, 가장 중요한 사람은 지금 나와 함께 있는 사람이며, 가장 중요한 일은 지금 나와 함께 있는 사람을 행복하게 해 주는 일이라고 했다. 파스칼은 〈팡세〉에서 많은 사람이 행복을 미래에서만 찾으려 하기 때문에 그것이 지금 바로 옆에 있다는 것을 모른다고 했다. 인간이든 동물이든 미래를 위한 준비는 필수다. 그러나 미래에 끌려가는 삶, 현재의 만족을 유예시키기만 하는 삶은 반드시 한번쯤 제동을 걸어 되돌아볼 필요가 있지 않을까?

0 6

스무 살을
성공하다
말

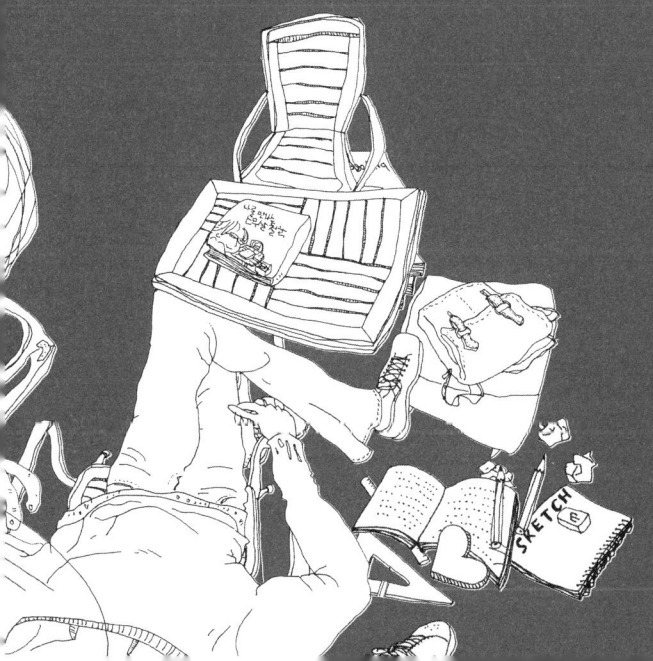

참는 것이
다는 아니다

　　에피쿠로스는 적극적인 의미에서 쾌락을 느끼는 상태보다 고통을 느끼지 않는 상태가 더 좋은 쾌락의 상태라고 보았다. 이런 쾌락의 논리는 『니코마코스의 윤리학』에 나오는 "현자는 쾌락을 추구하지 않고 고통이 없음을 추구한다."라는 아리스토텔레스의 행복론을 쏙 빼어 닮았다.

　　고백하자면 어린 시절 나의 행복론도 에피쿠로스의 행복론에서 멀지 않은 곳에 있었다. 먹성 좋던 중고등학교 시절, 학교가 파하고 집으로 돌아와 배가 고프다고 보채면 어머니는 "찬밥이 있긴 하지만 조금만 기다리면 따뜻한 밥에 맛있는 반찬을 해 줄 테니 조금만 기다려라."라고 말씀하시곤 하셨다. 그러나 나는 행복에 관한 한 에피쿠로스주의자였다. 더운밥에 맛있는 반찬은 쾌락의 양을 늘려 주겠지만 내 행복은 일단 배고픔부터 면하는 데 있었다. 나중의 행복을 추구하기보다는 눈앞의 고통을 피하자는 것이 나의 행복 전략이었다.

이런 나의 행복론에 크게 한방을 먹인 책이 있었으니 『마시멜로 이야기』가 그것이다. 아주 잘나가는 베스트셀러였으니 펀치의 강도는 그만큼 컸다. 이 책의 메시지는 한마디로 "참아라, 그러면 더 큰 것을 얻을 것이다."였다. 현재를 잘 참아 내면 미래에 더 큰 보상이 주어질 것이라는 주장이었다.

미국의 심리학자 월터 미셸 박사는 1970년, 스탠퍼드 대학에서 만 4세 아이들 60명을 대상으로 하여 나중에 '마시멜로 실험'이라고 알려진 유명한 실험을 진행한다. 그는 아이들에게 한 명씩 따로따로 정해진 방에 들어가도록 했다. 방 안의 식탁에는 미국 아이들이 가장 좋아한다는 마시멜로 과자와 탁상용 벨이 놓여 있었다. 이 방으로 한 선생님이 들어와 말했다. "이제 나는 밖에 나갔다가 15분 후 다시 돌아올 거야. 자리를 비운 사이에 탁자 위에 놓아 둔 마시멜로를 먹지 않고 참는다면, 상으로 마시멜로를 한 개 더 줄게."

유혹적인 미끼를 앞에 두고 아이들에게 15분은 과연 견딜 만한 시간이었을까? 아니다. 그것은 길고도 가혹한 시간이었다. 자제력이 부족한 어린이들에게는 흡사 고문이었는지도 모른다. 어떤 어린이는 선생님이 방을 나가자마자 마시멜로를 먹어 버렸고, 어떤 어린이는 조금 참다가 결국 유혹을 견디지 못하고 도중에 마시멜로를 먹어 버렸다. 소수의 참을성 있는 아이들은 끝까지 유혹을 이겨 냈다.

10년 후 대학 연구원들이 실험에 참가했던 어린이들을 다시 한자리에 모았다. 당시 15분을 기다렸던 아이들과 15분을 참지 못해 탁자 위 마시멜로를 먹어 버렸던 아이들의 10년 성장과정을 비교한 연구 결과는 흥미로웠다. 15분을 참았던 아이들이 그렇지 못한 아이들보다 학업 성적이 뛰어났을 뿐만 아니라 친구들과의 관계도 원만했다. 그들은 스트레스도 효과적으로 관리하고 있었다. 미국의 대학수학능력시험 SAT 성적을 비교한 결과도 보상을 오래 기다린 아이일수록 좋은 성적을 받은 것으로 나타났다. 또 오래 기다린 아이들이 평균적으로 좋은 대학에 진학했으며, 사회적으로도 성공했다. 반면 참지 못하고 일찍 벨을 누른 아이는 문제아가 되는 비율이 높았다. 또 학교 다니는 기간 내내 교사들에게서 나쁜 평가를 받았다.

　이 책은 밀리언셀러가 되었다. 수많은 사람들이 이 책을 위한 송가頌歌를 바쳤다. "요즘 아이들은 참을성이 없어. 요즘 아이들은 뭐든지 자기 하고 싶은 대로만 한다니까."라고 생각하는 어른들은 이 책이 자녀들의 조급증을 치유하는 데 안성맞춤이라고 생각했는지도 모른다. 질투 때문이었는지 몰라도 나는 이 책의 성공이 그리 마뜩치가 않았다. 무엇보다 이 책의 성공은 나의 행복론은 물론 에피쿠로스와 아리스토텔레스의 행복론을 정면으로 비웃는 것이었기 때문이다.

　사실 결정적으로 『마시멜로 이야기』의 성공이 거북하게 느껴진 데는 성공한 자와 실패한 자를 기계적으로 나누는 편협한 이분법적 논리가 그 책 속에 있었기 때문이다. 미래를 위해 현재를 참아낸 사람은 성공한 자, 그렇지 못한 사람은 실패한 자라는 흑백논리가 그것이다. 일단 책의 내용을 보자.

이 책에서 성공한 자는 대기업의 사장인 조나단이고, 실패한 자는 조나단의 리무진 운전기사인 찰리다. 햄버거로 그때그때 끼니를 때우는 찰리의 모습을 지켜보던 조나단은 찰리에게 마시멜로 이야기를 들려준다.

조나단은 네 살 때 '마시멜로 실험'에 참가했었다. 당시 그는 마시멜로의 유혹을 떨치려고 혼자서 뛰고 바닥에서 구르기도 하며 15분을 참아 냈고, 결국 마시멜로 한 개를 보상 받았다. 사장 조나단으로부터 이런 마시멜로 이야기를 듣게 된 찰리는 그때부터 자신의 삶을 바꾸기로 결심한다. 배고픔을 꾹 참았고, 편의점에서 햄버거를 사먹는 대신 회사에서 시간을 기다리며 공짜로 밥을 먹고, 자신이 수집해 온 야구 카드를 조나단이 준 노트북을 통해 팔아 이득을 보기도 한다.

조나단처럼 만족을 지연시킬 수 있는 사람이 곧 미래형 인간이다. 『마시멜로 이야기』는 바로 이런 인간형이 되어 보라고 우리들에게 권유한다. 그러나 이런 권유는 몇 가지 문제점을 안고 있다. 무엇보다 쾌락을 추구하는 현재형 인간들이 반드시 열등한 인간이라고 할 수는 없다는 것이 한 가지 이유다.

행복은 간단하다. 몸이 마시멜로를 먹고 싶어 하면 먹으면 그만이다. 의심할 바 없이 행복은 결핍의 충족에서 생겨난다. 배고픔과 갈증의 충족은 그 자체로 행복감을 준다. 물론 결핍의 충족이 반드시 행복과 직결되는 것만은 아니다. 소크라테스가 『소피스트 고르기아스 서간집』에서 다음과 같이 위트 있게 지적하고 있듯 결핍의 충족이 반드시 행복감을 가져다준다고 할 수는 없다. 소크라테스의 말이다. "우리가 옴에 걸려 가려움을 참지 못해 한평생을 몸을 긁적거리며 살아야 한다면 이것 역시 행복한 생활이라고 할 수 있을까?" 가려움은 긁음으로써 충족받아야 할 하나의 결핍이다. 가려운 곳을 긁으면 당연히 시원함이라는 쾌락이 생긴다. 그러나 가려운 곳을 긁는 것이 쾌락을 가져다준다고 할지라도 그것은 아예 가려움이 없는 상태보다 좋지는 않을 것이다. 생각해 보라. 평생 가려운 곳을 긁어야 한다는 것은 얼마나 끔찍한 일이겠는가. 모든 쾌락은 결핍으로부터 충족으로의 이행에서 생겨나지만, 그것은 아예 처음부터 결핍이 없는 상태보다 나을 것이 없다는 말이다.

에피쿠로스는 쾌락을 동적인 쾌락과 정적인 쾌락으로 구별했다. 앞에서 말한 가려움을 긁는 데서 오는 쾌락이 동적인 쾌락이다. 동적인 쾌락은 결핍으로부터 충족으로 이행될 때 우리가 느끼는 쾌락이다. 보통 사람들이 말하는 일반적인 의미의 쾌락은 바로 이 동적 쾌락을 의미한다.

이에 반해 에피쿠로스가 추구하는 쾌락은 정적인 쾌락이다. 정적인 쾌락이란 마음에 불안이 없고 몸에 고통이 없는 평정상태를 뜻한다. 달리 말하면 음식을 먹을 때 맛있다고 느끼는 것보다 맛이 없다고 느끼지 않는 것이 좋다는 의미다. 배고픔을 충족시키는 것보다 아예 배고픔이 없는 것이 좋다는 의미도 되겠다. 이를 『쾌락의 철학』에서 에피쿠로스는 이렇게 설명한다.

"우리에게 쾌락이란 신체영역에서 어떤 고통도 느끼지 않는 동시에 정신적 영역에서 어떤 불안도 느끼지 않는 것을 의미한다. 왜냐하면 넘칠 만큼의 음식이나 아름다운 남녀의 즐김, 또는 맛있는 생선 요리와 같이 풍성하게 차려진 식탁에 있는 것들이 쾌락적인 삶을 만들어 주는 것은 아니기 때문이다. 오히려 모든 욕구와 회피의 근거를 파악하고 영혼을 회오리바람처럼 뒤흔드는 광기를 몰아내는 명료한 사고만이 쾌락적인 삶을 만들어 주기 때문이다."

참된 쾌락은 육체와 정신의 고통, 불안, 광기가 제거될 때 이루어진다는 말이다. 에피쿠로스는 이렇게 고통도 불안도 정념의 회오리도 없는 절대적인 평온함을 아타락시아ataraxia라고 불렀다. 에피쿠로스가 육체를 위하여 요구했던 것은 먹음의 쾌락이나 성적인 쾌락이 아니었다. 고작 헐벗지 않는 것, 굶주리지 않는 것뿐이었다. 헐벗지 않고 굶주리지 않는 데에는 그렇게 많은 재산이 요구되지 않았다.

『마시멜로 이야기』 속의 어린아이들도 마찬가지다. 행복을 위해서는 마시멜로 하나를 먹으면 그만이다. 입 속에 달콤하게 녹아드는 마시멜로의 부드럽고 달콤한 맛을 만끽하면 그만이다. 왜 그것이 나쁜가? 우리는 우리의 몸을 즐겁게 할 권리가 있다. 찰리는 단지 그 권리를 실천했을 뿐이다. 더 많은 마시멜로를 요구한 것이 아니라, 자신을 즐겁게 만들어 줄 수 있는 단 하나의 마시멜로를 취했을 뿐이다.

『행복의 정복』에서 러셀은 "다른 사람에게 해를 주는 일만 아니라면, 어떤 즐거움도 소중히 여겨야 한다."라고 말하면서 자신은 강을 수집한다고 고백한다. "나는 강을 수집한다. 나는 볼가강이나 양자강을 오르내리면 즐거워진다. 그리고 아직 아마존강이나 오리노코강에 가 보지 못한 것이 유감이다. 이런 감정상태가 아무리 단순한 것이라고 해도 나는 전혀 부끄럽지 않다." 확신하건대 만약 러셀이 마시멜로 실험에 참가했다면 그는 분명 눈앞의 마시멜로를 먹어 버렸을 것이다. 필요 이상의 죄의식으로 아이들을 협박하는 것은 어른들이 할 일이 아니다.

아이들의 장차 학습력이나 성취와 연결되는 만족지연능력을 강조하는 마시멜로 이야기의 교훈을 폄하할 생각은 없다. 다만 성취와 성장이라는 가치에만 지나치게 경도된 어른들의 가르침을 경계하려는 것이다.

성공을 위해서만 발휘되는 인내심은 졸렬하다

미래의 즐거움과 축복을 위해서 현재의 고통을 감수하는 것도 물론 고귀한 행동이다. 인류에게 주어진 수많은 축복들이 현재의 고통을 기꺼이 감수할 줄 알았던 사람들의 고귀한 인내심의 결과였던 것도 부인할 수 없다. 그렇다고 해서 미래의 보상을 포기하고 현재의 결핍을 충족시키는 행동이 반드시 비난받아야 할 이유는 없다. 무엇보다 행복과 만족을 지연시키는 행위가 항상 옳은 것은 아니다. 『빅브랜드 성공의 조건』이라는 책에 등장하는 흥미로운 에피소드를 읽어 보자.

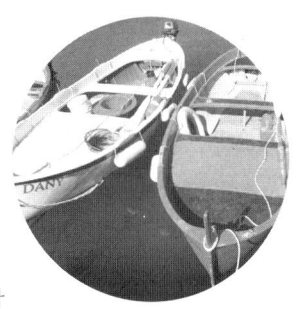

　미국 출신의 한 비즈니스맨이 코스타리카의 한 어촌을 찾았는데, 한 명의 어부가 참치 몇 마리를 잡아서 배를 부두에 대고 있었다.

　비즈니스맨은 고기가 좋다고 칭찬하며 고기 잡는 데 든 시간을 물었고, 어부는 몇 시간 들었다고 대답했다.

　비즈니스맨은 더 많은 시간을 들이면 더 많은 고기를 잡을 수 있을 거라며 한소리를 했고, 어부는 이 정도면 이미 자기 식구가 충분히 먹을 수 있는 양이라고 대답했다.

　"그럼 나머지 시간엔 뭘 하시오?"

　비즈니스맨이 묻자, 어부는 빙긋 웃으며 대답했다.

　"늦잠도 자고, 아이들과 놀기도 하고, 아내와 낮잠도 자고, 저녁에는 동네 한 바퀴를 돌며 술도 좀 마시고, 친구들과 어울려 기타도 치면서 시간을 보내지요. 나름대로 바쁘고 행복한 생활입니다."

　비즈니스맨은 비웃으며 말했다.

　"난 월스트리트에서 활동하고 있는 간부인데 당신을 돕고 싶소. 내 생각에 당신은 고기잡이에 더 많은 시간을 투자하는 게 좋겠소. 그리고 자금을 끌어들여 큰 배도 사고, 홈페이지도 만듭시다. 실현 가능한 굵직한 사업 계획만 있으면 배 몇 대 구입할 자금은 쉽게 구할 수 있소. 또 잡은 고기를 중간 상인에게 파는 대신 가공업자에게 팔거나, 통조림 공장을 세워 고기를 팔 수도 있소. 그러면 당신이 제품 가공 처리와 유통까지 직접 통제할 수도 있을 거요. 이 조그만 마을을 벗어나 산호세로, LA로, 뉴욕으로 사업을 확대해 갑시다. 뉴욕에서는 공급망을 이용해 회사업무 중 상당 부분을 아웃소싱할 수도 있고. 그렇게 되면 업무 부담이 줄 테니 분명 좋을 거요."

어부가 물었다.

"그렇게 되기까지 시간이 얼마나 걸릴까요?"

"한 15년 내지 20년 쯤."

"그런 다음에는 뭐가 있죠?"

비즈니스맨은 웃으며 대답했다.

"그 부분이 가장 중요하죠. 적절한 시기가 되면 기업을 공개하고 일반인들에게 주식을 팔아서 큰 부자가 되는 거요. 아마 수백만 달러는 벌 수 있을 겁니다."

어부는 놀라며 물었다.

"수백만 달러? 그 다음에는요?"

비즈니스맨은 말했다.

"그 다음에는 은퇴하고 조그만 어촌으로 이사해서 조금씩 고기를 잡으며 늦잠도 자고, 아이들과 놀기도 하고, 아내와 늦잠도 자고, 저녁에는 동네 한 바퀴를 돌며 술도 조금 마시고 친구들과 어울려 기타도 치면서 시간을 보내야겠지."

이 비즈니스맨이 그토록 비장하게 꿈꾸는 미래가 곧 어부의 현재라는 사실이 나름의 놀라운 반전 아닌가. 그런데도 비즈니스맨은 어부에게 현재의 삶을 포기할 것을 종용한다. 그리고 큰 성공을 꿈꾸라고 한다. 그러나 성공은 무엇인가? 더 많은 돈을 벌고, 더 큰 집을 마련하고, 더 화려한 가구를 들여놓는 것이 소위 말하는 세속적인 성공이다.

그러나 그런 성공을 얻어 내기 위해서 우리는 끊임없이 우리의 만족을 지연시켜야 한다. 나중에 오는 행복을 위해 현재의 불행을 참아 내야만 한다. 그러한 인내가 보상받아야 한다는 데에는 이론의 여지가 없다. 하지만 우리의 인내심이 반드시 어떤 성공을 목적으로 발휘되어야만 한다는 생각은 너무 졸렬하지 않은가? 더구나 내 입을 즐겁게 하는 행위를 쾌락을 추구하는 탐욕적 행위로 비난하는 것은 아주 위험한 생각이다. 더 많은 마시멜로를 얻기 위해 현재의 만족을 희생시키기보다 하나의 마시멜로를 깊이 있게 음미하는 행위는 절대로 비난받을 성질의 행위가 아니다. 내가 진정으로 꿈꾸는 것이 무엇인지, 내가 진정으로 노래하고 싶은 것이 무엇인지, 내가 진정으로 욕망하는 것이 무엇인지, 내가 숨 쉬고 싶은 공기가 무엇인지를 알고, 그것을 꿈꾸고, 그것을 노래하고, 그것을 욕망하고, 그것을 숨 쉬는 일은 분명 행복한 일이다.

현명한 쾌락주의자, 엔도 슈사쿠

수많은 철학자들이 행복을 정의하였지만 결국 행복이란 '욕구가 충족되었을 때의 충만한 느낌'이다. 목이 마르면 물을 마시고, 배가 고프면 음식을 먹고, 졸리면 자야 한다는 것이 간단한 행복 공식이다. 이 간단한 공식을 무시한 채, 『마시멜로 이야기』의 저자는 욕구의 만족을 지연시키고 더 큰 만족을 얻으라고 주문한다. 그럴싸한 이야기 같지만 그러한 논리에는 허점이 있다.

예컨대 화장실에 가고 싶은 배설의 욕구는 당장 해결해 주는 것이 마땅하다. 억지로 참다가는 방광염에 걸릴지도 모른다. 게다가 그것을 참아 내느라 몸을 뒤채고 꼬다 보면 어떤 작업에도 집중하지 못한다. 마시멜로가 먹고 싶어서 안달이 난 어린아이의 모습과 배설의 욕구에 시달리는 사람의 모습이 무엇이 다르랴. 몸이 마시멜로를 간절히 요구한다면 몸의 요구에 솔직하게 응하는 것 또한 행복에 이르는 한 가지 분명한 길이라는 것이다.

『침묵』이라는 소설로 세계적인 명성을 얻은 일본의 소설가 엔도 슈사쿠는 『나를 사랑하는 법』이라는 책에서 이렇게 고백하고 있다. "나는 목표한 것을 이루기 위해서 보고 싶은 영화를 보러 가지 않거나 하는 등의 금욕주의를 실천할 수 있을 만한 사람이 아니다. 만약 당신이 꾹 참고 자신이 이루고자 하는 바를 관철하는 사람이라면 나 같은 사람을 참으로 어리석게 볼 수도 있다. 그러나 나는 어떤 관계를 맺거나 인생을 살아가는 데 있어서도 이것저것 다 해 보며 즐기려고 한다."

엔도 슈사쿠는 공부만 하고 만화책을 읽는 즐거움을 맛볼 수 없는 것은 따분한 일이라고 하면서 현재의 즐거움을 포기하지 말라고 당부한다. 엔도 슈사쿠의 말을 자칫 오해하면 하기 싫은 일은 하지 말라는 말로 해석할 수도 있다. 이런 오해가 생길까봐 엔도 슈사쿠는 "하기 싫은 일이라도 자신이 하고 싶은 일처럼 생각하여 즐겨 보는 것은 어떠한가."라고 말하면서 자신의 경험담을 소개한다. 그 내용을 간추려 소개하자면 이렇다.

슈사쿠가 다친 왼팔을 수술했을 때 의사는 그에게 부지런히 팔 운동을 해 주어야 한다고 충고한다. 하지만 슈사쿠는 운동을 게을리 했던 모양이다. 한 달 후, 의사는 당신이 운동을 게을리 했으니 팔이 올라가지 않을 거라고 핀잔을 주면서 팔을 들어 올려 보라고 주문한다. 그런데 웬걸, 슈사쿠의 팔이 자연스럽게 올라가는 것이 아닌가. 의사는 어찌된 일이냐고 묻는다. 슈사쿠는 부끄러운 표정으로 대답한다. 병원에 있는 환자들과 매일 카드놀이를 하면서 왼팔을 움직였노라고.

아마도 성실한 환자였다면 인내심을 가지고 목표에 도달했겠지만 슈사쿠는 놀면서 목표에 도달했다. 그는 현명한 쾌락주의자였다. 그렇다고 현실의 문제가 무엇인가를 망각한 바보는 아니었다. 쾌락을 추구하되 자신의 목표가 무엇인지를 절대로 잊지 않았다.

다리와 허리가 약했던 그에게 의사가 걸을 것을 권하면서 만보계를 건네주었을 때도 그는 한동안 열심히 걷다가 이내 걷기가 지루하다는 것을 깨닫고서 곰곰 생각했다. '어떻게 해야 걷지 않으면서도 걷기 이상의 효과를 볼 수 있을까?' 답은 춤이었다. 춤을 추면서 건강도 얻고 재미도 얻겠다, 바로 이것이 엔도 슈사쿠가 선택한 일석이조 전략이었다. 슈사쿠는 이렇게 말한다. "강자의 방법이 모두 옳은 것은 아니다. 내가 했던 것처럼 당신의 머릿속에도 강자와 더불어 살아나갈 당신만의 지혜와 방법이 분명히 있을 것이다."

만족과 지연의 적절한 믹싱 전략

부자가 되고 사회적으로 큰 명예와 권력을 얻는 것은 분명 성공이다. 그러나 그것은 어디까지나 반쪽짜리 성공일 뿐이다. 바깥사람들이 칭송해 마지않는 성공은 반쪽짜리다. 사람들이 박수도 쳐 주고 소리 높여 칭송도 하고 심지어는 사인도 부탁하니 우쭐해질 수 있겠지만, 만약 혼자 남았을 때 어딘가 허전하기 이를 데 없다면 그런 성공은 미심쩍은 구석이 있다. 스위스의 정신의학자 칼 융이 말하는 '자기실현self actualization'이라는 개념을 통해서 왜 이런 성공이 반쪽짜리에 불과한지를 살펴보자.

사람은 직업을 가지고 사회생활에 적응하기 위해서는 어쩔 수 없이 가면을 써야 한다. 그런 가면을 융은 '페르소나persona'라고 이름 불렀다. 목사나 법관은 그 직위가 요구하는 근엄한 가면을 써야 한다. 가면은 우리에게 그 역할과 지위에 맞는 행동을 할 것을 요구한다. 내 마음대로 하고 싶어도 남들의 눈이 두려워 목사나 법관은 자신의 욕망을 억눌러야 한다. 그러나 억누른다고 해서 욕망이 사라지는 것은 아니다.

이때 융은 사회적 책무를 완수하기 위해서 어쩔 수 없이 눌러놓았던 욕망 또한 나 자신의 일부라고 말한다. 융은 페르소나의 가면 속에 가려진 나를 무시해서는 '자기실현'은 요원하다고 말한다. 그렇다고 융이 사회적 임무를 던져 버리고 억눌린 욕망을 적극적으로 실현하라고 말하지는 않는다. 단지 사회적 책임 때문에 억누를 수밖에 없었던 욕망이 어떤 것인가를 인식하고 그것과 적극적으로 화해하는 것이 자기실현의 길이라고 충고한다.

마시멜로를 먹으면 안 된다고 말하는 어린아이는 '착한 어린이'가 되어야 한다는 사회적 요구에 충실하려는 페르소나를 쓴 아이다. 그 페르소나의 가면 뒤에는 마시멜로를 먹고 싶다는 간절한 욕망을 가진 아이가 있다. 마시멜로 앞에서의 갈등이란 '먹어서는 안 된다는 아이'와 '먹고 싶다는 아이'와의 갈등을 말한다. 사회가 우리에게 '먹어서는 안 된다는 아이'의 역할을 요구한다고 할지라도 그 요구에만 충실해서는 온전한 자기실현은 있을 수 없다고 융은 말하는 것이다. 온전한 너 자신을 실현하려면, 착한 아이가 되어야 한다는 사회적 욕망에도 충실해야 하지만 반대로 마시멜로에 대한 나의 노골적인 욕망과도 타협할 수 있어야 한다는 것이다.

사람들은 대개 '내 안의 목소리'와 '내 안의 욕망'을 무시하고 넘어가기 십상이다. 사회적 역할을 수행하는 데 방해가 되고 사회적 성공을 이루는 데 거치적거리기 때문이다. 멸사봉공滅私奉公, 즉 사적인 것을 멸하고 공적인 것을 받들라는 말은 '내 안의 목소리'에 귀 기울이기보다는 전체의 이익을 위해 봉사하라는 주문으로 이해할 수 있다. 이런 주문에 충직한 사람들이 애국자고 충신이다. 공적인 것 앞에서 개인의 것을 말끔히 비워 낼 수 있는 사람들이 바로 그들이다. 그들을 욕할 생각은 없다. 아니 예수, 부처와 같은 성인들은 자신을 비워 낼 수 있는 파워의 소유자들이었다.

그러나 섣부른 흉내는 화를 부른다. 우리에게 필요한 것은 중용의 길이다. 페르소나, 곧 의식적 자아가 요구하는 사회적 역할도 소홀히 할 수 없지만 동시에 무의식적 자아, 즉 '내 안의 목소리'에도 답해야 한다. 만약에 우리가 삐끗하여 중심을 잃고 어떤 한쪽에 더 큰 비중을 둔다면 우리의 인격은 뒤틀리게 되고, 그러다가 극단적 상황에 몰리게 되면 우울증이나 노이로제에 직면하게 된다는 것이 심리학자 융의 지적이다.

중용을 지키라는 융의 충고를 생각한다면 '참기 일변도의 인간'도 '놀기 일변도의 인간'도 모두 문제다. 훗날의 달디 단 열매를 위해 현실의 쓰디씀을 참아 내기만 하면서 내 안의 목소리에 귀 기울이지 않다가는 언젠가 무의식의 욕망이 폭발하는 참사와 직면하게 된다. 그 폭발의 순간이 융이 말하는 신경증이다.

아무리 욕망이 없는 사람일지라도 누군가에게 인정받고 싶다는 이른바 '인정의 욕망'이 있게 마련이다. 헤겔은 인간들 사이의 모든 갈등은 인정받고자 하는 욕망에서 비롯되며, 인정의 욕망을 충족시킴으로써 자기 정체성을 확립한다고 했다. 사회적 성취와 성공은 그 인정의 욕망을 충족시켜 준다. 그러나 부자가 되고 권력자가 되더라도 내 안에 사랑받고 싶다는 내면적 욕구가 충족되지 않으면 인간은 외면적인 성공에도 불구하고 고독해질 수밖에 없다. 성경에도 "사람이 온 세상을 얻고도 제 목숨을 잃으면 무슨 이득이 있겠느냐(마태복음 16:26)?"라는 구절이 있다. 사회가 요구하는 임무를 완수했으면서도 마음이 공허하다면 대체 그 이유는 무엇일까? 내 안의 욕망을 번번이 매번 번번이 좌절시켰기 때문은 아닐까?

성공에 미친 사회

온라인서점에 들어가 '20대'라는 키워드를 입력하고 검색키를 클릭하면 『대한민국 20대, 재테크에 미쳐라』, 『20대, 나만의 무대를 세워라』, 『대한민국 20대, 스펙을 높여라』, 『20대가 꼭 알아야 할 경제지식』, 『20대여, 지금 당장 주식에 투자하라』, 『아이디어로 승부하는 20대 맨손 창업』, 『20대 직장인 부동산에 빠져라』, 『대한민국 20대, 일찍 도전하라』, 『20대, 취업은 연애다』, 『한국인이 아닌 세계인으로 성공하라—세상 밖을 꿈꾸는 거침없는 글로벌 청춘 대한민국 20대들의 국경 없는 성공기』, 『20대, 미쳐야 살아남는다』, 『대한민국 20대, 내 집 마련에 미쳐라』 등 전투적인 용어들이 난무함을 확인할 수 있을 것이다. 마치 대한민국에서는 살짝 미쳐 줘야 정상이 될 것 같은 분위기다. 더구나 성공을 위해서는 살짝 미치는 정도를 떠나서 아주 미쳐야 할 것도 같은 분위기다.

2000년대를 전후한 미국에서도 이런 분위기가 몰아닥쳤다. 이른바 마틴 셀리그만의 '긍정의 성공학' 열풍이 그것이다. 그의 저서 『긍정 심리학』이 미국에서 초대형 베스트셀러가 되면서 어떻게 하면 부자가 될 수 있는지에 대한 대중적 관심을 증폭시켰다. 심지어 인간의 영혼을 구제해야 할 종교 단체까지도 성공 설교회를 열어 성공 열풍을 선동했다. 서점에서도 성공학, 부자학 스페셜 코너가 마련될 정도였다.

어느 순간 성공은 지상의 과제가 되어 버렸다. 일각에서는 미국 부동산과 신용 금융이 너무 과열되었다고 경고했지만 당시 성공에 대한 부정과 의심은 죄악이었다. 성공을 긍정하고, 성공을 믿고, 성공을 추구하라는 것이 성공학의 요체였다. 아무도 비판의 목소리에 귀 기울이지 않았다. 적어도 2000년대 말에 참담한 경제 한파가 미국을 수렁에 빠뜨리기 전까지는.

대한민국에서도 2000년대 초에 부자 되기 광풍이 몰아친 적이 있다. TV 광고 속에서 한 탤런트가 '부자 되세요'를 열심히 외치던 모습을 기억할 것이다. 당시 '10억 원 모으기', '로또 열풍'에 대다수의 국민들이 마치 최면에라도 걸린 듯 반응했다. 서점가에도 성공과 재테크, 부자학 관련 서

적들이 날개 돋친 듯 팔려 나갔다. 1997년에 IMF로 국가적 시련을 겪었던 대한민국 사람들에게 부자 되기는 '불행 끝, 행복 시작'을 의미했다. 그러나 시간이 흘러 2010년을 맞이한 지금의 대한민국 어디에도 '불행 끝, 행복 시작'의 기미는 보이지 않는다.

사회 곳곳에서는 아직도 성공에 대한 열풍이 식지 않은 모습이다. 과연 10대가 돈 버는 나이인지는 묻지도 따지지도 않고 '억대 매출 10대 사장님'을 소개하는 기사가 인터넷에 뜬다. '보아라, 절망하는 세대여, 이렇게 번듯하게 성공하는 10대가 있는데 무슨 걱정이냐'는 식이다. 너희들도 좌절하지만 말고 힘을 한번 내 보라는 격려치고는 참으로 몹쓸 격려다.

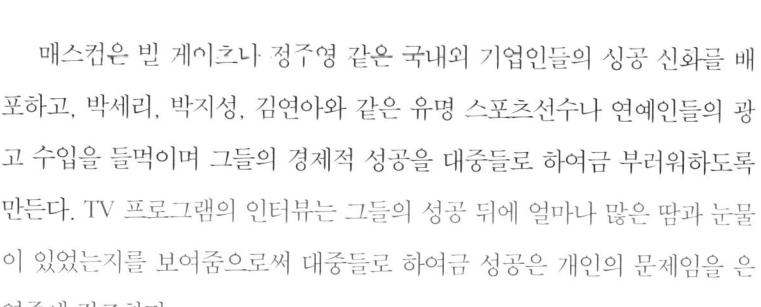

매스컴은 빌 게이츠나 정주영 같은 국내외 기업인들의 성공 신화를 배포하고, 박세리, 박지성, 김연아와 같은 유명 스포츠선수나 연예인들의 광고 수입을 들먹이며 그들의 경제적 성공을 대중들로 하여금 부러워하도록 만든다. TV 프로그램의 인터뷰는 그들의 성공 뒤에 얼마나 많은 땀과 눈물이 있었는지를 보여줌으로써 대중들로 하여금 성공은 개인의 문제임을 은연중에 강조한다.

드라마는 어떤가. 어쩌면 그렇게 모두들 잘 살고 건강한지, 부자일색,

미남미녀 일색이다. 모두들 번듯하다. 이목구비만 그런 것이 아니다. 몸매도 번듯, 살림살이도 번듯, 타는 차도 번듯, 입는 옷도 번듯하다. 드라마에 사실주의는 없다. 젊은이들 사이에 '현시창'이라는 씁쓸한 유행어가 돌았듯, 과장하자면, 현실은 시궁창인데 드라마는 번쩍번쩍하기만 하다. 대중문화는 결국 대중들에게 이렇게 말한다. "구질구질한 것은 죄악이야. 돈을 벌어 구깃구깃한 현실을 다림질하라구."

2005년의 한 설문조사에 의하면 대학생의 관심사 1순위는 돈, 2순위가 사랑, 3순위가 건강이란다. 지성, 진리, 정의는 아버지 세대의 단어들이다. 서정시를 외우고 니체와 헤겔을 들먹여야 폼이 나던 시대는 이미 지나갔다. '간지 나는' 의상, '구리지 않은' 휴대폰, '필이 꽂히는' 음악이 나만의 매력을 만들어 주는 시대다. 내적인 아름다움을 말한다는 것은 시대에 뒤떨어진 생각이 되어 버렸다. 'S라인, V라인'이라고 아주 구체적으로 말해야 아름다움에 대한 '감'이 오는 세대가 요즘의 20대다.

20대를 두고 비정규직 세대니, 88만원 세대니 운운해도 이들은 어떻게 살아야 '구리지 않게' 살아야 하는지를 아는 세대다. "간지 나게 살고 싶은가? 그러면 우선 돈을 벌어라!"라는 메시지를 반복하는 대중문화에 끊임없이 노출된 세대가 아닌가. 그들의 관심 1순위가 돈인 것도 이상할 것이 없다. 어른 세대가 20대로 하여금 그런 욕망을 가지도록 조작을 했다고 해도 과언이 아니다. 어른 세대들의 욕망이 책과 같은 문자 텍스트에 의해 만들어졌다면, 지금 20대의 욕망을 만들어 준 것은 미디어의 시각적 텍스트였다. 끊임없이 성공의 시각적 측면만을 강조하는 미디어에 노출되었던 20대에게 성공은 내적인 충만함과는 거리가 멀다. 미국의 시인 에머슨은 성공을 이렇게 표현했다.

자신이 한때 이곳에 살았음으로 해서
단 한 사람의 인생이라도 행복해지는 것
이것이 진정한 성공이다

과연 이 시 구절에 감동할 20대가 몇이나 될까. 에머슨의 시를 뒤집어 보면 이렇다. "당신이 아무리 성공을 했다고 할지라도 당신 때문에 불행해지는 사람이 많다면 당신은 진정 성공한 사람이라고 할 수 있을까?" 불철주야로 일을 해서 억만장자가 되었다고 하자. 그러나 남편의 일중독 때문에 아내가 우울증에 걸렸다면 과연 그의 삶을 성공이라고 평가할 수 있을까? 에머슨의 시는 성공은 그런 성질의 것이 아니라고 말한다.

멈출 줄 알면 위태롭지 않다

김정운은 『노는 만큼 성공한다』에서 바람직한 성공은 어떤 것인가를

'3R'이라는 용어로 설명한다. 진짜 성공은 '3가지 C'를 가지고 있어야 한다는 것인데, Contentment(만족), Calmness(평온함), Connection(관계)이 그것이다. 자신이 이룬 것에 만족할 줄 알고, 감사할 줄 알면 성공한 것이라는 이야기다. 또 성공을 해도 그 마음에 평온함을 품고 있어야 진정한 성공이라는 것이고, 자신을 둘러싼 사람들과 성공의 기쁨을 같이 누려야 진정으로 성공한 사람이라는 뜻이기도 하다.

사실 김정운이 제시하는 성공학은 세상 누구도 달성하기 어려운 고난도의 성공학이다. 사람은 만족을 모르는 동물이기 때문이다. 평범한 사람들로서는 자신의 욕망을 적절한 수준에서 그치게 하기가 쉽지 않다. 나아가기는 쉬워도 멈추기는 힘든 것이 욕망의 시스템이다. 멈춤은 아무나 할 수 있는 일이 아니다. 따라서 멈출 수 있는 자는 패배자가 아니며, 퇴보자는 더욱 아니고, 그러한 사람은 바로 자신을 부릴 줄 아는 사람, 속도를 다스릴 수 있는 사람이다. 노자老子의 〈도덕경〉에 '지족知足이면 불욕不辱이요, 지지知止면 불태不殆'라 했다. 만족할 줄 알면 욕됨이 없고 그칠 줄 알면 위태롭지 않다는 뜻이다. 그쳐야 할 곳에서 브레이크를 밟지 못하면 결국 접촉사고를 감수해야 한다는 것이 관성의 법칙이다.

진짜 성공은 평온함calmness을 자기 안에 거느릴 수 있어야 한다고 했다. 돈과 권력 앞에서 인간은 사족을 못 쓰는 동물이다. 영웅도 미인을 만나면 마음의 평온함을 유지하기가 쉽지 않다. 평온함은 거리를 둘 수 있는 힘에서 나오지만 돈과 권력 앞에 냉정함을 유지하기란 쉬운 일이 아니다. 이익을 보거든 먼저 옳음을 생각하라는 '견리사의見利思義'의 교훈도 액자 속에 있을 때는 쉬워 보이지만 그것이 가슴 속에 덜커덕 걸릴 때는 부담스럽기 짝이 없다.

본래 이익은 가깝고 대의大義는 먼 법이다. 인간은 본래 영웅이나 군자로 만들어진 것이 아니라 소인배로 만들어졌기 때문이다. 물론 소인배를 초월하려는 의지 또한 모든 인간에게 공평하게 배분된 것이니, 그 초월의 의지를 어느 정도 쓰느냐는 각자에게 달린 문제다. 그리고 그 초월의 의지를 어느 정도 쓰느냐에 내 인생의 성공 여부가 결정된다고도 할 수 있다. 내 통장의 잔고만이 나의 성공 여부를 말해 주는 것은 아니라는 이야기다.

스토아학파에 있어서 최고의 선과 행복은 모든 욕망을 끊어 버리고 어떤 외부의 유혹에도 아랑곳하지 않는 부동심不動心의 경지인 '아파테이아 apatheia'를 추구하는 것이었다. 쇳조각이 자석에 끌리듯, 맛있는 음식과 권력과 색정적 유혹에 이끌려서는 안 되었다. 스토아학파에게는 정념에 따르지 않고 이성에 따르는 삶이 유일한 선이었다. 이에 비해 에피쿠로스학파의 인생의 복적은 쾌락이었다. 그들에게 선한 것은 쾌락을 주는 것이었다. 반대로 악은 고통이었다. 그러나 앞서 말했듯, 에피쿠로스가 추구한 쾌락은 말초적이고 감각적인 것이 아니라, 정신적이고 지속적인 쾌락으로서의 '아타락시아'였다. 극기와 절제가 없는 쾌락의 추구는 인간을 비참한 나락 속으로 빠뜨릴 수도 있다고 보았기 때문이다.

아파테이아와 아타락시아는 외견상 비슷해 보이지만 차이가 있다. 모든 욕망을 끊어 버리고, 어떤 외부의 유혹에도 끄떡하지 않는 부동심의 경지인 아파테이아는 가급적이면 외부의 유혹으로부터 자신을 떼어 놓는 의지가 필요했다. 그러나 아타락시아를 추구하기 위해서는 굳이 암자나 법당과 같은 탈속적인 공간이 필요하지 않았다. 열심히 세속의 세상을 살아가면서도 어떤 것에도 흔들리지 않는 마음의 평안을 누릴 수 있어야 한다는 것이 다름 아닌 아타락시아가 요구하는 태도였다.

깊은 동굴 속에서 세속의 욕망을 멀리한 채 면벽 수도하는 선사들은 아파테이아를 추구했다고 할 수 있지만, 대중들과 함께 울고 웃었던 원효 선사 같은 이는 아타락시아를 추구했다고 할 수 있다. 어떻든 수시로 인터넷 쇼핑몰을 들락거리는 우리들로서는 아타락시아든 아파테이아든 실현 불가능해 보이는 건 마찬가지다. 21세기의 인간들이 쇼핑몰의 윈도우 앞에서 아타락시아나 아파테이아를 실현하기는 어려운 일이다.

행복은 소유에 비례하고 욕망에 반비례한다고 했다. 12평 사글셋방에서 18평 전세로 옮기면 행복하고, 다시 32평 내 집으로 옮기면 더욱 행복감을 느끼는 게 인간이다. 하나보다는 둘이 낫고, 둘보다는 셋이 나은 것이 소유의 원칙이다. 그러나 그것도 욕망이 고정되어 있을 때만 그렇다. 욕망이 커지면 아무리 소유를 늘려도 행복감은 커지지 않는다는 것이 욕망의 법칙임을 앞에서도 말한 바 있다. "지구는 모든 사람의 필요를 충족시키기에 충분하지만 단 한 사람의 욕망을 채우기에는 부족하다."라고 말한 이는 인도의 성자 마하트마 간디였다. 인간의 욕망을 채우기 위해 소유를 무한정 늘릴 수는 없는 일이다. 제일 먼저 통장의 잔고가 문제다. 까짓것 하는 생각으로 구매를 결정했다가는 신용불량자 리스트에 오르는 불명예를 감수해야 한다. 또 통장에 수백억 아니 수천억 원이 있더라도 욕망을 채우기에는 태부족이다. 한정된 자원이 우선 문제다. 아무리 가지고 싶어도 자원에는 한계가 있다. 결국 욕망을 줄이는 수밖에 다른 도리가 없다.

물론 욕망을 줄인다는 것도 결코 쉬운 일이 아니다. 더구나 한 인간의 내면에는 수많은 욕망이 들끓고 있다. 주머니는 빈약하지만 가지고 싶은 것도 먹고 싶은 것도 많고, 시간은 부족한데 만나고 싶은 사람은 많고, 하고 싶은 것도 가 보고 싶은 곳도 많기만 하다. 슈퍼맨에 백만장자가 아닌 이상 그 모든 욕망을 충족시킬 수는 없다.

그렇다면 한 가지를 확실히 가져 보는 것은 어떨까? 아무리 애써도 가지지도 못할 것을 욕망하면서 안절부절못하느니 내가 가질 수 있는 것들을 확실히 소유하는 즐거움을 만끽해 보자는 것이다. 해외여행을 갈 수 없는 처지를 비관하기보다는 가까운 교외를 도보로 걸으며 청량한 공기를 폐부 깊숙이 들이마시며 "나는 현재를 살아가노라."라고 읊조릴 수 있는 지혜는 어떨까? 비싼 돈 주고 콘서트 현장에 갈 수 없다면 MP3로 음악이 주는 삼매경에 흠뻑 빠져들어, 음악이 내 세포 하나하나에 스며드는 열락을 느껴 보는 것은 어떨까? 싸다고 푸념하지 말고 깊이 느껴 보자는 것이다.

어차피 즐기지 못하는 사람은 비싼 돈을 주고 해외여행을 가더라도 여행의 진수를 느끼지 못하고, 즐길 수 있는 사람은 하늘에 떠가는 구름에서도 깊은 운치를 느낄 수 있는 법이다. 깊이 느낄 수 있다면 라디오에서 흘러나오는 음악이라고 무시할 수는 없다. 문제는 돈에 있지 않고, 값에 있지 않다. 중요한 것은 자연의 풍광과 공기에, 음악에, 내 몸의 세포들을 흠뻑 적실 수 있는 마음의 여유가 아닐까? 아름다움을 볼 수 있는 마음이 없다면 그 어떤 아름다움도 차창으로 무심히 흘러가는 풍경에 불과할 뿐이다. 볼 수 있는 마음이 없다면 이미 그것은 아름다움이 아니다. 내가 가질 수 있는 것, 내가 누릴 수 있는 것에서 멈추어 설 줄 아는 지지知止의 지혜가 있다면, 바로 당신이 멈춘 그 자리에서, 당신이 누릴 수 있는 것들을 확실히 누리자.

어려운 일이 아니다. 목이 마르거든 냉수를 들이키면서 '무색, 무취, 무색소, 무방부제를 광고하는 세상 어느 음료수가 부러우랴!' 하고 한번 호기 있게 뇌까려 볼 일이다. 관악산 중턱에서 희뿌연 서울을 내려다보며 '세상은 우선 살아 있고 볼 일이야.' 라고 중얼거려 보는 것도 나쁘지 않다. 그 희뿌연 세상으로 다시 내려가서 가쁜 숨을 쉬어야 한다고 할지라도 우리의 삶이 늘 거기에만 묶여 있는 것은 아니다. 우리는 묶여 있는 존재이지만 또 한편으로는 언제든 초월할 수 있는 존재이니까 말이다.

07

스 무 살 의

사 랑

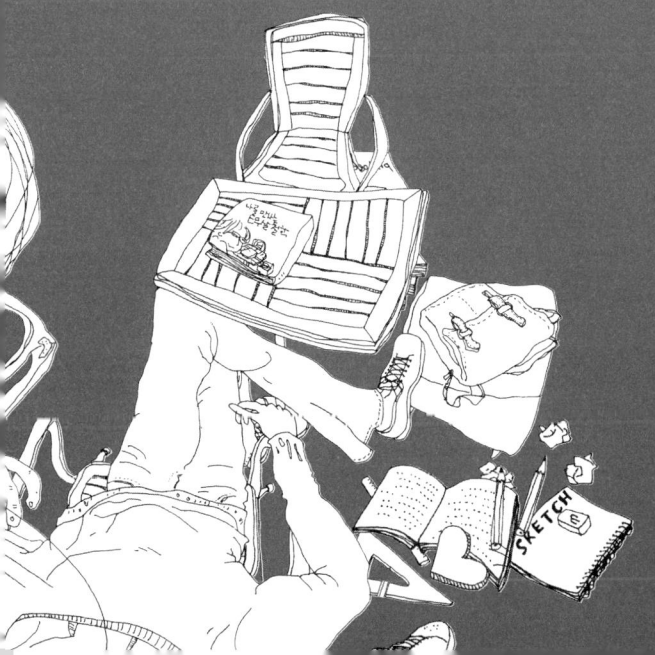

타자의 방식을 고려하지 않는
어리석은 사랑

그 한 번의 따뜻한 감촉

단 한 번의 묵묵한 이별이

몇 번의 겨울을 버티게 했습니다

사람과 사람 사이에 벽이 허물어지고

활짝활짝 문 열리던 밤의 모닥불 사이로

마음과 마음을 헤집고

푸르게 범람하던 치자꽃 향기

소백산 한쪽을 들어올린 포옹

혈관 속을 서서히 운행하던 별

그 한 번의 그윽한 기쁨

단 한 번의 이윽한 진실이

내 일생을 버티게 할지도 모릅니다

시인 고정희의 〈겨울 사랑〉이라는 제목의 시다. 나는 고정희의 시를 읽을 때마다 힘겨웠던 군대 시절을 떠올린다. 영하 20도를 오르락내리락하던 당시 겨울 새벽에 보초를 서는 것은 끔찍한 일이었다. 시간은 멈춰 선 것만 같았고, 엄습하는 추위에 생각하는 기능마저 얼어 버린 듯 아무런 기억도 떠오르지를 않았다. 날씨만 추웠던 것은 아니다. 획일과 규율을 강요하는 군대의 질서 자체가 끔찍했다. 부모도 없고 형제도 없다면 사고를 쳐도 크게 치고 싶은 생각이 들 정도로 군대 생활은 나에게 크나큰 모멸을 강요했다. 어떤 식으로든 자구책을 강구하지 않을 수 없었다. '어떻게 하면 이 가혹한 시간들을 버텨 낼 수 있을까?'

누가 시키지 않아도 답은 가까운 곳에 있었다. 바로 '그녀'와의 따스한 기억을 떠올리는 일이었다. 비록 곁에 없을지라도 그녀의 미소를 기억하는 것만으로도 나는 세상을 다 가진 듯했다. 그녀와의 따뜻한 감촉을 기억하는 것만으로도 얼마나 많은 추운 밤들이 가뭇없이 흘러가 버렸는지 모른다. 주머니 속에 들어 있는 그녀의 편지를 만지작거리며 겨울의 찬 공기를 깊이 들이마시고 있노라면 이대로 시간이 정지해도 좋겠다는 생각이 들 정도였다. 영하의 새벽, 그녀와의 따뜻한 감촉의 순간을 떠올리면 얼어붙은 몸을 욕조의 미지근한 물에 담그는 것처럼 마음은 따뜻해졌다. 그 기억 속에서 추위는 더 이상 추위가 아니었고, 어둠은 더 이상 어둠이 아니었다. 그때 사랑은 논리가 아니라 어떤 이상한 믿음 같은 것이었다. 그 믿음이 핍박과 곤혹스러움을 이기게 하는 깡다구가 되어 주었다. 나는 고정희의 시도 그런 사랑의 힘을 말해 주고 있다고 생각한다.

『데카르트가 사랑한 사팔뜨기』라는 책에 의하면 데카르트는 어느 날 자신에게 이상한 성향이 있음을 자각한다. 사팔뜨기라는 신체적 결함을 가진 여자에게만 유독 더 친근감을 느끼고 이유 없이 호의를 베푼다는 사실을 발견한 것이다. '대체 내가 왜 이러지?' 그는 철학자답게 그 이유를 찾아 나섰다. 그리고 그가 어렸을 때 한 소녀를 사랑한 적이 있고, 그녀가 사팔뜨기였음을 기억해낸다. 눈에 콩깍지가 씌웠는지 데카르트에게는 소녀의 신체적 결함이 전혀 문제가 되지 않았다. 그때의 일로 사랑의 감정과 사팔뜨기라는 것이 하나의 세트메뉴로 묶여 사팔뜨기라는 육체적 결함이 오히려 사랑의 감정을 유발한다는 사실을 알게 된 것이다. 근대철학의 아버지라는 데카르트는 이 사소한 일화를 통해 감정이 어떻게 이성의 판단을 방해하는지 깨닫는다.

칸트가 정열을 영혼의 병이라 하고, 정열에 사로잡힌 사람은 현재 또는 과거의 노예라고 본 것도 데카르트와 같은 맥락에서일 것이다. 데카르트나 칸트는 사랑과 같은 정열을 이성을 가로막는 장애요인으로 보았다.

칸트나 데카르트의 의견처럼 사랑은 명석함을 가로막는 장애요인일지도 모른다. 하지만 사랑은 하나의 축복임에 틀림이 없다는 것 또한 사실이다. 신학자 에라스무스는 『우신예찬』에서 이성보다 어리석음이 사람을 행복하게 한다고 썼다.

사랑과 우정을 생겨나게 하는 것은 엄밀한 판단이 아니다. 따지고 분석하는 이성적 사랑은 오히려 사랑에는 적이다. 따지고 감시하고 분별하는 눈으로 대상을 바라볼 때 결점은 크게 보이고 장점은 작게 보인다. 이런 눈은 평론가의 눈이지 연인의 눈이 아니다. 상대가 누구든 무조건 아름답게 보고 좋아하는 어리석음이야말로 인생을 즐겁게 하고 유대를 강화시켜 준다는 것이 에라스무스가 어리석은 신, 즉 우신愚神을 찬양하는 이유다. 그는 우정과 애정은 물론 학문과 미지의 세계에 대한 도전 역시 이런 어리석음이 없으면 할 수 없다고 했다. (그러나 에라스무스는 이성이 배제된 광기와 어리석음이 무질서와 파괴를 야기한다는 것, 그리고 이성과 합리성에서 오는 너그러움이 갈등을 약화시킬 수 있다는 믿음 또한 피력했다.)

사랑은 이성의 산물이 아니라 어리석음의 산물이다. 그러나 어떤 어리석음이냐에 따라 사랑은 축복일 수도 있고 지긋지긋한 속박일 수도 있다. 먼저 사랑이 어떤 어리석음을 만드는지 『장자』〈지락至樂〉 편의 한 구절을 살펴보자.

"너는 들어보지 못했느냐? 옛날 바닷새가 노나라 서울 밖에 날아와 앉았다. 노나라 임금은 이 새를 친히 종묘 안으로 데리고 와 술을 권하고, 아름다운 궁궐의 음악을 연주해 주고, 소와 돼지, 양을 잡아 대접했다. 그러나 새는 어리둥절해 하고 슬퍼하기만 할 뿐, 고기 한 점 먹지 않고 술도 한 잔 마시지 않은 채 사흘 만에 결국 죽어 버리고 말았다. 이는 자기와 같은 사람을 기르는 방법으로 새를 기른 것이지, 새를 기르는 방법으로 새를 기른 것이 아니다."

아마도 노나라 임금은 새의 죽음을 두고 나는 사랑한 죄밖에 없다고 말할지도 모른다. 과연 그럴까? 사랑이라는 말로 모든 것이 용서될 수 있을까? 우리는 노나라 임금과 같은 어리석음을 범하는 사람들을 주위에서 자주 본다. 개를 아예 짖지 못하도록 성대를 제거하면서도 우리는 그 불쌍한 동물을 '애완견'이라 이름한다. 그것은 나의 방식대로 개를 사랑하는 일종의 소유 방식의 사랑일 따름이다. 그러한 사랑에 타인에 대한 배려는 없다. 타인에 대한 배려는 곧 타인이 나와 다르다는 사실을 인정하는 데서 시작된다.

그러나 우리는 늘 이 '다름'을 인정하지 못한다. 가령, 나의 지인 중 어떤 이는 자신의 귀농의지가 순수하고 고결한 동기에서 우러나오는 것임을 너무 확신한 나머지 귀농을 반대하던 자신의 배우자에게 엄청난 분노를 느끼며 괴로워했다. 괴로워하고 있는 그를 보면서 나는 의구심이 들었다. '저 친구는 지금 아내를 사랑하고 있는 것일까, 아니면 자신을 사랑하고 있는 것일까?'

사실 그가 사랑한 존재는 자신의 아내가 아니라 그 자신이었다. 그 자신의 고결한 이념과 신념이었다. 그의 이념과 신념은 이성적 질서의 산물이다. 그러나 그의 이성이 '타인의 존재'를 간과한다면 그 이성은 얼마든지 폭력이 될 수도 있다. 바로 그가 자신의 신념을 절대화하면서 아내에게 귀농을 강제하는 것과 같은 경우다. 물론 그의 귀농이 틀렸다고 하는 것은 아니다. 그러나 그의 귀농이 올바른 것이려면 그는 좀 더 의연하게 기다릴 수 있어야 했다. 이때의 기다림이란 그의 아내에게 스스로 선택할 기회를 주는 것이어야 함은 물론이고, 또한 그녀의 선택은 오직 그녀의 몫이라는 데 대한 믿음에서 오는 것이어야 함은 물론이다.

우리가 한 사람을 내 욕망대로 할 수 없는 것은, 그 사람 역시도 자신의 욕망의 주체이기 때문이다. 쉽게 말해서, 내가 그 사람을 가지고 싶은 욕망이 있다면, 그 사람 또한 나를 거부할 욕망이 있다는 것이다. 타인을 내 욕망의 대상으로만 생각하지 않고, 또 하나의 욕망의 주체로 대우할 수 있는 마음이 없다면 유치장행을 결심하지 않으면 안 된다. 인간을 마음대로 개조할 수 있다는 생각, 인간을 내 욕망의 재물로 만들 수 있다는 생각, 그것은 독재자의 마인드이지 연인의 마인드가 아니다. 연인의 마인드라면 적어도 너는 내 마음대로 할 수 있는 대상이 아니라는 생각이 바탕에 있어야 한다.

시키는 대로 하는 것은 도구이지 사람이 아니다. '약' 버튼을 누르면 약한 바람을 보내고, '강' 버튼을 누르면 강한 바람을 보내는 것이 선풍기와 같은 도구들의 운명이다. 만약에 '약' 버튼을 눌렀는데도 강한 바람을 보낸다면 '미친 선풍기'로 규정되어 애프터서비스 센터에 보내질 수밖에 없다.

그런데 사람은 다르다. 사람에 있어서는 송신자가 보내는 입력신호가 그대로 수신자의 출력을 결정하는 것은 아니다. 도구는 자유를 주장할 수 없고 제 욕망을 내세울 수 없지만, 사람은 나름대로의 자유와 욕망이 있기 때문이다. 헤어지자는 입력신호에도 불구하고 죽어도 못 헤어지겠다는 출력이 나올 수도 있는 것이 사람들의 사랑 이야기이지 않은가.

물론 그 반대도 가능하다. 사람은 기본적으로 고분고분 시키는 대로만 따르는 존재가 아니다. 자유란 바로 그 '고분고분하지 않음'에 있는 것이 아니겠는가. 아멜리 노통브가 『이토록 아름다운 세 살』에서 말했듯이 우리가 시키는 대로만 받아들인다면 인간이 수챗구멍과 다른 것이 무엇이겠는가. 인간은 수챗구멍이 아니라서 불온하고 반역적이다.

그러므로 나의 자유는 너의 자유가 시작되는 곳에서 끝난다고 할 수 있다. 나의 자유를 너에게까지 무한히 확장시키겠다는 것은 제국주의의 논리이지, 사랑의 논리가 아니다. 나는 내 욕망이 옳다는 것을 안다. 내 욕망은 정당하다. 그러므로 내 욕망을 무한히 확장시키겠다는 논리는 곧 제국주의의 침략의 논리다. 나의 정당성을 추호도 의심하지 않는 철저한 자기중심주의인 셈이다. 폭력과 분쟁은 제국주의의 필연적 귀결이다. 나의 자유가 너의 자유를 억압하는 곳, 나의 이성이 너의 야만을 제압하는 곳, 나의 욕망이 너의 욕망을 억압하는 곳은 '갈라섬'과 '찢어짐'과 '따로 됨'의 텍스트들이 만들어지는 곳이다. 사랑의 아픔은 달콤한 아픔이라고 하지만 현실은 그런 역설을 허락할 만큼 녹록하지 않다. 모든 사랑은 아름답다고? 천만의 말씀이다. 생각만 해도 지긋지긋한 사랑, 야비하기 그지없는 사랑도 얼마든지 있다. 실현 가능성의 아이템 속에 자신의 욕망만을 설정해 두고 타인의 욕망을 배제하는 제국주의적 사랑이 그렇다.

노나라 임금도 자신의 사랑하는 방식을 새에게 강요했다. 그것은 나의 방식대로 타자(새)도 존재할 것이라는 믿음에서 나온 것이다. "술을 권하고, 아름다운 궁궐의 음악을 연주해 주고, 소와 돼지, 양을 잡아 대접"하는 방식은 '나'라는 주체가 좋아하는 방식이다. 새에게는 새 나름대로의 논리와 규칙이 있거늘, 노나라 임금은 내가 좋아하는 것이라면 새도 좋아할 것이라고 판단했던 것이다. 그것이 노나라 임금의 자기중심주의다.

『철학, 삶을 만나다』의 저자 강신주는 위의 『장자』의 〈지락〉을 언급하면서 "우리가 타자와의 차이를 긍정하지 못한다면, 혹은 사랑이 언제나 하나가 아니라 둘의 진리라는 사실을 망각한다면, 우리의 사랑 역시 이런 비극으로 끝날 수밖에 없을 것"임을 강조한다. 사랑은 하나가 아니라 둘이라는 것은 타자를 나와 동일시하려는 태도를 버리고, "나와는 다른 삶의 규칙을 가진 존재"로서의 타자를 인정하라는 것이다. 타자는 내 자신의 세계와는 다른 세계다. 사랑은 나와는 다른 세계를 끌어안는 것이지, 나의 세계를 확산시키려는 행위가 아니다.

그렇다면 바닷새가 가진 삶의 규칙은 무엇일까? 바로 공중을 날며 벌레를 잡아먹을 수 있는 자유다. 장자는 이 자유를 인위성이 제거된, 있는 그대로의 새의 방식으로 보았다. 노나라 임금이 만약 이 새의 자유를 인정하고 그만의 방식을 배려했다면 바닷새를 바다로 돌려보냈을지도 모른다.

그러나 또 한편 타자를 타자의 방식대로 살게 하는 사랑은 지나치게 명석한 이성을 필요로 한다. 타자를 이해한다는 것은 결코 쉬운 일이 아니다.

그의 모든 것을 안다는 것은 불가능에 가까운 일인지도 모른다. 타자를 타자의 방식대로 살게 하는 사랑이 진정한 사랑일지는 몰라도 우리는 또한 사랑이 소유의 욕망임을 부인할 수가 없다.

내가 꿈꾸는 세계를 같이 즐길 수 있다는 것은 모든 연인들의 로망이 아닌가. 나의 즐거움을 같이 나눌 때 즐거움은 배가 되지 않던가. 나의 세계를 같이 누리기 위해서 우리는 상대방을 자꾸 내 곁에 붙잡아 두려고 한다. 같이 있고 싶은 욕망, 같이 하고 싶은 욕망, 그것이 사랑 아닌가. '바닷새가 어쩌면 바다보다 나를 더 좋아할지도 몰라' 하는 생각으로 우리는 자꾸 바닷새들을 길들여 보려고 한다. 이때 우리의 길들임이 진정에서 우러나오는 것이고, 우리가 길들임에 성심을 다한다면 바닷새도 바다로 돌아가지 않고 우리 곁에 머물러 있으려 할지도 모른다. 그렇다. 타자를 타자의 방식대로 살게 하는 것도 사랑이지만, 사랑은 서로가 서로에게 길들여지는 방식이기도 하다.

서로가 서로에게 길들여지기 위해서는 어떠한 노력이 필요할까? 서로의 취향, 서로의 마음을 알아 가는 시간이 필요하다. 코믹 멜로 장르의 영화를 좋아하고 호러 장르의 영화를 끔찍이 싫어하는 그녀에게 〈드라큘라〉 같은 호러 영화를 같이 보자고 마냥 조를 수는 없는 일이다. 그런데 그녀가 당신의 취향이 호러 장르 영화에 있다는 것을 알고 어느 날 호러 영화를 같이 보자고 말을 걸어 올 수도 있다. 이렇게 사랑은 타인의 취향을 향해 나의 취향을 '열어 둠'에 있지 나의 취향을 고집하는 데에 있지 않다. 서로가 서로의 취향에 자신의 취향을 열어 가는 과정, 바로 그것이 길들임의 과정이 아닐까.

변화의 가능성을 열어 주는 사랑의 마음

스탕달은 『연애론』에서 사랑에 빠진 남자의 마음을 '결정화cristallisation' 라는 개념으로 설명한다. 잘츠부르크의 암염 채굴장에 던져진 나뭇가지가 이내 소금의 결정으로 뒤덮여 다이아몬드처럼 찬란하게 반짝이게 되듯, 연애 심리도 이런 과정을 거치면서 공상의 세계에서 상대방을 극도로 미화하게 된다는 것이다. 스탕달의 결정화라는 개념이 조금 현학적이라고 생각된다면 우리 조상들의 표현 중에 '눈에 콩깍지가 씌었다'는 말로 사랑하는 사람들의 심리를 이해해도 좋을 것이다.

김경의 소설 『뷰티풀 몬스터』에도 '결정화', '눈의 콩깍지'를 언급하는 대목이 나온다.

"한 찻집에서 맞은편에 앉은 그 남자의 옷소매를 뚫어지게 보고 있었다. 빛이 바랜 하늘색 스웨터의 손목 부분이 부주의하게 한번 접혀 있었는데, 그걸 보면서 왜 저것이 나에게 이토록 아름답게 느껴질까를 생각했다.

그저 잔뜩 웅크린 듯한 그 남자의 자세 따위가 어떻게 나한테는 핏기 하나 없이 우아한 모딜리아니아의 그림처럼 보일까? 이게 도대체 뭘까 싶어 처음엔 아득했고, 집으로 돌아가는 버스 안에서는 묘한 상실감과 슬픔을 느꼈다."

그런데 가만, 우리는 데카르트가 아니어서 그 철학자가 사팔뜨기 소녀에 대한 자신의 심리적 끌림의 이유를 성찰을 통해 알아냈듯, 그렇게 어떤 매혹의 이유를 분석해 낼 만한 사유의 능력이 턱없이 부족하다. 사실 우리는 막무가내로 어떤 사람에게 끌린다. 심지어는 좋아할 만한 구석이 전혀 없을뿐더러, 상대방이 나의 세계관과는 전혀 다른 세계관 속에서 살고 있는데도 불구하고 그에 대한 끌림을 자제할 수 없을 때가 있다. 그러므로 애초에 이성적인 설명이 불가한 사랑이라는 녀석을 사유하고 성찰한다는 것 자체가 어리석은 일일 수도 있겠다. 그러나, 사랑이 설명할 수 없는 것이라고 해서 그것이 성찰의 대상이 될 수 없는 것은 아니다. 사랑이라는 이름으로 행해지는 모든 폭력으로부터 자유로워지기 위해서라도 우리는 사랑에 대해서 알지 않으면 안 된다.

연인으로부터 사랑을 얻어 내겠다는 것은 연인의 마음을 얻겠다는 것에 다름 아니다. 마음을 얻지 못하면 사랑을 얻을 수 없다. 상대방으로부터 마음을 얻지 못하고 획득한 사랑은 기껏해야, 불러도 불러도 대답 없는 메아리만을 남발하는 고달픈 짝사랑일 뿐이다. 마음을 얻는 것, 그것이 사랑의 시작이다. 상대의 매력을 발견했다 해도, 그 상대로부터 "너 정도라면 됐어."라는 신호를 얻지 못하면 사랑은 결코 시작될 수 없다. 짝사랑이 아닌 한 모든 사랑은 이런 동의로부터 시작된다.

이런 동의를 얻기 위해 수사자는 화려한 갈기를 세우고, 새들은 열심히 울어 대고, 개구리들은 논에서 목청을 돋운다. 오늘도 '젊은 베르테르'들이 헬스클럽에서 열심히 몸을 만드는 것도 상대방으로부터 "너 정도 근육이면 되었어."라는 동의를 얻어 내기 위해서일 것이다. 이런 구애의 작업을 가볍게 생각해서는 안 된다. 그것은 목숨을 거는 필사의 작업일 수도 있다. 생각해 보면, 새들이나 개구리들이 짝을 부르기 위해 내는 울음소리는 자칫 내가 여기 있다는 사실을 천적에게 알리는 매우 위험한 행위일 수도 있다. 사랑을 얻기 위해 때로는 목숨을 걸기도 하는 것이 구애의 행위다.

그런데 상대의 마음을 얻었다 할지라도 그것으로 끝은 아니다. 일단 사랑을 얻기만 하면 그때부터 그 사랑이 계속 되리라고 생각하는 것도 착각이다. 사랑은 움직이는 것이라고 했던가. 사랑은 관성의 법칙을 따르지 않는다. 사랑은 오히려 마찰의 법칙에 따르는 것처럼 보인다. 조금만 마찰이 생겨도 계속 가야 할지 말아야 할지를 고민하는 것이 현실 속의 사랑이다. 이 세상의 수많은 '이별 스토리'가 마찰의 법칙을 증명하고 있다. 미묘하기 이를 데 없고, 섬세하기 비할 데 없는 것이 인간의 마음이거늘, "나는 저 사람을 잘 알고 있어."라고 큰소리치는 것은 착각 중에서도 중증이 아닐 수 없다.

"인간은 같은 강물에 두 번 발 담글 수 없다."는 헤라클레이토스의 말처럼, 인간은 끊임없이 변하는 시간 속의 존재다. 그를 A라고 생각하는 순간, 그는 이미 B가 되어 있을 수도 있다. 그럼에도 불구하고 우리는 그를 시간 속의 존재, 즉 가변적인 존재로 생각하지 않고, 불변하는 존재로 생각하는 경향이 있다. 그것은 인간을 이해하는 방식이 아니라 사물을 이해하는 방식이다.

아니다. 엄밀하게 말하면 시간 속에서 변화하지 않는 사물 또한 없다. 모든 피조물들은 시간 속에서 변화하는 존재이다. 불변하면 좋겠다고 생각하는 것은 인간의 욕망일 뿐이다. 이런 점에서 누군가를 이해했다고 하는 것도 일종의 오만이라고 말한 것이다. 사람들은 누군가를 깔보고 싶을 때 그 사람을 함부로 규정해 버린다. 지금 있는 그대로의 모습으로서가 아니라 과거의 어느 한 장면에 고정된 모습으로 그 사람을 규정하고 판단해 버린다. 지금은 잘나가는 후배를 보고 "너 옛날엔 코찔찔이었는데!"라고 말하면 웬만큼 마음 좋은 후배가 아니라면 인상이 구겨질 수밖에 없다.

레비나스는 『시간과 타자』에서 "미래는 절대적으로 다르고, 절대적으로 새로운 것이다. 바로 이렇게 볼 때 참된 시간의 현실을 우리는 제대로 이해할 수 있다. 다시 말해서 현재 안에서는 미래의 등가물을 절대 발견할 수 없을 뿐만 아니라 미래를 거머쥘 수 있는 가능성이 전적으로 결여되어 있다는 사실을 이해할 수 있다."라고 쓰고 있다. 쉽게 말해서 함부로 짐작하지 말라는 이야기다. 타자가 어떤 삶의 방식을 취할지 우리는 그의 미래를 알 수가 없다는 것이다. 그는 말한다. "미래는 손에 거머쥘 수 없는 것이며, 우리를 엄습하며 우리를 사로잡는 것이다. 미래, 그것은 타자이다."

"나는 너를 잘 알아."라고 함부로 말하지 말자. 타자는 미래처럼 알 수 없는 존재다. 게다가 인간은 끊임없이 변화할 수 있는 존재다. 도둑도 반성하면 훌륭한 인격자가 될 수 있다는 것이 빅토르 위고의 『장발장』이 주는 감동이 아니던가. 그런데 누군가가 장발장을 과거의 한 장면에만 고정시킨다면 어떨까? "너는 이런 사람이야."라고 하는 섣부른 규정 속에서는 전과자가 인격자가 되는 질적인 발전이란 있을 수 없다. 바로 그런 것을 '낙인'이라고 한다. "넌 어쩔 수 없는 사람이야", "넌 원래 그런 녀석이지" 하는 말들은 한 사람의 질적 변화의 가능성을 깡그리 무시하는 비수와 같은 말이다. 연인들이 경계해야 할 금기어 1 호다.

부정적인 과거의 모습에서 얼마든지 몸을 빼내 새로운 나를 만들어 낼 수 있는 것이 사람이다. 그래서 사람은 희망의 존재, 가능성의 존재다. 타인에 대한 섣부른 규정은 그러한 희망과 가능성을 아예 무시해 버리는 행위일 뿐이다. "넌 지방대생이야", "넌 키가 작으니까 루저야", "네가 가진 게 도대체 뭐야" 하는 말들이야말로 사람이 구사할 수 있는 최고급의 무기다. 말은 작지만 아주 예리한 칼과 같아서 어떤 무기보다도 깊고 커다란 상처를 입힌다.

　이런 말들은 상대방과 나와의 열린 관계를 원천봉쇄하는 '산성山城'과 같은 구실을 한다. 사랑을 실패와 좌절의 텍스트로 만들고 싶고, 자신을 비극의 주인공으로 등극시키고 싶다면 이런 아이템을 전략적으로 연구해 보는 것도 나쁘지 않겠다. "너네 집안 식구들은 왜 그래", "네 친구들은 한심하기 짝이 없어", "네가 하고 싶은 게 도대체 뭔데" 식의 아이템들 말이다.

　장발장이 전과자라는 소문 때문에 아무도 그에게 음식과 잠자리를 제공하지 않았을 때, 장발장에게 미래를 열어 준 사람은 밀리에르 신부였다. 그러나 은혜를 원수로 갚는다던가. 장발장은 더운 음식과 깨끗한 잠자리에 만족하지 않고 사제관의 은접시를 훔쳐 달아나다 헌병에게 끌려 다시 신부 앞으로 오게 된다. 그때 밀리에르 신부는 그 은접시는 자신이 준 선물이라 증언하고 장발장에게 은촛대까지 내주며 이렇게 말한다. "자네 영혼은 내가 사서 하느님께 바쳤다네."

　과거의 행위로서 장발장을 규정하지 않고, 새로운 질적인 변화 가능성을 열어 주는 마음, 사랑의 텍스트란 이런 것이 아닐까? "자기는 지금보다 나아질 수 있어. 잘할 수 있을 거야."라고 말하며 가만히 손을 잡아 줄 수 있는 마음. 이런 마음이 있어 세상은 제법 아름다운 곳이 아닐는지.

따라하지 말자,
사랑은 내 사랑이다

'낭만적인 연애? 그거 별거 아니야!'라고 말해 주는 소설이 있다. 알랭 드 보통의 『우리는 사랑일까』. 소설 속 주인공 앨리스는 광고회사를 다니는 스물네 살의 커리어우먼이다. 그녀가 꿈꾸는 것이 바로 낭만적인 사랑이다. 낭만적 사랑이란 쉽게 말해서 '꿈과 같이 달콤하고 꿈과 같이 몽상적인 사랑'이다.

꿈이 달콤한 것은 현실이 씁쓸하기 때문이다. 꿈은 해방의 세계이지만, 현실은 의무와 책임과 노동의 세계다. 그래서 현실은 버겁고 무겁고 피곤하다. 그러나 신세계를 건설하려는 창조의 욕망은 현실에 대한 환멸의 깊이에 비례함을 기억하자. 환멸은 환멸에서 그치지 않는다. 반드시 새로운 세계를 그리워하고 꿈꾸기 마련이다. 삶이 피곤하고 누추할수록 우리는 우리가 발붙인 세계로부터 벗어나고자 하는 강렬한 희망을 품는다. 떠나고자 하는 탈출의 충동, 다른 세계에 살고 싶은 소망, 그것이 다름 아닌 낭만적 욕망이다. 예컨대 여행은 그 낭만적 욕망의 아주 구체적인 실현인 셈이다.

'지금 여기'의 생활에 만족한다면 다른 세계에 대한 욕망도 없을 것이다. 떠남과 탈출에 대한 욕망은 현재에 대한 불만족으로부터 온다. '서자' 홍길동이 율도국을 꿈꾸듯, 모든 유토피아는 주어진 현실에 만족하지 않는 사람들이 꾸는 꿈이다. 세속적으로 대단한 성공을 거둔 사람일지라도 현실이 유토피아가 될 수는 없다. 그에게도 결핍의 느낌은 있을 수 있다. 왠지 허전하다는 느낌, 왠지 삶이 스산하고 아릿하다는 느낌은 있을 수 있다. 그럴 때 그는 한 사람을 그리워한다. 사람이 사람에게 느낄 수 있는 따스한 느낌, 한 사람이 한 사람의 어깨에 기대어 얻을 수 있는 푸근한 안정감, 앨리스에게 있어서의 연애의 목표는 바로 그런 느낌을 얻는 데에 있었다.

그런데, 앨리스에게 마침내 남자가 나타났다! 그냥 남자가 아니라 아주 느낌이 좋은 남자다. 사랑의 느낌이 찾아온 것이다. 세상은 온통 장밋빛이다. 사랑 이전과 사랑 이후는 확연히 다르다. 보이는 세상이 다르고, 느끼는 감각이 다르다. '대체 이런 사람이 어디에 있다가 이제야 내 앞에 나타났을까.' 모든 게 신비롭기만 하다. 그의 이름은 에릭. 그는 한때 의사였지만 현재는 금융회사에 다닌다. 누가 봐도 번지르르한 인물이다. 세련된 외모와 옷차림, 잘나가는 직업, 뭐 하나 빠지는 게 없다. 게다가 스탕달이 말하는 사랑의 '결정화' 작용까지 가세했으니, 앨리스의 눈에 에릭은 완벽 그 자체였다.

이런 남자 친구를 자신의 친구들 앞에 소개하는 한 여자의 모습을 떠올려 보자. 친구들 앞에서 치아를 환하게 드러내는 그녀의 미소 속에 숨어 있을 그녀의 흐뭇한 자존심을 상기해 보라. 얼마나 자랑스럽겠는가. '너희들이 근사하다고 생각하는 이 남자가 바로 내 남자야. 이 남자가 나를 사랑한다지 뭐니. 어때, 이런 남자에게 사랑받고 있는 나도 꽤 괜찮은 여자 아니니?!'

이럴 때 우정이란, "오우!"라는 감탄사를 마구 연발해 주어서 '네 남자 친구 정말 멋지구나'라는 사실을 그녀에게 거듭 확인시켜 주는 친구로서의 도리를 일컫는다. 주위의 감탄사는 그녀의 자존심을 더욱 앙양시킬 것이 분명하다.

바로 이 순간 그녀의 자존심은 약간의 냉정과 겸손을 되찾는다. "이 사람 보기보다 성격이 좀 까칠한 데가 있어."라는 멘트가 그것이다. 너무 부러워하지 말라고, 사실 이 친구에게도 약간의 인간적인 결격사유가 있다는 말이겠다. 그러나 이런 말이 주위 사람들을 위로해 주지는 않는다. 인간은 칭찬의 동물이기에 앞서 질투의 동물이지 않은가. 더구나 학창시절에 그녀가 나보다 학업이나 외모 면에서 한참 뒤떨어진 친구라고 생각했던 이라면 질투심은 복통 수준을 넘어선다.

친구들이야 배가 아프든 말든 앨리스는 행복하다. 꿈에도 그리던 멋진 남친을 소유하게 되었으니 말이다. 어떤 근사하고 훌륭한 옷을 입었다는 그 확실한 착용감, 사랑은 그런 것인지도 모른다.

그러나 사랑의 착용감은 변하기 마련이다. 최신식 휴대폰도 세월 앞에서는 이내 중고품이 되는 것이 현실 아닌가. 썩지 않는 불후(不朽)의 사랑은 없다. 그런데 왜, 어째서 앨리스의 존재감을 한껏 앙양시켜 주던 사랑의 감정이 변하게 된 것일까?

앨리스는 자신이 사랑하는 것이 '에릭'인지, '에릭을 사랑하는 것'인지 모호했다. 바로 그것이 문제였다. 우리가 어떤 사람을 사랑할 때 그 사람을 사랑한다고 착각하기 쉽지만, 실은 그 사람보다 그 사람의 조건을 사랑할 때가 많다. 그 사람의 학벌, 그 사람의 외모, 그 사람의 경제적 여건, 그 사람의 집안 등이 그 사람이 가진 조건들이다. 그러나 그런 조건을 사랑한다고 하면 왠지 속물처럼 느껴질 것이 분명하다. 그럴 때 우리는 이렇게 말한다. "당신들 눈에는 내가 그 사람의 조건 때문에 그 사람을 사랑하는 한심한 사람으로 보이는가본데, 착각하지 마세요. 내가 좋아하는 것은 그 사람이지 그 사람의 조건이 아니라고요!"

하지만 냉정하게 생각해 보자. 자신의 모든 것을 내어 주는 아가페적인 사랑이 아니고서야 대부분의 사랑은 그 '사람을 사랑하는 것'이라기보다는 '그 사람이 가진 조건을 사랑하는 것'이라고 보는 것이 타당하다. 그 사람 성격이 좋아서 그 사람을 사랑한다고 말할 때도 마찬가지다. 우리는 그 사람의 성격 때문에 그 사람을 좋아한다고 말하고 싶을지 모르겠지만 이런 경우에도 나는 그가 가진 어떤 조건을 무의식적으로 따지고 있을 때가 많다.

그렇다면 아무런 조건 없이 그 사람 자체를 사랑하라는 말인가? 과연 그럴 수 있을까? 아니다! 부모 자식 간의 사랑이 아니고서야 그런 사랑은 불가능하다. 모든 세속적 사랑은 본질적으로 이해타산적일 수밖에 없다. 다만 이해타산도 정도 문제라는 것이다. 나는 너의 외모 때문에, 나는 너의 돈 때문에, 나는 너의 학력 때문에, 그렇게 너를 선택했다는 태도를 부끄럽게 여기지 않는 사람이 있다면 볼 것 없이 연인으로서 아웃이다.

엘리스는 그렇다면 에릭의 무엇을 사랑했다는 것일까? 소설의 한 장면을 보자.

"앨리스는 '멜템'이라는 근사한 식당에 가게 된다. 이 식당은 아주 근사한 식당이다. 그러나 그냥 근사하다는 표현으로는 부족하다. 뭐라고 표현해야 할까. 옳다. 소설의 표현을 빌자. 이 식당은 '그 주에만 영화·패션·음악계의 유명인사들 수십 명이 다녀갔으며 장안이 떠들썩하게 인구에 회자되는 레스토랑이다. 음식에 대한 사람들의 평점도 좋다.'"

알랭 드 보통은 여기에서 욕망의 두 가지 형식을 이끌어 낸다. 하나는 '음식이 내 입맛에 꼭 맞으니 레스토랑이 마음에 드네.'라는 자율적 판단이고, 다른 하나는 '다들 그렇다니까 여긴 훌륭한 레스토랑이야.'라는 모방심리다. 앨리스는 두 가지 형식 중 언제나 후자 쪽을 따르는 여자였다. 자율적 욕망보다는 모방을 선호했던 것이다. 다시 말해서, 갖고 싶은 옷, 구두, 레스토랑, 애인에 대한 취향이 다른 사람들의 말과 인상에 맞춰졌다는 이야기다.

과연 우리 가운데 "나는 앨리스와는 달라. 나는 남의 눈치 보는 사람이 아니야."라고 자신 있게 말할 수 있는 사람이 몇이나 될까? 우리는 알게 모르게 타인의 시선을 의식한다. 옷을 고를 때도 그렇고, 식당을 고를 때도 그렇고, 사람을 고를 때도 그렇다. 나의 자율적 욕망보다는 곧잘 타인의 시선이나 평가를 더 중시한다. 내 욕망보다는 타인의 평가를 더 중시하는 욕망이 바로 모방의 욕망이다.

'멜템'이라는 근사한 식당이 바로 모방의 욕망을 상징하는 공간이다. 그곳은 영화·패션·음악계의 유명인사들이 가고 싶어 하는 욕망의 공간이다. 왠지 그곳에 있으면 내 삶이 에스컬레이팅될 것이라는 착각을 불러일으키는 그런 공간이 멜템이다. 근사한 회원제 식당이나 유명한 고급 레스토랑 같은 곳 말이다. 감미로운 재즈가 흐르고, 은은한 와인향이 흐르고, 옆 테이블을 힐끗거리면 잘 차려 입은, 왠지 교양 있어 보이는 사람들이 조용히 담소를 나누는 공간에서는 왠지 나의 삶도 업그레이드되는 느낌일 것이다. 앨리스가 사랑한 것이 바로 그 '나의 삶이 업그레이드된다는 느낌'이었다. 그녀는 생각했다. 에릭과 함께라면 나의 삶의 질도 더 높아질 것이라고. 왜? 그는 잘나가는 남자이고, 세련된 남자이고, 그는 훌륭한 레스토랑에 드나드는 남자이고, 그 레스토랑은 교양인들이 넘쳐나는 공간이기 때문이다.

소설 속에서 앨리스가 쇼핑을 좋아하는 여자라는 사실은 그녀의 욕망이 자율적 욕망이라기보다는 모방의 욕망이었음을 암시해 주는 장치다. 그녀의 쇼핑 스타일은, 그리고 현대인의 쇼핑 스타일은 상징적으로 말해 준다. 우리는 누가 시킨 것도 아닌데 열심히 눈치를 본다. 혹시 이 가방을 매면 누군가가 나를 취향이 구린 사람이라고 평가하는 것은 아닐지, 이 신발은 남들의 눈에 어떻게 비칠지를 내심 걱정하며, 남들의 눈에 비칠 나의 모습을 떠올리면서 구매를 결정한다. 결국에는 내가 원하는 것을 구입하는 것이 아니라 남이 원하는 것을, 그것을 내가 원하는 것이라고 착각하며 구입하게 된 적은 없는가? 옷을 살 때는 '이 정도는 입어 줘야지', 차를 탈 때는 '이 정도의 차는 타 줘야지' 하는 식의 심리가 발동된 적이 없는가?

스무 살의
사랑

진짜 문제는 애인을 고를 때도 이런 모방의 심리가 발동된다는 것이다. 이 사람을 내 친구 앞에 소개했을 때, 과연 나는 내 친구들 앞에서 자부심 어린 미소를 지을 수 있을까를 생각해 본다. 그리고 내 애인을 소개하는 자리에서 왠지 내 모습이 초라할 것 같다고 생각되면 이 사람을 사귀어야 할지 말아야 할지 망설이고 번민한다. 사람은 참 좋은데, 왠지 이 사람은 타인들 앞에서 나를 초라하게 할 것 같다는 판단이 서면 과감히 이별을 선언하기도 한다.

　　물론 이런 선언을 위해서는 관계의 끈을 한칼로 잘라내는 단호함이 필요하다. 그런데 끊어 내지도 못하고 그렇다고 적극적으로 맺지도 못하는 아주 우유부단하고 고통스러운 시간이 그렇게 흘러간다면? 그 동안의 정 때문에 관계는 지속해 가지만 거기에 사랑의 기쁨은 없다. 처음에 느꼈던 설레임도 없다 그러다 이렇게 시간만을 죽일 수는 없다고 어느 날 느닷없이 이별을 통보한다. 원망, 삭막한 외로움, 쓸쓸함, 바로 이런 것들이 속세의 이별 공식이다. 이런 공식에서 사랑은 고귀하지도 않고 영원하지도 않다. 아무리 드라마가 사랑을 미화하더라도 이런 식의 이별 공식에는 닳고 닳은 계산만이 있을 뿐이다. 첫맛은 달콤하지만 뒷맛은 씁쓰레한.

사랑이라는 취향의 공동체

『낭만적 거짓과 소설적 진실』의 저자 르네 지라르는 욕망은 주체의 자발적인 것이 아니라 매개자를 통한 간접적인 것임을 강조한다. 지라르의 이 말은 앨리스의 욕망을 설명하는 데도 유효하다. 욕망은 내 안에서 저절로 생겨나는 것이 아니라 타인을 통해서 전염된다는 이야기다.

쉽게 생각해 보자. 보석에 대한 욕망이 내 안에서 저절로 흘러나왔겠는가? 아니다. 보석을 보면 남들이 감탄을 한다. 감탄은 곧 그 대상을 갖기를 욕망한다는 의미다. 내 욕망은 바로 대상을 두고 감탄을 하고 있는 타인을 모방한 욕망이라는 것이다. 내가 진정으로 그 대상을 원해서 그것을 가지고 싶은 것이 아니라, 타인이 그것을 욕망하기 때문에 나도 그것을 가지고 싶은 것, 그것이 바로 전염성이 강한 욕망의 원리다. 앨리스의 욕망 또한 이 전염의 원리를 쏙 빼닮았다.

앨리스의 사랑은 항상 감탄과 연결되어 있었다. 그녀는 "감탄스럽지 않은 남자는 사랑할 수 없다."고 말하곤 했다. 타인이 내 남친에 대해서 감탄한다는 것은 결국 타인도 내 남친을 욕망한다는 의미다. 남들이 욕망하는 대상을 내가 먼저 얻었다는 자부심, 에릭에 대한 앨리스의 사랑은 그런 종류의 것이었다.

앨리스가 에릭을 선택한 것도 그런 모방의 욕망이 작동되었기 때문이다. 그러나 그것은 착각이었다. 에릭이 가진 객관적인 조건이 앨리스의 욕망을 완성해 주는 것은 아니기 때문이다. 사랑의 행복은 아주 미묘한 뉘앙스에 있다. 뉘앙스란 무엇인가? 바로 섬세한 차이다. 말로 표현하기 힘든 아주 미미한 차이가 뉘앙스다. 와인을 모르는 문외한은 여러 종류의 맛을 가진 와인을 마셔 보고도 그 하나하나의 맛을 구분하지 못한다. 그러나 전문가나 달인은 다르다. 그들은 아주 섬세한 입맛으로 이 와인의 원재료인 포도가 어떤 곳에서 재배된 것인지, 그리고 그 와인이 몇 년산인지를 구별해낸다. 향수 전문가들도 그렇다. 파트리크 쥐스킨트의 너무도 매혹적인 소설 『향수』의 주인공 그루누이 같은 이가 바로 뉘앙스를 구별해내는 전문가다. 우리는 하나의 냄새를 통째로 인식하지만 그루누이 같은 냄새의 전문가들은 하나의 냄새를 더욱 세분화하여 거기에서 여러 냄새를 감지해낸다. 이렇게 아무도 눈치 채지 못하는 섬세한 차이를 구별해내는 이들이 바로 뉘앙스를 감지해내는 전문가들이다.

사랑하는 사람들, 연인들 또한 상대방이 말 한마디에서 미묘한 감정의 움직임을 읽어 내는 뉘앙스의 전문가들이다. 그렇기 때문에 그들은 한 마디 말에서도 깊은 상처를 받는다. 남들은 왜 그런 작은 일에 신경을 쓰느냐, 그것은 그냥 지나칠 수 있는 일이 아니냐고 반문할지 모른다. 그러나 사랑하는 사람에게는 사소한 것이 결코 사소한 것일 수 없다. 달라진 표정, 달라진 한 마디, 달라진 목소리의 작은 변화에도 사랑하는 사람의 센서는 민감하게 작동한다. 그 센서가 작동하는 한 사랑하는 사람들은 아주 작은 것에도 기뻐하고, 극히 사소한 것에도 상처받는다. 소심해서가 아니다. 지나치게 민감해서도 아니다. 사랑하는 사람은 상대방의 사소한 제스처에서도 그것의 심층적 의미를 읽어 낼 줄 아는 해석의 전문가이기 때문이다. 사랑은 이성의 눈을 멀게 한다고? 천만의 말씀이다. 사랑 때문에 어떤 것은 훨씬 더 크게 보일 수도 있고, 또 어떤 것은 아주 세세하게 보일 수도 있다.

그러니, 사랑하는 사람이라면 적어도 이 뉘앙스를 배려할 줄 알아야 한다. 애인이 연보라색을 좋아하면 연보라색 속옷을 입어 줄 줄 아는 센스, 이런 것이 사랑하는 사람의 배려다. 그러나 일단 사랑을 얻었다고 생각되어 더 이상의 작업(?)이 필요 없다 싶어 연보라고 뭐고 상관하지 않는다면, 이것은 배신이다. 연애 때는 '불닭'도 같이 잘 먹어 주던 그가 결혼과 함께 "나 매운 거 싫어."라고 한다면 이 또한 배신이다.

뉘앙스를 배려하기 위해서는 일단 취향이 비슷해야 한다. 나는 록을 좋아하는데 상대방은 트로트를 좋아한다면 만남의 시작부터 삐거덕거릴 수밖에 없다. 앨리스와 에릭도 그랬다. 앨리스는 로망 장르를 좋아하는데 에릭은 액션스릴러 물을 즐긴다. 이런 상황에서는 같이 즐길 수 없고, 같이 즐길 수 없으면 관계가 깊어지기 힘들다.

정치적 성향도 마찬가지다. 나는 좌左인데 너는 우右라면, 함께 시사 프로그램을 편하게 볼 수 없다. 사소한 쟁점으로 사사건건 부딪히면 몸도 마음도 경직될 수밖에 없다. TV의 시사 프로그램을 보면서 "저런 죽일 놈들!" 하면 "어머머, 저런 사람들이 어딨어!" 정도로 반응해 주어야 관계는 돈독해진다. 자고로 공동의 적을 만듦으로써 우정의 연대는 더욱 돈독해지는 것이 아닌가. 이런 돈독한 연대를 위해서는 우선 취향의 공동전선이 필요하다. 앨리스와 에릭은 그게 안 된다. 그러니 피곤하다.

앨리스는 사물의 감정적 가치를 소중히 여긴다. 그녀가 털북숭이 쿠션을 애지중지하는 것은 그 쿠션이 비싸기 때문도 아니고, 디자인이 탁월해서도 아니다. 그것은 그녀의 부모가 이혼하기 전, 마지막으로 가족여행을 갔을 때 그녀의 아버지가 사 준 선물이기 때문에 소중한 것이다. 그래서 그녀는 남들 눈에는 흉물스럽게 보일지 모르지만 그것을 애지중지한다. 그런데 에릭은 그것을 쓰레기통에 던지는 장난을 한다. 왜? 에릭은 깔끔한 성격이기 때문이다. 그가 중시하는 것은 사물의 기능적 가치이지, 감정적 가치가 아니어서 기능적으로 필요한 것 외에는 다 너절한 것이라고 판단한다. 당연히 에릭에게는 잡동사니가 없다. 그러나 앨리스는 다르다. 내 감정과 추억이 연루된 사물은 결코 함부로 할 수가 없다. 그러다 보니 앨리스의 침대 주변은 잡동사니 투성이다. 기능적 가치와 감정적 가치의 대립, 이것이 앨리스와 에릭 간의 갈등의 한 양상이다

문제는 취향이 다르면 다른 것으로 그치지 않는다는 것이다. 내 취향의 우위를 증명하고 싶어 작은 다툼이 끊이질 않는다. "자기는 아직도 만화나 무협지를 읽어? 애처럼?" "거 옷 좀 점잖게 입을 수 없어? 유치하기는, 쯧쯧." 이런 멘트들이 바로 취향의 다름이 만들어 내는 소음들이다. 더욱이 그것은 취향의 가치를 넘어 근본적으로는 세계관과 가치관의 차이다. 사랑에 있어서는 외모와 학벌, 경제력과 같은 객관적 조건보다 더욱

중요한 것이 바로 이런 취향과, 그 취향의 배후에 있는 세계관과 가치관이다. 이것이 맞지 않으면 고질병적인 이데올로기의 대립과 갈등이 끊이지를 않는다. 분쟁의 골은 의외로 깊어서 단상의 점거는 물론 고함소리가 오가고 때로는 4주간의 냉각기간을 필요로 하기도 한다.

오직 좋아하는 사람에게만 얽매이기보다는 다른 데에도 눈을 돌릴 수 있는 사람이 소위 쿨한 사람이다. 한 여자의 치마폭에 휘둘리기보다는 세상사에 폭넓은 관심사를 갖는다는 것은 좋은 일이다. 앨리스는 에릭이 사업에 분주해 하는 모습을 보면서 '에릭은 나라는 사람에게만 시선을 고정시키는 사람이 아니라, 더 중요하고 훌륭한 일에 정신을 쏟는 사람이야.' 라고 생각하면서 자신이 멋진 남자를 얻었다고 생각한다. 그러나 그것은 그녀의 착각이었다. 일에 대한 에릭의 욕망은 세속적 성공을 향한 집념일 뿐이었다. 그러나 앨리스의 무의식은 자신의 사랑의 대상을 한낱 속물로 만들고 싶지 않았던 것이다. '성공에 대한 집요함' 을 '보다 성스러운 대상에 대한 추구' 로 잘못 해석했던 것이다.

사랑은 이렇게 잘못된 해석을 만들어 내기 일쑤다. 문학에서는 스무 살의 사랑을 순수한 사랑으로 포장하지만 사실상 스무 살의 사랑은 욕망과 이념 도덕 사이를 오가면서 갈팡질팡하기 마련이다. 불완전해서 청춘이지 완전해서 청춘이 아니다. 어쨌든 사랑은 어렵다.

한 사람의 취향과 세계관은 눈으로 확인할 수도 있다. 일본도日本刀를 벽에 장식품으로 걸어 놓는 사람의 취향에 숨어 있는 세계관은 뭘까? 힘에 대한 숭배다. 그런 사람일수록 권력을 추구하기 십상이다. 아무런 장식도 없는 밋밋한 방을 좋아하는 사람이라면 의외로 담백한 성격의 소유자일 수 있다.

프랑스의 소설가 알베르트 카뮈는 장식이 없는 방이 좋아서 원고를 쓸 때는 호텔방을 이용했다는 이야기도 있다. 그리고 아무런 장식이 없는 밋밋한 땅과 사막을 찾아 사나흘 머물면서 세속에서의 어지러운 마음의 가닥들을 정리하고 담백한 마음을 회복했다고 한다. 이런 사람에게 장식이 요란한 취향을 가진 사람의 방은 고역이다. 어떤 사람에게는 밋밋함이 최고의 장식이고, 어떤 사람에게는 치렁치렁하고 아기자기한 장식이 최고의 장식이다.

그렇다고 모든 취향이 다 인정되어야 한다는 말은 아니다. 타인에게 불쾌감을 주는 취향은 마땅히 제지되어야 옳다. 큰 카세트녹음기를 들고 음악을 크게 틀어 놓은 상태로 산에 오르는 사람이 있다. 소리를 줄여 달라고 말했을 때 저쪽에서 "왜 나의 취향을 간섭하는 거요?"라고 따진다면 그것은 곤란하다. 아무리 자기의 취향이라 할지라도 남의 자유를 침범하면 곤란하다. 산에서는 당연히 침묵을 즐길 권리가 있고, 노래방에서는 당연히 떠들 권리가 있다. 그런 권리를 침범하는 취향마저도 존중해 주어야 하는 것은 아니다.

그러나 우리는 비록 나의 취향과는 달라도 내가 사랑하는 사람의 취향은 가급적이면 존중해 주려고 노력한다. 먹기 싫은 음식도 같이 먹어 주는 것도 바로 그런 취향의 공동체를 만들기 위해서이고, 별로 좋아하지 않는 장르의 영화를 같이 봐 주는 것도 공동체적 연대를 공고하게 하기 위해서이다. 나의 코드에 맞지 않는 취향의 음악도 즐기다 보면 어느새 내 취향이 될 수도 있다. 남자 친구가 좋아하는 낚시를 따라다니다 보니 어느새 낚시광이 되었다는 이야기는 감동적이다. 바로 그것이 서로에게 길들여지는 과정이다. 취향의 공동체를 만든다든 것은 이렇게 서로가 서로에게 길들여짐을 의미한다.

취향의 공동체를 공고히 하기 위해서는 한 사람의 취향을 면밀히 파악하는 것은 물론, 상대방의 정치적 입장까지도 알아 둘 필요가 있다. 사랑에서 웬 정치적 입장 타령이냐고 반문할지 모르지만, 서로의 정치적 입장이 달라 멱살을 쥐는 일이 얼마나 흔한지를 생각해 보자. 가령, 노사분규로 인해서 전철이 운행되지 않았을 때 "지긋지긋한 노사분규"라는 해석과 "생존권이 달린 싸움"이라는 해석이 맞설 수 있다. 진보와 보수만이 이런 주제로 대립하는 것은 아니다. 평범한 남녀도 이런 문제로 대립각을 세울 수 있다. 이럴 때, "골치 아픈 문제야. 그냥 넘겨."라고 하면서 한두 번은 슬쩍 넘겨버릴 수도 있다. 그러나 취향의 다름, 의견의 다름은 언제든 폭발의 가능성을 안고 있다. 연애는 그런 문제를 묻어 두는 일이 아니다. 이럴 때는 노사분규를 바라보는 그의 정치적 입장을 이해하고, 나와 어떻게 다른가를 파악해야 한다.

너와 내가 하나라는 생각은 노나라 임금이 바닷새를 사랑하는 방식이다. 다름을 파악하는 것, 너와 나는 하나가 아니라 둘이라는 생각, 그것이 타자를 타자의 방식대로 존재하게 하는 사랑이고, 그런 사랑의 배려 속에서만이 우리는 서로에게 아름답게 길들여질 수 있다. 통일과 일치에의 욕망은 나의 생각으로 너를 동화시키겠다는 제국주의적 욕망에 다름 아니다. 서로가 서로에게 양보하여 비슷해질 수는 있지만 우리는 그 위대한 사랑 속에서도 결코 같아질 수는 없다. 사랑은 하나라는 생각은 거대한 착각인 셈이다.

사랑은 이해다

"할아버지와 할머니에게 사랑과 이해는 같은 것이었다. 할머니는 이해할 수 없는 것은 사랑할 수 없고, 또 이해하지 못하는 사람을 사랑할 수는 더더욱 없다."

포리스트 카터의 감동적인 소설 『내 영혼이 따뜻했던 날들』의 한 구절이다. 사랑은 결국 이해라는 말일까? 사랑은 감정의 영역이고, 이해는 이성의 영역이라고 생각하기 쉽지만, 이성의 도움과 부추김을 받지 못한 사랑의 감정은 자칫 비극적 파탄을 초래할 수도 있다. 이해 없이 사랑은 홀로 설

수 없다. "날 사랑한다는 사람이 대체 왜 내 말을 이해 못하는 거야?"라는 말은 사랑싸움의 상투적인 멘트다. "남들은 날 보고 욕을 하더라도 자기만은 나에게 이러면 안 되는 거 아니야?"라는 말 또한 사랑은 결국 이해라는 강력한 발언인 셈이다. 어디 사랑만 그런가. 우정도 마찬가지다. 상대방에 대한 깊은 이해가 결여된 우정이란 영리적 목적을 달성하기 위한 비즈니스에 불과할 수도 있다.

권여선의 『사랑을 믿다』라는 소설에 이런 대목이 있다.
"세상에는 내가 떠나든 그들이 떠나든 둘 중 한쪽은 별인가로 떠났으면 좋겠다 싶은, 참으로 호감이 가지 않는 인간형들이 있다. 그런데 만일 내가 우연히 그들 중 누군가가 얼마 전에 지독한 실연을 당했다는 사실을 알게 되었다고 하자. 나는 몇 초 전까지만 해도 같은 하늘을 이고 살기조차 싫었던 그 인간을 내 집에 데려와 술을 대접하고 같은 천장 아래 재울 수도 있다. 심지어 술 냄새를 풍기는 그 인간의 입술에 부디 슬픈 꿈일랑 꾸지 말라고 굿나잇 키스까지 해줄 용의가 있다. 허기의 유대나 가난의 유대 같은 것이 있고, 시험강박의 유대, 채식주의의 유대, 실종 자녀를 둔 부모들의 유대 등이 있을 수 있다. 내가 별난 인간이어서 그런지 몰라도 나는 실연의 유대만큼 대책 없이 축축하고 뒤끝 없이 아리따운 유대를 상상할 수 없다."
이처럼 타인의 아픔을 발견하는 것은 내 마음에 이해를 낳고, 그것은 또 순식간에 둘 사이에 특별한 유대감을 만들어 낸다.

내게도 이런 비슷한 경험이 있다. 어릴 적 새로 이사 간 동네에 아이들을 괴롭히던 친구가 있었다. 구슬치기를 하면 구슬을 발로 차기도 하고 술래잡기를 하면 발을 걸어 넘어뜨리기도 했다. 눈매도 사납고 말투도 거칠고, 툭하면 주먹질이었다. 그 친구가 나타나기만 하면 아이들은 지레 꼬리를 내리고 슬금슬금 물러났다. 그럴수록 그 친구의 패악질은 더욱 심해졌다.

그런데 함박눈이 풍성하게 내린 어느 겨울날이었다. 아이들과 눈싸움을 하며 동네를 한 바퀴 돌고 있는데, 어떤 집에서 남자의 고함소리가 터져 나왔다. 입에 담기조차 힘든 쌍욕과 함께 와장창창 그릇 깨지는 소리가 이어졌다. 조금 있으려니 한 남자가 한 여자의 머리채를 질질 끌고 나오는 것이었다. 여자의 얼굴은 창백하다 못해 파리했다. 남자는 여자의 뺨을 갈기고는 발로 여자의 가슴을 냅디 걷어찬 후 어디론가 사라져 버렸다. 그때 여자는 울컥울컥 피를 토해내기 시작했다. 그녀가 뱉어 내는 검붉은 피는 흰 눈과 선명한 대조를 이루고 있었다. 그때 한 아이가 "엄마!" 하고 울음을 터뜨리면서 그 여자를 부축했다. 눈물로 범벅이 된 채, 엄마의 입 주위를 닦아 주던 아이는 바로 그 악동 친구였다. 나는 얼어붙은 듯 그 자리에 서 있었다. 얼마 후 내가 지켜보고 있다는 사실을 알게 된 그 친구는 나에게 소리쳤다. "뭘 봐, 개새끼야!"

그 이후로 나는 더 이상 그 친구를 미워할 수 없었다. 물론 사랑할 수는 없었다. 하지만 예전처럼 그 친구가 아주 나쁜 녀석이라고 생각하지는 않게 되었다. 그 친구의 행패는 여전했지만 나는 그 친구가 행패를 부릴 때마다 함박눈 위에 뿌려진 그 아이 엄마의 붉은 피를 생각했고, 그 아이의 눈에서 흘러내리던 하염없는 눈물을 생각했다. 단지 그 아이의 슬픔, 그 아이의 분노가 어디에서 생겨났는지를 짐작했다는 사실만으로 나는 그 아이를 더 이상 미워할 수 없게 되었다.

한 사람을 사랑한다는 것은 그 사람의 슬픔, 그 사람의 눈물의 뿌리를 이해한다는 것이기도 하다. 그에게 피치 못할 사정이 있다는 사실을 이해하는 순간 우리는 그 사람을 매정하게 대할 수가 없다. 심지어는 범죄자라 할지라도 그에 대한 이해가 깊어지면 더 이상 그를 한 명의 범죄자로 볼 수가 없다. 그의 슬픔과 분노의 원인이 어디에 있는지를 이해하게 되는 순간, 우리는 더 이상 그를 미움의 눈으로 바라보지 않게 된다. 그것이 연민의 시작이요, 사랑의 시작이다.

남자들에게는 여성의 모성애에 기대어 안기고 싶다는 본능적인 욕망이 있다. 아무리 강한 남자들이라도 마찬가지다. 기대고 안기기 위해서 남자들은 두 가지 전략을 구사한다.

첫 번째, 연민을 이끌어 내기 위한 '유아 전략'이다. 아이가 징징거리면 엄마는 아이를 보살펴 주기 마련이다. 유아들은 안다. 징징거리면 반드시 거기에 대한 보답이 온다는 것을. 기저귀가 축축해도 울고, 모기가 콧등을 물어도 울고, 뭔가 도움이 필요하면 아이들은 운다. 그러면 반드시 보답이 온다는 유아들의 사고방식은 그 뿌리가 완강해서 어른의 무의식 속에도 깊이 남아 있다.

그러나 점잖은 어른이 징징거릴 수만은 없다. 좀 더 세련된 방식으로 징징거려야 한다. 그러기 위해서 사내들은 삶의 비애와 쓸쓸함과 고단함을 강조한다. 실패를 과장하고, 운명과의 고단한 싸움에서 오는 피로를 과장한다. 센티멘털한 분위기를 연출하기 위해 알코올과 니코틴의 도움을 받기도 한다. 안개가 피어오른 새벽의 강가라면 더할 나위 없는 장소다. 가슴 깊은 곳으로부터 압정을 뱉어 내는 듯한 남자의 목소리에는 '나를 부축해 줘, 나를 안아 줘'라는 메시지가 숨어 있다. 이때, 이 남자를 지켜 주고 싶다는 여자의 모성본능이 발동되면 다행이지만 그렇지 못할 때는 낭패다. 이런 낭패를 미연에 방지하기 위해서 남자들은 또 하나의 전략을 혼합적으로 구사한다.

두 번째, 바로 '마초 전략'이다. 나의 나약함과 쓸쓸함, 피로함을 노골적으로 강조하다가는 "너 그것밖에 안 되는 약한 인간이었구나." 하는 좋지 않은 평점을 받을 우려가 있다. 이런 평가를 피하기 위한 전략이 바로 강한 남자 전략, 즉 마초 전략이다. 어떤 운명의 시련도 늠름하게 헤쳐 나갈 수 있다는 자신감을 남자들은 그럴싸하게 포장하기를 좋아한다. 이럴 때 여자들은 상대방을 또 하나의 '보디가드'로 생각한다. 말없이 나를 지켜보고 있다가 내가 위험에 처한 순간 홀연히 나타나 나를 위험에서 구출해 주는 '키다리 아저씨'와 같이 믿음직한 존재를 내 곁에 둔다는 것은 얼마나 흐뭇한 일인가. 그런 보디가드는 모든 여자들의 판타지다. 그런 판타지를 충족시키기 위해, '마초 증명서'를 얻어 내기라도 하려는 듯 오늘도 무거운 바벨을 들어 올리고, 맛도 없는 닭가슴살을 먹어 가면서 헬스장에서 안간힘을 쓴다.

그뿐인가. 대기업에 취직하기 위해 스펙을 쌓는 것 또한 크게 보면 마초 전략의 일환이다. 세상에는 육체적 힘만 있는 것이 아니다. 지적인 힘도 권력이 될 수 있고, 학문도 권력이 될 수 있다. 자본주의 사회에서 돈은 최상의 권력이다. 결국 자본주의 사회에서 사랑은 감정의 문제라기보다는 권력의 문제로 귀착된다. 사랑을 얻으려거든 먼저 돈을 얻어라.

마초 전략을 구사하기 위한 남자들의 세계는 경쟁적이다 못해 자못 비장하기까지 하다. 더구나 '88만원 세대'라고 하지 않는가. 되지 않는 것은 많고 되는 것은 적은 세대다. 그러나 삶의 곤고함을 강조하면서 위안을 구하는 유아 전략을 구사했다가는 자칫 덜떨어진 녀석이라는 오해를 받을 수도 있다. 그래서 마초 전략과 유아 전략 사이를 어정쩡하게 왕복하는 스무 살의 자리는 그야말로 가랑이가 찢어지는 자리다.

그렇다고 사랑을 포기할 수는 없다. 포기한다고 해서 포기되는 것이 사랑인가. 사랑은 선택이 아닌 운명인 것을. 누군가에게 기필코 이해의 마음을 얻어 내기 위해, 이 고단한 삶이 더욱 고단해지지 않기 위해, 세상이 나에게 오해의 손가락질을 하더라도, 단 한 사람만은 나를 이해해 줄 것이라는 그 믿음에 살짝 기댈 수 있는 것은 어쨌거나 행복한 일이다.

사랑이 이해라고 한다면 이해는 어디에서 오는 것일까? 당연히 이해는 공부에서 온다. 그러니 연인들이여, 마땅히 공부를 하라고 『호모 에로스』의 저자 고미숙은 말한다. 사랑을 위해서 공부를 하라? 맞다. 입시나 고시를 위해 필요한 것이 공부이기도 하지만 사랑을 위해서도 공부는 필요하다.

대개 공부는 이해의 지평선을 확장시켜 준다. 경험도 짧고 식견도 풍부하지 못한 세대가 20대다. 게다가 금전적으로도 빈약하다 보니 어쩌다 여행으로 식견을 넓혀 보려고 해도 통장의 잔고나 부모의 눈치를 살필 수밖에 없다. 그러니 직접적인 경험을 쌓는 일은 현실적으로 어렵기만 하다. 그러나 책장을 펴는 일은 그렇게 어려운 일이 아니다. 열심히 읽고 그 뜻을 새기다 보면 이해의 폭과 스케일이 증가된다. 밉게 보이던 것도 예쁘게 보이고, 귀찮게 여겨지던 것도 귀엽게 볼 수 있는 것, 바로 그것이 사랑이 증가했다는 증거다.

『장자』의 노나라 임금에게 부족한 것도 공부였다. 바닷새를 제대로 공부했다면 아마도 그렇게 어이없이 바닷새를 죽이는 우를 범하지는 않았을 것이다. 나의 방식을 강요하기 위해서는 공부가 필요하지 않다. 타자의 방식을 알고 타자에게 자유를 주기 위해서 필요한 것이 공부다. 레비나스가 말했듯이 타자는 순수한 미래, 알 수 없는 존재이니까 말이다.

사람에 대한 공부, 나와 타인과 우리가 속해 있는 세계에 대한 공부가 곧 인문학에 대한 공부다. 인문학, 소위 말해서 돈이 안 되는 공부다. 문학, 역사, 심리, 철학…… 이런 거 해 봐야 취업을 위한 스펙을 쌓는 데는 별 도움이 안 된다. 당장 먹기는 곶감이 달다고 영어 공부가 최고다. 더구나 극심한 취업난을 나 몰라라 할 수도 없는 일이다. 맞다. 인문학은 이상이고 취업은 현실이다. 그러나 현실의 막중한 무게에 눌려 나에 대한 이해, 타인과 세계에 대한 이해를 게을리 하는 것은 청춘으로서도 직무 유기는 물론이고, 연인으로서도 커다란 자격 미달이다.

내 이웃, 내 민족, 내가 사는 지구를 사랑하기 위해서 공부하는 일은 크고도 아름다운 일이다. 독립운동가요 정치가인 장준하의 전기를 읽고 감명을 받아, 장준하가 학도병 신분으로 일본 군대를 탈출하여 대한민국 임시정부가 있는 충칭重慶까지 걸었던 길을 내 발로 걸어 보겠다는 야심에서 '아! 장준하 구국 장정 6000리' 라는 프로그램에 참여하여 땀 흘려 보겠다는 젊은이가 있다면 충분히 격려해 주어야 할 일이다. 젊다는 게 뭔가. 이런 도전에 몸을 던질 수 있는 패기가 아닌가.

물론 크고 아름다운 삶, 대의를 위하는 삶만이 권장할 만한 것은 아니다. 조그맣게 사는 삶, 욕심이 없는 소박한 삶 또한 나쁘다고만은 할 수 없다. 그러나 소박한 삶을 사는 데에도 역시 공부는 필요하다. '남들이 가져야 한다고 해서 왜 나마저 그것을 가져야 하나?' 라고 묻기 위해서는 공부가 필요하다. 노자도 읽고 장자도 읽고, 간디도 읽고, 경허鏡虛나 프란체스코 아시씨의 일대기도 읽는 가운데 무욕의 철학이 생기는 것이지, 부스럼이 나듯 거저 어느 날 문득 얻어지는 것이 무욕의 철학이 아니다.

공짜로 문득 얻어진 무욕의 철학은 값싼 낭만주의일 수 있고, 한순간의 치기일 수도 있다. 하나의 생각이 제대로 무르익으려면 시간의 도움을 받아야 한다. 오래 읽고 생각을 거듭하는 동안, 나의 가치관은 변화를 거듭한다. 그리고 가치관의 화학변화를 거듭 겪다 보면 나름대로 어떻게 살아야겠다는 삶의 길이 열린다. 그런 길이 열릴 때 허생은 떼도둑을 이끌고 신세계를 건설하고, 홍길동은 율도국을 만들러 길을 떠나는 것이다. 독서와 공부 없이 허생과 홍길동이 그냥 만들어지는 것은 아니다. 내가 읽고 내가 생각하는 것이 내 길을 만드는 것이지, 하늘에서 계시처럼 어떤 말씀이 내 앞에 뚝 떨어질 리는 없다. 공부의 내공이 길을 만든다.

『논어』에 이르기를 '학이불사즉망學而不思則罔, 사이불학즉태思而不學則殆'라 했다. 배우기만 하고 생각이 없다면 얻음이 없고, 생각만 하고 배움이 없으면 위태롭다는 뜻이다. 배우고 생각하면 깨달음이 생기고, 그 깨달음이 내 삶을 변화시키고, 또한 사물과 인간에 대한 나의 태도를 변화시킨다.

그러나 생각만 해서는 안 된다. 부단히 책을 통해 자기 자신을 업그레이드할 수 있어야 한다. 자기 자신의 믿음에만 빠져 새로운 지식을 얻는 작업을 게을리 하는 자가 만약 고루한 보수주의자라는 욕을 먹었다면 그건 오히려 다행이라고 생각해야 한다. 까딱하다간 '파시스트'라는 끔찍한 욕을 감수해야 할지도 모른다. '나는 틀리지 않아, 나는 나의 오류가능성을 인정할 수 없어.'라는 생각이 끔찍한 테러의 온상이 될 수도 있음을 기억하자.

부단히 공부하는 자는 자신의 오류가능성을 겸허히 인정할 줄 안다. 바로 학문의 역사가 오류를 바로잡는 교정과 수정의 역사였기 때문이다. 반론의 기회를 주고, 반론의 타당성이 충분히 인정이 되면 나의 의견을 뒤로 할 줄 아는 겸손이 바로 학문하는 자세 아닌가. 누가 뭐라고 하든 내 이론만을 반복하는 태도는 시사토론에 정당의 패널로 참석한 정치인의 졸렬한 자세다. 거기에는 경청은 없다. 오직 내 주장의 피곤한 반복만 있을 뿐이다. 무릇 공부하는 자는 자신을 열어 둘 줄 아는 자이지, 신념으로 똘똘 뭉쳐 자신의 의견만 필사적으로 고집하는 자가 아니다.

그렇다. 공부하지 않는 자는 자신의 믿음이 독단이 될 수도 있다는 사실을 자주 망각한다. 그리고 자신의 믿음에 대한 사랑을 자신의 확고한 신념이요, 철학이라고 자부해 버린다. 세상에는 수많은 변수가 있다는 사실, 세계는 우리가 알고 있는 만큼 그렇게 호락호락하지 않는다는 사실을 알고, 세계에 존재하는 그 어마어마한 변화 양상 앞에서 나의 신념과 믿음은 매우 보잘 것 없는 것일 수도 있다는 생각을 하는 것, 바로 그것이 겸손이다.

네가 틀릴 수도 있다는 생각은 내가 틀릴 수도 있다는 생각으로 이어진다. 상대방의 과오 앞에서 "당신만 틀리는 것이 아니라 나도 자주 틀립니다."라고 말하는 것, 그것이 겸손이다. 이 어마어마하게 복잡한 세상 속에서 너와 나는 미약한 존재일 수밖에 없다는 생각이 서로의 손을 잡게 한다. 우리는 완전한 존재가 아니기 때문에 서로에게 기댈 수밖에 없다는 생각, 바로 그 생각이 공부에서 나온다는 사실을 잊지 말자. 세상의 복잡함을 이해하고, 인간의 불완전함을 이해하는 일, 그것이 공부다.

공부가 사랑을 증가시켜 주는 일이라는 것 또한 기억해 두자. 불완전함에 대한 자각, 그것이 사랑을 만든다면 우리의 공부는 끝이 없어야 마땅하다. 사랑을 위해서 우리는 영원한 학생이어야 한다는 사실이다.

상대방을 죽음으로 내몰 수도 있는 자기중심적 사랑

땡볕이 수직으로 내리쬐는 사막에 1년도 넘게 비가 오지 않는 경우는 허다하다. 이런 척박한 환경은 선인장으로 하여금 갈증을 이겨 내는 서바이벌 종목에서 최고의 선수로 진화할 수 있게 해 주었다. 이런 선인장에게 매일 물을 주는 것은 선인장에 대한 일종의 테러라고 할 수밖에 없다. 매일 물을 주면 선인장은 뿌리에서부터 썩어 가다 결국엔 짓물러지고 만다. 그저 가끔씩 한 번 들여다보고, 안 되겠다 싶으면 한 달에 한 컵 정도의 물을 주면 족하다. 매일 빠짐없이 물을 줘야겠다는 지나친 관심은 결국 선인장을 죽음으로 내몰 수밖에 없다.

집에서 허브를 키울 때도 물을 주는 것에 주의해야 한다. 그러나 허브의 전문가가 아닌 바에야 언제 얼마만큼의 물을 주어야 허브가 건강하게 잘 자랄지 판단이 잘 안 선다. 그럴 때는 전문가에게 묻는 것이 최상이다. 어떤 허브는 그늘에서 잘 자라는 것도 있고, 또 어떤 허브는 햇볕에서 잘 자라기도 하니까, 그 식물의 특성에 맞는 조건을 마련해 주는 것이 허브를 잘 키우는 지혜라고 할 수 있다. 그렇지 않고 좋다는 비료를 다 주었다가는 집안을 온통 허브의 무덤으로 만들 수도 있다.

선인장이나 허브만 그런 게 아니다. 무엇이든 그것이 잘 자라도록 하려면 대상의 특성을 잘 이해해야 한다. 대상의 특성을 세심하게 이해하고, 그 대상이 잘 자랄 수 있는 조건을 만들어 주는 것이 교육과 가르침의 원리다. 기지도 못하는 아이에게 걸으라고 한다던가, 걷지도 못하는 아이에게 뛰라고 하는 것은 아이를 망치는 일에 다름 아니다.

욕심이 앞서면 사람들은 곧잘 무리수를 둔다. 우리말도 채 깨우치지 못한 아이에게 영어를 가르친다거나, 일기도 제대로 쓰지 못하는 아이들에게 논술을 가르치기도 한다. 부모의 과욕이 빚은 어리석음이라고밖에 볼 수 없다.

사랑을 할 때도 마찬가지다. 나의 욕망을 앞세우고, 상대방을 이해하려는 노력을 뒤로 하면 상대방을 해치기 십상이다. 가령, 아이들은 갓 난 강아지가 귀여워 입도 맞추어 보고, 공중으로 번쩍 들어 올려도 본다. 강아지가

사랑스럽기 때문이다. 그러나 갓 태어난 강아지의 입
장에서 보면 아이들이 원망스러워도 어지간히 원망
스러울 것이다. 심지어는 아이들에게서 생명의 위
협을 느낄지도 모른다.

그러나 아이들은 상대방이야 생명의 위협을 느
끼든 말든 그 여린 강아지를 공중으로 던졌다 받기도
하고, 함께 뒹굴기도 한다. 그러면 할머니는 아이들에게
이렇게 말씀하신다. "이놈아, 그러면 강아지가 손을
탄다." 아무리 예뻐도 적당히 해 두어야지 강아지
에게 함부로 했다가는 강아지가 병을 앓을 수도
있고 죽을 수도 있다는 것을 경험으로 알고 계신
할머니의 충고지만, 아이들은 이런 충고에 아랑곳하
지 않는다.

아이들의 등살에 강아지가 비실비실 앓다가 죽었다고 가정해 보자. 아
이들은 슬퍼하면서도 속으로는 이렇게 말할지 모른다. '난 강아지가 예뻐
서 그랬을 뿐이야.' 아이들은 반성을 모른다. 자신의 욕망만을 생각하기 때
문이다. 강아지를 쓰다듬고 공중으로 던지고 싶은 욕망, 그것을 강아지에
대한 사랑으로 착각하기 때문이다.

그러나 조금 큰 아이들은 이렇게 말할 줄 안다. "강아지가 아플지도 모
르고, 강아지가 귀찮아할지도 모르니까 강아지에게 너무 심하게 하지 마."
성장이란 이처럼 타자의 욕망을 배려할 줄 아는 마음이다. 타자의 처지를 이해할 줄 아는 역지사지易地思之의 마음. 쉽게 말해서 '입장 바꿔 생각할 줄 아는 마음'이다. 말은 쉬워도 애나 어른이나 이게 잘 안 되니 우리는 '자기만 아는 사람'이라는 비난을 자주 듣곤 한다.

사람은 나쁜 일을 겪게 되면 빈 방에 홀로 있고 싶을 때가 있다. 바로 이때, 그 사람을 위로해야겠다는 사랑의 마음으로 자꾸 그에게 접근하는 것은 오히려 상대방에게 고역을 안겨 주는 일이다. 사랑하는 사람을 아픔 속에 홀로 두어선 안 된다는 것이 사랑의 마음이라고 생각하기 쉽지만, 위로해 주고 싶은 마음은 '내 마음'이지 '그의 마음'은 아니다. 사람은 침묵으로 위로받을 수도 있는 존재다. 침묵이 상처를 어루만져 주고, 고통을 이겨내는 힘을 주기도 한다. 고통스러운 순간에 홀로 있고 싶다는 생각이 드는 것은 바로 침묵의 그런 치유 효과 때문이기도 하다.

그러니 아픈 사람에게 위로의 말을 건네 줄 수 있는 것도 사랑이라고 할 수 있지만, 그에게 홀로 아픔을 견딜 수 있는 침묵의 시간을 줄 수 있는 것도 때로는 사랑의 마음이라고 할 수 있다. 꼭 함께하는 것만이 사랑은 아니다. 그에게도 그만의 시간을 줄 수 있는 것, 그에게도 침묵의 시간을 줄 수 있는 것, 그에게도 자신만의 공간을 줄 수 있는 것, 그것이 사랑이 아닐까? 사랑은 곧잘 둘이 함께하는 여행에 비유된다. 그러나 때로는 너만의 여행을 떠나 보라고 권유할 수 있는 것도 성숙한 사랑의 한 모습이다.

사랑에는
진보도 없고 보수도 없다

　생각이 다른 사람들이 만나서 조화를 이루고 사는 것도 좋은 일이라지만, 그런 생각이야말로 위험한 생각인지도 모른다. 가령, 스스로를 진보적이라고 생각하는 A와 그의 파트너가 있다고 하자. A는 상대방의 생각을 고리타분한 것이라고 판단하여 자신의 의견을 앞세운다. 상대방의 눈에는 그런 태도가 진보적으로 보일 까닭이 없다. 진보적이기는커녕 독선적으로 보일 수도 있다.

　그러나 자기 스스로를 독선적이고 교조적인 존재로 평가할 진보주의자는 없다. 이럴 때 "너는 생각의 구태의연함을 개조하기 위해서라도 더 배워야 해."라는 충고 섞인 말을 하면 상대방은 십중팔구 그것을 충고라고 생각하지 않는다. "왜 날 네 식으로 개조시키려고 하는 거야?"라고 기분 나빠하기 마련이다. 결국 보수와 진보의 싸움은 끝이 보이지 않는 장기전으로 이어진다. 이런 싸움을 피하기 위해서라도 우리에게는 나의 취향에 맞장구쳐 줄 '취향의 동지'가 필요하다.

　하지만 취향의 동지라고 해서 항상 맞장구쳐 줄 거라고 생각하면 그것 또한 오산이다. 외부의 적보다는 노선이 다른 내부의 적이 훨씬 피곤한 법이다. 외부의 적에게는 애당초 기대도 없으니 실망도 없지만 우리 편이라고 생각했는데 나중에 생각이 다른 것을 확인하게 되면 기대만큼 실망도 커지는 법이다. "난 네가 진보적이라고 생각했어. 그런데 지금 이게 뭐야." 하는 식의 비난으로 시작해서 "결국은 너도 아니었어."라는 실망으로 끝이 날 수도 있다.

이럴 때, 스스로를 진보로 규정짓는 생각이야말로 지극히 위험한 태도임을 기억하자. 내가 앞선다는 생각은 네가 뒤처진다는 생각을 전제로 하는 상대적인 개념이다. 내가 앞선다는 생각은 자칫 '나는 선이요, 너는 악'이라는 진부한 이분법으로 이어질 수도 있다. 이때 누군가에 의해 내 자신이 열등한 존재로 분류된다는 것만큼 자존심이 상하는 일도 없다. 그러면 저쪽에서도 대대적인 반격을 시작한다. "너는 스스로를 대단한 진보주의자라고 생각하나 본데, 내가 준비한 자료에 의하면 너는 완전 보수야."라고 말하면서 생각지도 않은 자료, 기억나지도 않는 일들을 들먹이면서 나를 공격해 온다. 피장파장, 옥신각신, 지긋지긋한 이전투구는 서로를 할퀴고 상처 입힌다.

사랑은 닦달하기가 아니다

하이데거는 그의 '기술에 대한 물음'이라는 제목의 강연에서 과거의 수

공업적 기술과 현대의 기계적 기술을 대비시키면서 전통적인 기술이 인간과 자연을 어우러지게 한 반면, 현대적인 기술은 인간과 자연을 떼어놓고 인간을 통해 자연을 '닦달'하고 있다고 비난했다. '닦달한다'는 것은 의도된 목적 달성을 위해 억지로 쥐어짠다는 의미다. 가령, 풍차의 날개는 바람의 힘으로 돌아가며, 바람에 전적으로 자신을 내맡긴다. 거기에 억지는 없다. 바람이 불면 풍차의 날개는 돌아가고, 그치면 날개의 회전은 멈춘다. 그러나 현대의 기술은 다르다. 현대의 기술은 '내놓으라'고 무리하게 요청하는 방식이다. 하이데거는 말한다.

"농부들이 예전에 경작하던 밭은 그렇지 않았다. 농부의 일이란 농토에 무엇을 내놓으라고 강요하는 것이 아니라 씨앗을 뿌려 싹이 돋아나는 것을 그 생장력에 내맡기고 그것이 잘 자라도록 보호하는 것이었다. 그러나 오늘날의 농토 경작은 자연을 닦아세우는, 이전과는 다른 종류의 경작 방법 속에 흡수되어 버렸다. 이제는 그것도 자연을 도발적으로 닦아 세운다. 경작은 이제 기계화된 식품공업일 뿐이다."

과거의 농업과 달리 오늘날의 농업은 자연을 닦달한다. 씨를 뿌리고 열매가 맺기를 기다리는 것이 아니라, 씨앗에게 열매를 맺기를 무리하게 요구한다. 현대의 기술은 씨가 자연적으로 자라는 것을 돌보는 농부보다는 농약을 뿌리고 온도를 포함한 모든 조건을 임의로 조절해서 생산량을 억지로 높이는 닦달의 시스템이다. 비료, 살충제가 그 무리한 요청, 곧 닦달의 증거다. 인간의 관심은 오로지 씨앗의 열매에만 집중돼 있다. 다른 데는 관심이 없다. 살충제에 곤충들이 죽어 가고, 그 곤충을 먹는 새들이 죽어 가고, 땅이 죽어 가는 데도 관심이 없다.

그뿐인가. 인간이 닦달하는 것은 자연만이 아니다. 인간은 인간을 닦달하기까지 한다. 올림픽에서 금지된 약물은 인간의 몸에게 더 큰 파워와 속도를 내놓으라는 일종의 닦달이다. 닦달하는 자는 오랜 훈련과 연마의 과정을 소모적이고 쓸모없는 것으로 본다. 불법이건 위법이건 상관없다. 빨리 정해진 목적과 결과만을 얻으면 그만이다. 거기에는 기다림이란 없다. 오직 빨리 일정한 결과를 얻으려는 조바심만 있을 뿐이다.

속도를 얻으려는 자는 말에게 채찍을 가한다. 속도에 대한 조바심, 빨리 달려야 한다는 조바심이 타자에게 아픔을 준다. 타자에게 아픔 주기가 바로 하이데거가 말하는 '닦달하기'다. 너그럽게 시간을 두고 기다려 주지 못하는 조바심, 바로 그것이 타자에게 상처를 입힌다.

스무 살은 무엇인가를 너그러운 마음으로 기다리기에는 불안한 나이다. 더구나 인터넷과 휴대폰 세대들은 너그럽게 기다리는 법을 제대로 배우지 못했다. 보고 싶으면 문자를 날리면 되고, 대화가 필요하면 메신저의 창을 열면 된다. 스타팅 버튼을 눌렀는데도 일정한 시간 안에 부팅이 안 되면 연신 엔터키를 두드려 댄다. 빨리 초기화면을 내 앞에 대령하라는 '닦달'이다. 인터넷 익스플로러가 제대로 구동을 하지 않아도 조급증은 발동된다. 무엇이든 명령을 내리면 즉각 즉각 명령을 실행해 줄 도구를 찾아 오늘날의 20대들은 업그레이드 비용을 아끼지 않는다. 그들에게 기다림의 미학을 요구하는 것은 아직 무리인지도 모른다.

사랑하는 자는 닦달하지 않는다. 닦달은 어쩔 수 없이 강요와 명령을 요청하기 때문이다. 내가 너에게 투자한 그 이상을 얻어 내겠다는 것이 바로 그것이다. 내가 너에게 열을 지불했으니 너는 나에게 백을 내놓으라는 것이 현대 기술의 태도다. 안 되면 쥐어짜서라도 내놓으라는 식의 강요.

오직 사랑하는 자만이 기다릴 줄 안다. 씨를 뿌리고 시간을 주어 그것이 열매 맺기를 기다리는 농부의 마음처럼 말이다. 물론 열매 맺기가 항상 성공으로 귀착되는 것은 아니다. 거기에는 얼마든지 실패가 있을 수 있다. 기다림은 열매 맺기를 바라는 성취의 소망이기도 하지만, 그것은 결코 실패를 배제하지 않는다. 실패를 배제하지 않기 때문에 기다림은 사랑이다. 실패를 두려워하고 배제하는 것은 투자이지 사랑이 아니다.

스무 살 앞에는 성공보다는 무수한 실패가 도사리고 있다. 두렵고 불안하기 짝이 없다. 이 두려움과 불안을 더욱 가중시키는 것이 '닦달하기'다. '너는 반드시 성공해야 한다', '너는 반드시 이겨 내야 한다'라는 기대는 차라리 하나의 위협이다. 성공이 아니면 곧 실패라는 무지하고 포악한 이분법의 공포······.

한없이 기다리고
만나지 못한다

기다림조차 남의 것이 되고

비로소 그대의 것이 된다

시간도 잠도 그대까지도

오직 뜨거운 병으로 흔들린 뒤

기나긴 상처의 밝은 눈을 뜨고

다시 길을 떠난다

바람은 아주 약한 불의

심장에 기름을 부어 주지만

어떤 살아 있는 불꽃이 그러나

깊은 바람 소리를 들을까

그대 힘써 걸어가는 길이

한 어둠을 쓰러뜨리는 어둠이고

한 슬픔을 쓰러뜨리는 슬픔인들

찬란해라 살이 보이는 시간의 옷은

정현종의 〈상처〉라는 시다. 누군가가 자신의 어둠을 쓰러뜨리고 다시 일어나기까지, 누군가가 그의 슬픔을 스스로 극복해내기까지 조용히 지켜봐 줄 수 있는 것이 기다림이다. 누군가가 나를 지켜봐 주고 있다는 믿음은 우리에게 안도감을 준다. 내가 쓰러지면 그가 일으켜 세워 줄 것이라는, 내가 절룩거리면 그가 부축해 줄 것이라는 사실이 우리에게 용기를 불어넣어 준다. 아무도 그 바람의 격려를 듣지 못하더라도 사랑하는 사람만은 그 바람의 격려를 잊지 않는다. 사랑하는 사람은 이렇게 말할 것이다. "바람이여, 내가 이렇게 조용하게 타오를 수 있는 것은 네가 내 심장에 불어넣어 준 숨결 때문이라네." 그의 기다림이 있기에, 또 말없이 등을 토닥여 주고 있다는 격려가 있기 때문에 우리는 조용하게 타오를 수 있는 것이다.

군대 시절 보초를 서던 한겨울 새벽, 살을 에는 듯한 추위 속에서 따스한 온기에 휩싸일 수 있었던 것도 누군가가 기다려 준다는 믿음 때문이었는지 모른다. 한 사람의 가슴에 조용히 타오르는 불빛, 그 기다림의 눈빛이 있다면 우리는 얼마든지 추위를 감당할 수 있다. 얼지 말자. 죽지 말자. 언제든 부활하자.

나를 만나는
스무살 철학

초판 1쇄 발행 2010년 2월 4일

초판 7쇄 발행 2012년 4월 19일

지은이 김보일

펴낸이 연준혁

출판2분사 분사장 이부연

편집장 김연숙

제작 이재승

펴낸곳 (주)예담

출판등록 2000년 5월 23일 제13-1071호

주소 (410-380)경기도 고양시 일산동구 장항동 846번지 센트럴프라자 6층

전화 031-936-4000 **팩스** 031-903-3891

홈페이지 www.wisdomhouse.co.kr

출력 엔터 **종이** 화인페이퍼 **인쇄·제본** 현문

값 11,500원

ⓒ 김보일, 2010

ISBN 978-89-5913-429-8 03100

＊ 책 값은 뒤표지에 있습니다.

＊ 잘못된 책은 바꿔드립니다.

국립중앙도서관 출판시 도서목록(CIP)

나를 만나는 스무 살 철학 / 김보일 지음. --고양 : 위즈덤하우스,
2010
   p. ; cm

표제관련정보 : 혼돈과 불안의 길목을 지나는 20대를 위한 철학 카
운슬링
ISBN 978-89-5913-429-8 03100 : ₩11500

청년훈[靑年訓]
철학(사상)[哲學]

104-KDC4
102-DDC21   CIP2010000193